덕일스님과 함께하는 불경읽기

법 화 경
法　　華　　經

덕일스님과 함께하는 불경읽기

법화경

2022년 11월 25일 제1판 제1쇄 인쇄
2022년 12월 2일 제1판 제1쇄 발행

엮은이   덕일 스님
펴낸이   강봉구

펴낸곳   작은숲출판사(비단길은 작은숲출판사의 불교 출판 브랜드입니다.)
등록번호   제406-2013-000081호
주소   10880 경기도 파주시 신촌로 21-30 (신촌동)
전화   070-4067-8560
팩스   0505-499-8560
홈페이지   http://www.littleforestpublish.co.kr
이메일   littleforest@daum.net

©덕일 스님

ISBN 979-11-6035-138-5   03220
책 값은 뒤표지에 있습니다

덕일스님과 함께하는 불경읽기

법 화 경
法 華 經

덕일스님 엮음

차례

1

많은 불자들은 오랫동안 참선을 하고, 염불을 하며, 육바라밀 수행을 해야 성불할 수 있다고 생각합니다.

《법화경》은 수행 중심의 삶보다는 신앙 중심의 삶을 말하고 있습니다. 신앙 중심이란 말의 뜻은 수행을 통해서 하나하나 깨달아 보살이 되고 부처가 되는 단계적 수행이 아닌, 중생 개개인은 이미 신앙으로 깨달아 있고 신앙이 완성되어 있다는 뜻입니다. 즉, 깨달아서 부처가 아니라 우리는 본래 부처입니다.

2

부처님은 49년간 설법하시는 동안 최후 8년간 《법화경》을 설하셨고, 열반에 드시기 전날부터 1박 2일간 《열반경》을 설하셨습니다. 앞의 41년은 《법화경》을 설하시기 위한 방편의 설법이었다고 하셨습니다. 부처님의 이러한 말씀의 뜻을 깊이 생각해 보면 중생은 수행해서 성불하는 것이 아니라 내가 부처로 살아감으로서 우리의 삶이 완성된다는 의미입니다.

〈제바달다품〉에서 용녀龍女, 즉 뱀의 새끼도 성불할 수 있음을 보여 주

머리말

시면서 모든 중생은 이미 성불한 부처라는 것을 증명하셨습니다. 우리는 그 말씀대로 내가 부처로서 말하고, 생각하고, 믿고, 원하는 대로 살아가라는 것입니다. 다시 말해 부처로서 이미 완성된 자리에서 오로지 부처님의 지혜와 공덕을 쓰면서 기쁘게 누리는 삶을 살아가라는 것이 《법화경》의 핵심 가르침입니다.

3

이 책의 내용은 〈불교TV〉를 통해 설법한 《법화경》 특별 법문을 정리한 것입니다. 여러분의 신행 생활에 다소나마 도움이 되었으면 하는 바램으로 방송 원고를 정리하여 출판하게 되었습니다.

이 책을 통하여 불자님들이 이미 성불한 존재로서 일불승 신앙에 대해 완전한 깨달음을 얻으시어 현실의 어떤 고통과 좌절도 다 해결하시고 신앙으로 최정상에 서실 수 있는 특별한 인연이 되시길 진심으로 기원합니다.

2022년 12월
사홍선원 덕일 합장

1강
대법회를 열어 중생의 나아갈 길을 열어보이시다

제 일. 서품序品

제목이 《묘법연화경妙法蓮華經》입니다. 묘妙라는 것은 한량없고, 측량할 수 없으며 신통하고 기묘한 것을 가리키는 것입니다. 법法은 일상의 모든 삶에서 내가 생각하고 말한 것입니다. 보고 생각하고, 듣고 생각하고, 냄새 맡고 생각하고, 맛보고 생각하고, 느끼고 생각하고, 생각을 생각합니다. 이 여섯 가지를 항상 생각한 다음에 말합니다. 일상의 모든 삶에서 내가 생각하고 말한 것이 법입니다.

일상의 모든 삶에서 내가 생각한 대로, 내가 말한 대로 흰 연꽃이 이루어진다는 것입니다. 여러분들이 말한 대로, 생각한 대로 그대로 이루어진다는 것입니다. 일점일획의 어긋남도 없이 내가 말한 대로 붕어빵을 굽듯이 그대로 성취된다는 말씀입니다.

그것이 《묘법연화경(법화경)》입니다. 이 법문을 들으시면서 여러분이 어떻게 말하고, 어떻게 생각하고, 어떻게 살아야 하는가를 명쾌하게 이해하면 됩니다.

《묘법연화경》은 처음부터 끝까지 '당신이 부처'임을 말합니다. 부처라는 것은 언어로는 믿는 것이지만 눈으로는 보는 것입니다. 마음의 눈으로 보아서 내가 부처이고, 내 안에 부처가 있음을 모르면 여러분은 영원히 신앙 생활을 할 수 없습니다. 항상 부처님을 보고 있어야 합니다. 언제 어디서나 부처님 말씀을 듣고 있어야 합니다.

이 순간에도 여러분은 부처님을 보고 있어야 합니다. 여러분이 부처님을 보지 못하면 제 말씀을 믿지 못합니다. 《묘법연화경》은 처음부터 끝까지 모든 사람들에게 수기를 줍니다. 천이백오십 비구와 모든 부처님의 제자와 보살들이 다 수기를 받습니다. 아흔아홉 명을 죽인 앙굴리마도 수기를 받고, 부처님을 세 번이나 죽이려고 했던 제바달다도 수기를 받았으며, 자기 아버지를 죽인 아사세왕도 수기를 받습니다. 천하의 악인들까지도 다 수기를 받고 성불하였고, 심지어는 뱀의 새끼인 용녀도 성불했습니다. 누구나 불성을 지녔기에 성불한다는 것입니다.

자기 자신이 본래 부처이므로 부처로서 말하고 생각하며 살아가라는 것입니다. 여러분 자신이 부처라는 것을 믿을 수 있어야 합니다. 믿지 못하기 때문에 말을 함부로 하고 생각을 함부로 합니다.

부처님께서 영취산에서 법화경을 설하실 때 모든 아라한들과, 유학

무학의 수행자들과, 모든 보살들과 모든 천신들과 팔부신장 등 일만이천 인이 함께 계셨습니다. 그분들은 지금 이 순간에도 여러분의 마음 중심에 그대로 계십니다.

여러분의 마음이 영취산입니다. 여러분이 지금 서 있는 곳, 누워 있는 그 곳이 영취산입니다. 영취산은 다른 어느 곳에도 없습니다.

영취산에 모인 대중이 기뻐하며 합장하고 일심으로 부처님을 우러러 보고 있을 때 부처님께서는 미간의 백호에서 광명을 놓아 동방으로 일만 팔천 세계를 비추시니 그 빛이 미치지 않는 곳이 없었다.

동방의 일만 팔천 세계는 여러분이 보고, 듣고, 냄새 맡고, 맛보고, 느끼고, 생각하는 우리의 현실의 마음 세계를 말하는 것입니다. 여러분이 보고, 듣고, 맡고, 맛보고, 느끼고, 생각하는 것 안에 모든 답과 진리가 들어 있습니다. 여러분이 보고, 듣고, 맡고, 맛보고, 느끼고, 생각하는 것을 부처님의 눈으로 보고, 부처님의 귀로 듣고, 부처님의 코로 맡으며, 부처님의 혀로 맛보고, 부처님의 몸으로 느끼며, 부처님의 뜻으로 생각할 수 있으면 여러분은 모든 삶에서 극락세계를 이루고 푼다리카 백련[1]이 되는 것입니다.

부처님의 미간 백호 큰 광명이 동방으로 널리 비치니 모든 중생이 나

---

1 《법화경》의 산스크리트 이름은 '삿다르마 뿐다리카 수드라(saddharma pundarika sutra)이다. 이를 번역하면 '삿다르마'는 '올바른 가르침'이라는 뜻이고, '뿐다리카'는 '흰 연꽃'이라는 의미이다. 번역하면 '올바른 흰 연꽃같은 가르침', '흰 연꽃같은 올바른 가르침의 경전'이라는 뜻이다.

고 죽고, 좋고 나쁜 업보를 받아서 윤회하는 세계를 다 보여 주시고, 수없는 보살들이 보시행하는 것과 인욕행하는 것을 다 보여 주었습니다. 늙고 병들고 죽는 고통을 여의고자 하면 열반법을 설하시어 괴로움을 없애 주시고, 복 있는 이가 부처님께 공양하며 거룩한 법을 구하면 연각법을 설하셨으며, 육바라밀을 닦아 위없는 지혜를 구하면 청정한 도를 설하여 주십니다.

이것은 우리 내면의 마음 세계입니다. 지금 이 순간에도 여러분에게 매일같이 보여 주고 있습니다. 잠시 한 순간도 끊어지지 않고 보여 주고 있는데 여러분은 보지 못할 뿐입니다.

선남자들이여, 과거 한량없고 가없는 불가사의한 아승지겁인 그 때에 부처님께서 계셨는데, 명호가 일월등명여래·응공·정변지·명행족·선서·세간해·무상사·조어장부·천인사·불세존이었습니다. 그 부처님께서 정법을 설하셨는데

··· 중략 ···

다음에 또 부처님께서 계셨는데 역시 명호가 일월등명이었으며, 그 다음의 부처님도 역시 명호가 일월등명이었습니다. 이와 같이 이만의 부처님이 계셨는데 다같이 이름이 일월등명이었으며, 성도 다 같이 파라타였습니다.

일월등명부처님은 누구입니까? 우리 각자를 가리키는 것입니다. 우리 자신 안에는 대광명이 들어 있습니다. 태양과 같고 달과 같은 부처님의 위대한 지혜 광명이 다 들어 있습니다. 일월등명불은 여러분의 참생

명의 실상을 가리키는 것입니다. 일체의 부처님이 다 한 부처님입니다. 여래수량품에서 석가모니 부처님이 이렇게 말씀하셨습니다.

내가 궁전을 나와 가야성에서 멀지 않은 도량에서 아뇩다라삼먁삼보리를 얻었다고 말하지만 내가 실제로 성불한 지는 한량없고 가없는 백천만억 나유타 겁이 지났느니라. 이 때부터 나는 항상 사바세계에 머물면서 설법하여 중생을 교화하였고, 또 다른 백천만억 나유타 아승지의 나라에서도 중생들을 인도하여 이익되게 하였느니라.

이렇게 부처님은 천지 이전부터 깨달아서 영원토록 항상 깨달아 있다고 합니다. 부처님은 모든 중생들을 당신의 아들로 여기는데, 중생들은 내 아버지가 모든 것을 가진 천하의 부자임을 모르고 일생을 거지로 생활한다는 것입니다.

여러분은 어떤 경우에도 항상 부처로서 살아가시기 바랍니다. 부처는 화내고 원망하지 않습니다. 부처님 세계는 모든 것이 은혜요, 가피요, 공덕입니다. 내 복으로 살아가는 것이 아니고, 내 능력으로 살아가는 것이 아니며 모든 것은 부처님의 능력으로 살아가고, 부처님 은혜로 살아가는 것입니다.

여러분은 살면서 고통스런 상황에 부딪히면 '왜 이런 힘든 상황이 나에게 닥쳤을까?' 하고 질문하게 됩니다. 그 질문은 이제 바꾸셔야 합니다. 부처님의 위대한 공덕을 드러내기 위해서 고통을 주신 것입니다.
인과는 피할 수 없지만 그 인과는 나를 고통스럽게 하고 괴롭게 하기 위한 것이 아니고, 그 인과를 통해 대복을 짓고 부처님의 위대한 진리를 드러내며 자비심을 증장하고 대서원을 가지라고 환난患難을 주는 것이지 결코 괴로움을 주기 위한 업보가 아님을 알아야 합니다.

사바세계를 오탁악세라고 합니다. 다섯 가지가 탁한 죄악의 세상을 말합니다. 먼저 겁탁입니다. 겁탁은 시대가 탁하다는 뜻인데 굶주림, 질병 등의 하늘 재앙이나, 전쟁 등의 사회악이 충만하여 사회가 어지러운 것을 말합니다. 사회적인 고난들이 많다 보니 바른 삶이 없는 것입니다. 바른 생각, 바른 말을 사용하는 삶이 아닌 이기적으로, 자기 중심적으로, 내 욕심대로 사는 세상입니다.

견탁은 보는 것이 흐려졌다는 뜻입니다. 옳다, 틀렸다 등 주의, 주장, 이념, 사상이 너무 많다는 것입니다. 착한 일을 닦는 이는 적고, 잘못된 견해를 가진 사람이 세상을 이끌고 세상의 지도자가 됨으로 인해서 세상이 어지러워지는 것이 견탁입니다.

번뇌탁은 탐욕과 성냄과 질투와 이기심으로 중생들의 번뇌가 끊어지지 않는 것입니다. 근심 걱정과 고뇌가 끊어지지 않는 것입니다. 이것이 번뇌탁입니다.

중생탁은 견탁과 번뇌탁으로 인해서 나쁜 행위를 하고도 결과를 두려워 하지 않는 것입니다. 또 명예, 명성, 학벌, 재물 등을 세상의 자랑거리로 삼고, 그것을 통해서 자신을 높이기 위해 살아가다 보니 괴로움은 늘고 복덕은 줄어 몸과 마음에 병이 충만한 것이 중생탁입니다.

명탁은 중생의 수명이 짧아지는 것입니다. 굶어죽는 사람, 자살하는 사람, 전쟁에서 죽는 사람 등 언제 죽을지 모르고 교통사고, 살인, 낙태 등 태어나서도 언제 죽을지 모르는 등 생명이 부질없이 한 순간에 사라지는 위태로운 세상을 말합니다.

이러한 오탁악세는 부처님이 보시기엔 수행하기 좋은 세상입니다. 이런 오탁악세에서만 흰 연꽃을 피울 수 있기 때문입니다. 내 앞에 장애가 태산 같아도 더욱 더 크고 흰 연꽃을 피우기 위해 이를 기꺼이 받아들여서 이겨내야 합니다. 믿음의 힘으로는 어떠한 장애도 온전히 받아들일 수 있습니다.

믿음이 없으면 우리는 한 순간도 살 수 없습니다. 우리 마음에 부처님이 없다고 생각해 보세요. 저는 아무 말도 할 수 없고, 숨도 쉴 수 없으며, 무엇도 볼 수 없습니다. 제 마음에 부처님이 계시기에 제가 세상을 기쁘게 감사하게 살 수 있고 내 모든 것을 줄 수 있는 마음으로 살아갈 수 있는 것입니다. 여러분 안에는 부처님이 정말로 계십니다. 그 부처님은 세상이 아무리 험하고 사는 것이 괴로워도 세상을 조금도 탓하지 않습니다.

험하고 살기 힘든 세상일수록 내가 연꽃을 피우기 좋은 곳입니다. 연꽃이 피는 연못에는 주변의 갖은 구정물이 다 흘러 들어옵니다. 연꽃은 어떤 더러운 물도 피하지 않고 그 오염된 연못에 뿌리를 박고 흰 연꽃을 피웁니다.

오염된 연못에서 연꽃을 피운다는 것은 무엇을 의미합니까? 법화경 말씀은 산 속에 들어가서 수행하는 것이 아닙니다. 따로 참선을 말하고 염불을 말하지 않습니다. 여러분의 삶 속에서 내 생각 그대로를 다 이루는 것입니다. 내 생각 그대로 다 이루어지는 것이 법화의 세상입니다.

이제부터는 성불하기 위하여 따로 어찌 하시면 안 됩니다. 부처님의 법화경 말씀으로 인생을 종결짓고 여러분의 수행을 종결짓는 것입니다. 여러분이 서 계신 그 자리에서 각자의 일터에서 그대로 성불하라는 것입니다.

우리는 흙탕물을 피해서 맑은 물을 찾고, 더러운 곳을 피해서 깨끗한 곳을 찾으며 좀 더 좋은 여건, 보다 나은 상황을 꿈꿉니다. 하지만 그런 상황, 그런 좋은 여건은 없습니다. 내가 마음을 바꾸면 모든 상황과 여건이 좋게 바뀝니다. 내가 말을 바꾸면 모든 상황과 여건이 좋게 바뀝니다. 내가 어떻게 믿느냐에 따라서 모든 상황과 주변 환경이 좋게 바뀌게 되어 있습니다.

천지는 여러분이 마음 쓰는 대로 나타나게 되어 있고 결과를 맺게 되어 있습니다. 내가 말한 대로 동시에 이루어집니다. 그러니 오탁악세에서 살면서 어려운 삶이 있더라도 조금도 걱정하지 마세요. 여러분은 지금 위대한 연꽃을 피울 조건을 다 갖춘 것입니다.

저는 법화경을 수십 차례 독송하면서 눈에 들어온 것은 오로지 '수기함' 뿐이었습니다. '당신이 부처다'라는 말 외에는 어떤 말도 들어오지 않았습니다. 여러분이 부처라는 것에서 물러서면 안됩니다.

여러분 안에 위대한 일월등명불이 계심을 믿어야 합니다. 과거의 석가모니부처님도 일월등명불이셨고, 미래의 미륵부처님도 일월등명불이십니다. 이 말은 시방의 일체의 불보살은 한 부처님이라는 뜻입니다. 한 부처님이 시간과 조건과 인연에 따라서 이름만 바꿀 뿐입니다. 백천만억 불보살이 다 한 부처님임을 이해하시기 바랍니다.

관세음보살을 부르든, 지장보살을 부르든, 어떤 부처님을 부르든 그 명호는 여러분 자신이고, 여러분의 본성품입니다. 지장보살을 부르면 지장보살이 여러분의 진짜 성품이 되는 것입니다. 여러분이 지장보살이 되는것 입니다. 그러면서 자신이 한량없는 원력으로 중생을 다 건지고, 번뇌를 다 끊으며 법문을 다 배워서, 불도를 다 이룰 것을 서원하는 것입니다.

여러분이 약왕보살을 계속 불러보세요. 그러면 여러분 안의 모든 병의 뿌리를 흔적도 없이 소멸시켜 줍니다.

여러분의 마음이 편협하다면 허공장보살을 부름으로 인해서 허공같이 모든 것을 비우는 마음이 생기며 허공같은 위대한 힘이 생기는 겁니다. 마음에 용기가 없고 좌절이 있다면 대세지보살을 부름으로 인해서 한량없는 시방세계를 마음으로 다 이길 수 있는 그런 위대한 능력과 가피를 계속 받게 됩니다.

여러분이 어떤 부처님 명호를 부르든, 어떤 보살 명호를 부르든, 그 명호에는 시방 제불보살님의 모든 지혜와 능력과 서원과 가피가 다 충만해 있습니다. 그 부처님 명호 하나를 부름으로 인해서 내 마음 안에 수많은 해와 달보다 더 밝은 힘과 능력과 가피와 지혜가 생깁니다. 이렇게 부처님의 세계에는 불가능이 없습니다. 불가능은 중생의 마음입니다.

여러분은 살면서 항상 자기 마음을 꺾습니다. 마음에 욕심이 있으니까 꺾는 것입니다. 항상 무엇을 포기할 때는 마음에 욕심이 있다는 뜻입니다. 불자에게 포기라는 것은 있을 수 없습니다. 끝까지 해서 모든 것을 다 이룰 수 있어야 합니다.

이 세상에서 크게 성공하고 덕을 짓고 사는 사람은 백련이라고 생각하면 됩니다. 그 사람들은 세상이라는 연못에 아름다운 연꽃을 피운 것이고 그 과정에서 겪는 어떤 고통, 실패도 두려워하지 않은 사람입니다. 왜냐하면 연꽃은 어떤 더러운 물도 마다하지 않는 더러운 웅덩이에서 피어나기 때문입니다.

여러분도 위대한 백련이 되십시오. 백련은 위대한 불성을 의미합니다. 그 불성은 누구도 더럽힐 수 없고 오염시킬 수 없습니다. 누구도 꺾을 수 없습니다. 누구도 해칠 수 없습니다. 그것은 꺾고 싶다고 꺾어지는 것이 아닙니다. 여러분 마음에 위대한 불성이 이미 들어있음을 확실히 믿으십시오.

부처님께서 법화경을 설하시려고 하자 오천 명의 무리가 일어서서 나갔습니다. 부처님은 '이제는 가지나 잎은 없고 순전히 좋은 알맹이만 남았다'고 말씀하셨습니다.

알맹이로 비유되는 법화행자에게는 세 가지의 특징이 있습니다. 첫째로 아주 겸손한 사람들입니다. 여러분이 힘든 이유가 무엇입니까? 내가 교만하기 때문에 힘든 것입니다. 여러분이 왜 실패합니까? 내가 교만하기 때문에 실패합니다. 왜 고통스럽습니까? 내가 교만하기 때문에 고통이 옵니다.

두 번째로 이 사람들은 항상 정진합니다. 부지런하다는 것입니다. 본래 불교에서는 기도라는 말이 없고 정진이라는 말만 있었는데 지금은 정진하는 것과 기도가 같은 의미로 쓰이고 있습니다. 여러분은 아무런 희망이 없어도 기도할 수 있겠습니까? 아무리 생각해도 답이 없는 상황에서도 기도할 수 있어야 합니다. 그런 때 기도하는 사람이 위대한 사람입니다.

불가능하다고 느껴질 때 모든 것이 가능해지는 것입니다. 아무런 희망이 없을 때 기도하면 모든 것이 이루어집니다. 아무리 작은 일, 하다못해 밥 한 끼를 먹는 것도 내가 기도하지 않고는 이루어질 수 없는 일입니다. 쉬운 일 같아도 어려운 일입니다. 내가 숨 쉴 수 있는 것도 정말 감사해야 하고 내가 걸을 수 있는 것도 정말 감사할 수 있어야 합니다.

나를 부처님한테 다 맡길 수 있을 때 온전히 다 믿음으로 던져버릴 수 있을 때, 슬픔도, 원망도, 기쁨도, 행복도, 사랑도, 영혼도 다 던질 수 있을 때, 그 때 여러분의 기도가 드디어 이루어지는 것입니다.

게으르지 않은 사람은 내 모든 것을 던져서 바치고 정진하는 사람입니다. 모든 일에서 항상 부처님이 내 마음 속에서 떠나지 않습니다. 내 마음에서 하는 일은 다 부처님이 하신다고 확실하게 믿는 겁니다.

이것을 믿으라고 제가 여러분께 법화경을 설하는 것입니다. 법화라는 것은 진리의 꽃이라는 뜻입니다. 여러분의 생각이 법이고 말이 법입니다. 생각과 말이 그대로 가슴에 마음에 꽂힌다는 것입니다.

우리는 마음에 수시로 '탐진치'가 있기 때문에 생각을 잘못합니다. 부정적인 생각을 하고 절망을 하고 탄식을 합니다. 여러분이 세상을 항상 부정적으로 생각하면 부처님도 여러분을 인정하지 않습니다. 세상을 부정적으로 생각한다는 것은 부처님을 배반하는 것입니다. 그것이 게으르다는 것입니다. 게으르다는 것은 내가 내 안의 부처님을 믿지 않고 부처님 가르침대로 살지 않는 것입니다.

법당에 와서 기도하지 않더라도 일상의 모든 삶에서 부처님의 은혜를 생각하고 부처님의 가피를 생각해야 합니다. 그것이 부지런한 것입니다.

세 번째로 법화행자는 믿음이 온전합니다. 겸손하고 게으르지 않으며 믿음이 아주 신실한 사람입니다. 이러한 사람들이 남아서 법화경을 듣는다고 했습니다.

여러분은 부처님을 어떻게 믿습니까? 부처님은 여러분에게 어떤 존재이십니까? 부처님은 여러분의 모든 원을 들어 주는 하인이 아닙니다. 부처님은 나의 진짜 주인임을 명심해야 합니다. 여러분이 말한 대로, 생각한 대로 된다고 딱 삼 일만 믿어 보세요. 아니, 하루만이라도 믿어 보세요. 그러면 여러분의 삶이 완전히 바뀝니다.

생각과 말은 씨앗을 만든 것이요, 말은 씨앗을 심은 것입니다. 그러므로 말은 우리의 마음이라는 씨앗을 심은 것이니, 내가 말한 것이 나의 전부이고, 우리가 말하는 것이 우리의 전부입니다. 그렇기 때문에 말을 잘못하면 죽는다고 생각하고 말해야 합니다. 어떤 경우에도 부정적인 말이 나가지 않도록 최선을 다해야 합니다. 왜냐하면 한 번 부정적인 말을 하면 처음부터 다시 해야 하니까요.

부처님 말씀 하나를 완전하게 끝까지 잡아야 삶에 변화가 옵니다. 어떤 말이든 그것이 나에게 완전히 생명이 되고 나를 움직일 때까지 그것이 나를 이끌어 갈 때까지 끝까지 그 말씀을 잡고 생활해야 합니다.

부처님이 묘법연화경을 통해 여러분에게 무엇을 말씀하시는가를 서품에서 완전히 이해하셔야 합니다. 부처님은 과거 무량겁 전부터 일월등명불인 우리들에게 항상 등불이 되셨고, 지금도 등불이 되고 있으시며, 미래에도 영원히 우리들의 등불이 되어 주실 것임을 서품에서 말씀하시는 것입니다.

묘법연화경의 서품은 부처님께서 여러분에게 내가 당신의 등불이요, 당신의 주춧돌이요, 당신의 생명이요, 당신의 모든 것이라고 계속 밝히고 계십니다.

우리가 가진 고통은 나를 복되고 기쁘게 하기 위해 내가 더 크고 흰 연꽃을 피우는 과정이라고 생각하면 됩니다. 꽃이 작다 싶으면 또 다시 고통을 주어 더 크게 피우게 합니다. 삶에서 겪는 근심, 걱정, 고통은 우리에게 큰 가피입니다. 힘들면 힘들수록 감사한 생각을 더 크게 가져야 합니다. 힘든 일이 생기면 부처님 믿어도 소용없다고 생각하고 그렇게 열심히 기도했는데 왜 이런 일이 생기냐고 원망해서는 안 됩니다.

이 세상에 고통은 없습니다. 오로지 부처님의 생명의 진리만 있습니다. 여러분은 지금 생명의 자리, 부처님의 중심에 앉아 있습니다. 이 순간에도 부처님은 '네 말대로 된다. 네 생각대로 된다.'고 계속 말씀하고 계십니다. 법이라는 것은 말과 생각입니다. 말과 생각대로 이루어진다는 것입니다. 그대로 이루어진다는 것입니다. 동시인과同時因果입니다. '내가 오늘부터 부처로 살리라.' 생각하고 '내가 부처다.' 그러면 그때부터 하는 말 그대로 부처의 말이 되는 것입니다.

우리는 왜 열등감과 자괴감을 가질까요? 왜 우리는 실패를 기억할까요? 왜 자꾸 미운 것이 보이고 악한 생각이 일어날까요? 자신을 절대로 믿지 않기 때문입니다. 자신을 부처라고 믿는 사람은 그런 생각 자체가 일어나지 않습니다. 저에게도 그런 번뇌가 일어납니다. 웃습니다. 그리고 봅니다. 웃어요. 저에게는 누구도 장난칠 수 없습니다. 여러분에게 누구도 장난칠 수 없습니다. 어떤 악한 생각도 나를 움직일 수 없습니다. 여러분을 꺽는 어떤 것도 여러분을 움직일 수 없습니다. 따라가는 사람은 불법을 믿지 않는 사람입니다. 부처님을 인정하지 않는 사람이고 자신을 거부하는 사람입니다.

부처님은 자등명 법등명으로 살아가라 말씀하십니다. 진리의 말씀을 끝까지 믿으라는 겁니다. 맛있든, 맛없든 모든 것은 법미法味입니다. 진리의 말씀입니다. 코로 맡을 때 향기롭든, 구역질나든 법향입니다. 좋은 느낌, 나쁜 느낌이 다 법의 느낌입니다. 여러분이 생각하는 모든 것이 부처님의 말씀입니다. 여러분은 어디에도 얽매이지 말아야 합니다.

법화경은 더 이상 성불을 위한 수행은 필요없다는 것입니다. 더 이상 깨달으려고 할 필요가 없습니다. 이 말씀을 잘 알아들으셔야 합니다. 더 이상 기도도 필요 없습니다.

그 말의 뜻은 이제는 내가 말한 대로 되기 때문에 말만 잘하면 됩니다. 말을 잘하고, 생각을 잘하기 위해서 염불을 하고, 참선을 하고, 다라니 기도를 한다는 것은 말이 되지만, 성불하기 위해서 기도한다는 것은 있을 수 없습니다. 왜냐하면 이미 부처이기 때문입니다.

여기에서 무엇을 더 이루려고 하고, 무엇을 더 보려고 하겠습니까? 더 이상 볼 것도 없고, 들을 것도 없습니다.

아무리 암흑뿐이어도 '나에게 광명이 있어라.' 하면 광명이 있습니다. 쌀 한 톨이 없는 상황에서도 세상의 모든 사람에게 모든 것을 줄 수 있게 해 달라고 부처님한테 말하면 이미 이루어진 것입니다. 진리로는 이미 이루어졌는데 현실에서는 시간 차가 있지만 그런 시간 차이를 믿음에 의해서 온전히 극복할 수 있어야 합니다. 설사 가난이 일 이 년 후에 없어지더라도 지금부터 기쁘고 풍요롭게 살아갈 수 있어야 하는 것입니다.

세상에서 사람을 의지하는 것이 가장 큰 비극입니다. 그 사람의 참자아, 불성을 의지해야 합니다. 세상 사람의 말에 의지하는 것이 비극입니다. 사람의 머리로는 답이 없습니다. 그것은 답이 될 수 없습니다. 오로지 부처님 말씀을 잡고, 어느 한 구절 한 단어만이라도 그 뜻을 새기고, 또 새겨서 그것이 여러분의 피가 되고, 살이 되도록 내 모든 삶이 바쳐지고, 그것을 통해서 다 풀어지고, 다 해결되는 그런 삶이 되어야 합니다.

진리의 꽃, 진리의 열매를 설해 놓은 것이 '묘법백연화경'妙法白蓮華經입니다. '백'이라는 것은 내가 온전하다는 것입니다. 여러분 자식이 아무리 부족해도 온전하고, 아무리 못난 남편도 온전하다는 것입니다. 부인이 아무리 부족해도 진짜 백련임을 믿으세요. 내 주변에는 연꽃으로 충만하다는 것입니다.

연꽃으로 온전하고 완전하고 충분하다는 것입니다. 부처님 마음, 불심으로 꽃이 피니 충분합니다. 법화경을 통해서 온 세상이 연꽃으로 넘치게 합시다.

2강
위대한 인연으로 오시어
우리 모두 부처라고 알려주시다

제 이. 방편품方便品

'방편'이란 수단이라는 뜻으로 〈방편품〉에서는 부처님께서 우리들을 진실한 깨달음의 세계로 이끌기 위하여 방편을 쓰셨음을 말씀하셨습니다.

부처님 말씀의 핵심 내용이 모두 들어 있습니다.

부처님이 삼매에서 일어나서서 말씀하시기를 "부처님의 지혜는 한량없고 깊어서 모든 중생과 성문 연각과 보살들도 부처님의 지혜를 헤아리거나 측량하기가 어렵다"고 단언하셨습니다. 허공을 측량하고 시방세계의 티끌을 다 세고 계산할 수 있다 할지라도, 부처님의 지혜와 자비는 티끌만큼도 헤아릴 수 없습니다.

사리불아! 여래의 지견은 넓고 크고 깊고 멀어서 사무량심과 사무애

변과 십력과 사무소외와 선정과 해탈과 삼매에 깊이 들어가 미증유한 법을 성취하였느니라.

··· 중략 ···

부처가 성취한 제일 희유하고 이해하기 어려운 법은 오직 부처님만이 모든 법의 있는 그대로의 참모습을 철저히 알 수가 있기 때문이니라.

이른바 모든 법은 진리 그대로의 모습如是相, 진리 그대로의 성질如是性, 진리 그대로의 바탕如是體, 진리 그대로의 힘如是力, 진리 그대로의 작용如是作, 진리 그대로의 원인如是因, 진리 그대로의 관계如是緣, 진리 그대로의 결과如是果, 진리 그대로의 응보如是報, 진리 그대로의 근본부터 끝이 결국에는 같음이니라如是本來究竟等.

모든 존재의 본질, 생명의 본질을 10여시로 설명하십니다. 즉, 제법실상을 10가지 측면에서 밝히는 것입니다.

《반야심경》에서는 진리의 모습을 오온의 공함으로 설명합니다. 십이처와 십이연기, 십팔계, 사성제를 통해서 부처님의 방편설을 진리로서 설명해 놓았는데, 이 《묘법연화경》에서는 부처님의 진리를 열 가지로 정리해 놓았습니다.

제일 먼저 일체 존재는 그것이 유정이든 무정이든 모습이 있습니다. 우리가 볼 수 있는 것도 있고 볼 수 없는 것이 있을 뿐이지, 다 모습이 있습니다여시상.

두 번째는 모두가 근본에 고유한 성품이 있습니다. 모든 것은 고유의 기질을 가지고 있습니다여시성. 모든 것은 본체가 있습니다. 근본이 있다는 것이죠. 사람이 오온으로 구성되어 있듯이 모든 것은 본체가 있고 에너지가 있는데, 그것은 모든 물체마다 다 다르다는 것이지요여시체. 또 일체의 모든 것은 작용이 있습니다여시작. 사람은 부지런히 노력해서 생산 활동을 하기도 하고, 말은 뛰면서 먹고 살고, 독수리는 날면서 먹고 삽니다.

일체의 모든 것에는 원인이 있습니다여시인. 일체의 모든 것은 다 조건이 있습니다. 원인과 조건에 의해서 모든 일이 일어납니다여시연. 세상의 모든 일은 그 결과가 있습니다. 열매가 있다는 것이죠여시과. 그 결과를 모든 중생은 받아야 합니다여시보. 모든 법은 처음과 끝이 결국은 동등합니다여시본말구경등.

이 십여시+如是가 일체 모든 존재에 구성되어 있는데 부처님은 이 열 가지를 다 꿰뚫어서 중생을 제도 하십니다. 이 십여시가 모든 법의 실제의 모습이고實相 모든 존재의 근본은 이 열 가지로 구성되어 있다고 설법하시는 것입니다. 일체의 모든 존재는 열 가지 근본 모습을 가지고 어우러져서 순환한다고 말씀하십니다.

이런 말씀을 누구도 이해할 수 없으니 내 말을 무조건 믿으라고 합니다. 지옥계로부터 부처님 세계에 이르기까지 모두 갖추고 있는 보편성이 십여시입니다. 이 열 가지를 다 꿰뚫어서 부처님은 중생을 제도한다 하셨습니다. 큰 믿음을 내라고 하셨습니다. 지금부터 진짜로 법문을 할테니 큰 믿음을 내라고 말씀하십니다.

큰 믿음은 모든 것을 던져 버리는 것입니다. 내 생명도, 내 육신도 내 모든 것을 다 던지는 것입니다. 모든 것을 던져서 부처님이 말하고, 부처님이 행하고, 부처님이 느끼고 부처님이 살아가도록 하는 것이 '대신심'입니다.

우선 믿음에 대해서 먼저 말씀드리겠습니다. 많은 사람들이 자기의 생각이나 환상, 추상을 가지고 내가 믿는다고 생각하는데, 이것은 크게 착각하는 것입니다.

여러분은 마음으로 '나는 믿고 있다'고 생각하는데 이것은 다 거짓입니다. 이것은 다 위선입니다. 어느 보살님은 《법화경》을 십 년 동안이나 열심히 사경했는데 번뇌가 끊어지지 않는다고 합니다. 그 보살님은 믿음을 가지고 《법화경》을 사경한 것이 아니고 자신은 부처님을 믿기 때문에 사경한다고 생각하고 열심히 사경을 하는 겁니다. 이것은 추호도 여러분의 삶을 바꾸지 못합니다.

여러분이 믿는다고 생각하면 다 거짓입니다. 믿음은 그렇게 생기는 것이 아니고 여러분 마음속에서 진정으로 1%만 부처님을 믿어도 여러분 인생을 180도로 바꿀 수 있습니다. 여러분이 원하고 꿈꾸는 것을 다 이룰 수 있는데 여러분은 하늘이 두 쪽이 나도 부처님 말씀을 믿지 못하기 때문에 자신을 믿을 수가 없습니다. 자신을 믿을 수 없기 때문에 자신이 하는 어떤 기도도 진심으로 믿지 못합니다.

왜, 여러분이 중생으로 사는지를 완전히 이해하셔야 합니다. 믿음이 온전하지 않으면 아무리 작은 것도 이룰 수가 없습니다. 세상에 어떤 불가능도 믿음으로는 가능합니다. 우리의 참 성품을 드러내기 위해서 부처님이 이 세상에 오셨습니다. 부처님이 오신 이유는 중생으로 하여금 부처님의 지견을 열어 보여서, 깨달아 영원히 진리의 삶을 살아가도록 하게 하기 위해서 오신 것입니다.

부처님은 여러분이 부처라는 것을 알게 해서 무엇이든 원하는 것을 할 수 있다는 것을 알려 주기 위해서 이 세상에 오셨는데, 여러분이 그 사실을 믿지 않는 것입니다.

부처님이 이 세상에 오신 뜻은 오로지 일대사 인연입니다.

부처님께서는 세상을 청정하게 하고 모든 중생을 구제하기 위하여 오직 일대사인연으로 이 세상에 출현하시느니라.
사리불아, 어찌하여 모든 부처님께서 오직 일대사인연으로 이 세상에 출현하신다고 하는가 하면, 모든 부처님께서는 중생들에게 부처님의 지견을 열어 청정하게 하려고 이 세상에 출현하시고, 모든 중생에게 부처님의 지견을 보여 주시려고 이 세상에 출현하시며, 모든 중생으로 하여금 부처님의 지견을 깨닫게 하시려고 이 세상에 출현하시며, 모든 중생으로 하여금 부처님의 지견의 도에 들게 하려고 이 세상에 출현하시느니라.

이것은 개시오입開示悟入[2]입니다. 진리를 열고, 진리를 보게 하며, 진

---

2 석가모니 부처님이 출현하신 근본 목적을 네 가지로 요약하여 사리불에게 설명하신 내용이다. 첫

리를 깨닫게 하여 그 길에 들게 하는 일입니다.

부처님의 세계에서 보면 일체 중생이 동일합니다. 아무리 능력 없고 보잘 것 없어도 자기 자성을 알고 자신이 할 수 있다는 것을 아는 순간, 세계 최고가 되고 부처님의 가장 훌륭한 제자가 됩니다.

그것을 볼 수 있느냐, 없느냐의 문제이지 이 세상의 능력이나 복이 있나 없나를 생각하면 안 됩니다. 부처님의 눈에는 일체 중생이 모두 복덩어리요, 지혜 그 자체인데, 우리가 그걸 보지 못 합니다. 내면의 생명의 실상을 보지 못하기 때문에 항상 내가 헤매고 범부 중생으로 살아가는 것입니다. 부처님에 대한 믿음은 우리를 근본적으로 변화시킵니다. 내가 본래 부처로서 행동해야 합니다. 상대를 부처로서 믿고 존경해야 합니다. 내가 부처로서 말하고 생각하고 행동하지 않으면 여러분의 삶은 변화가 오지 않습니다.

오늘부터는 어떠한 경우라도 내 마음에 탐진치와 시기 질투가 있더라도 말을 할 때는 부처로서 말해야 합니다. 생각할 때는 부처로서 생각해야 합니다. 이 말을 진정으로 믿어야 합니다. 여러분이 이 말을 확실하

번째 개(開)는 부처님이 중생에게 불지견(佛知見)을 열어 펼치신 것이고, 두 번째 시(示)는 부처님이 중생에게 묘법의 공덕을 실증하여 법을 통해 진리를 보게 하신 것이고, 세 번째 오(悟)는 부처님의 지견을 중생이 깨닫게 하시고, 네 번째 입(入)은 중생들에게 묘법을 완전히 체득하여 깨달음의 세계로 들어가게 하신 것이다. 즉 부처님은 중생들에게 불법이란 이런 것이라고 펼쳐 보여서 깨달아 그 진리의 세계로 들어가 살게 하기 위하여 이 세상에 오셨다. 이것이 부처님과 사바세계 중생과 인연을 맺는 이유로 일대사 인연이다. 고통의 윤회에서 벗어나 영원한 행복의 길로 가도록 이끌어 주시기 위하여 이 땅에 오셨다. '너희들은 영원한 나의 아들이고 본래 부처이니 걱정하지 마라. 내 말을 들어 믿고 불법의 세계로 들어와 살아라! 이것을 알리기 위하여 내가 여기에 왔다'고 하셨으니 이것이 부처님의 일대사 인연이고 개시오입의 목적이다.

게 믿게 되면 생활에 엄청난 변화가 옵니다.

여러분은 스스로가 하는 말을 절대로 믿지를 못합니다. 여러분이 말을 할 때 이것은 내가 말하는 것이 아니라 부처님이 말한다고 생각하고 말하세요. 남편한테든, 부인이든, 친구든, 원수한테도 '당신이 부처다.' 라고 생각하고 말해야 합니다. 내가 부처라는 것을 인정하지 않고서는 상대방이 부처라는 것은 거짓이요, 위선이요, 허위요, 가식입니다. 그것은 오히려 그 사람을 경멸하는 것이 됩니다.

나도 부처요, 당신도 부처라고 말하고, 생각하고, 행동하는 것은 새로 태어나는 것이고, 생각이 완전히 바뀌는 것입니다.

부처님을 믿는다는 것은 내가 부처님의 위신력, 가피, 신통력을 전적으로 신뢰하고 거기에 내 몸과 마음을 다 위탁하는 것입니다. 믿음은 아주 긍정적이고 아주 창조적이고 가장 현실적이고 적극적이고 무한한 선한 공덕을 짓게 합니다. 믿음은 나에게 어떤 것에도 지치지 않게 하는 근본적인 힘을 줍니다.

내가 아무리 선하고자 해도 진정한 믿음이 없다면 선한 것이 아닙니다. 내가 아무리 열심히 하려 해도 부처님에 대한 확실한 믿음이 없다면 열심히 하는 것이 나에게는 헛일입니다.

내가 보시, 지계, 인욕을 하여 공덕을 다 짓고 육바라밀을 해서 선정 공덕과 지혜 공덕과 인욕 공덕을 다 짓더라도 내가 부처님에 대한 완전한 믿음이 없을 때는 이 공덕이 다 허사가 됩니다. 여러분이 보시하고 정진하며 선근 공덕을 계속 짓는데, 부처님에 대한 완전한 믿음이 없는 상태에서 하면 공덕은 없습니다.

내가 하는 것은 반드시 부처님이 증명하시고 내가 부처님을 믿는 상태에서 경전을 읽고 외워야 가피를 받을 수 있습니다. 그렇지 않은 상태에서는 아무리 오랫동안 해도 헛수행이 되는 겁니다.

기도를 무조건 많이 하는 것이 중요한 것이 아니고 내가 부처임을 믿고 하느냐가 가장 중요한 핵심입니다. 마음속에서 내가 부처임을 결정코 믿지 않으면 여러분의 기도는 다 허사입니다. 절대로 이루어지지 않습니다.

내가 부처로서 보시할 때 이미 부처이므로 부처님께 절대로 바라지 않겠지요? 그렇게 보시하지 않는 것은 어떤 공덕도 생기지 않아서 보시한 만큼 손해입니다. 믿음으로 할 때는 선근 공덕을 생각할 필요가 없습니다. 믿음이 있는 사람은 이미 마음에서 선한 공덕을 행하고 있고 말하고 있고 생각하고 있기 때문에 공덕을 찾을 필요도 이유도 없습니다.

내가 정말 믿음이 온전하면 만 번 죽어도 좋다는 생각이 듭니다. 하루에 매일 죽어도 좋다는 생각이 옵니다. 그런 믿음이 온 사람은 마음에 절대로 두려움이 없습니다. 그런 사람은 절대로 마음에 절망, 좌절, 근심도 없습니다.

믿음을 태양에 비유해 보겠습니다. 태양의 직진 현상과 굴절 현상을 분리할 수 없고 촛불의 열과 빛을 분리할 수 없듯이, 우리의 마음에서 성불과 해탈과 소원 성취를 분리할 수 없습니다. 믿음이 정말로 있으면 반드시 소원 성취하고 내 원을 이루고 모든 공덕을 이루고 반드시 해탈합니다.

믿음은 공덕의 어머니요, 해탈의 어머니라고 했습니다. 신앙 생활에서 믿음은 너무나 중요합니다. 〈방편품〉첫 부분에서 부처님께서는 '내 말을 크게 믿으라.'고 하셨습니다. 왜냐하면 이해하려고 하면 영원히 이해할 수 없는 말씀이기 때문이지요.

그 이유를 잘 알아야 합니다. 이 부분을 이해하려고 하면 여러분은 중생 세계를 끝없이 돌아야 합니다. 부처님의 지혜와 자비의 세계는 이해의 세계가 아닙니다.

내가 백천만 명을 제도하겠다고 마음을 정하면 이해로 생각으로 되는 게 아니고 제도하겠다는 말로써 우주에 확정 짓는 것입니다. 말로써 우주에 씨앗을 뿌린 것입니다. 내가 어디 가서 백 천만 명을 제도할지는 아무도 모르는 겁니다. 그것은 내가 할 일이 아닙니다. 그것은 오로지 부처님이 할 일입니다. 우리는 완전히 부처님께 맡기고 살 뿐입니다.

여러분은 부처님을 믿으면서 왜 성공하지 못하고, 불행하게 생각하고, 왜 자식 문제를 해결하지 못하나요? 반드시 해결해야 합니다. 부처님한테 맡기고 딱 던지세요. 믿으세요. 그 사람이 부처라고 위대한 나의 사자師者라고 믿으세요. 그것을 믿지 않을 때 여러분의 삶은 아무리 기도를 해도 응답이 없고 해결이 나지 않습니다. 세상의 어떤 문제도 답이 없는 이유는 믿지 않기 때문입니다. 의심하기 때문입니다. 의심으로 번뇌가 일어나면 천하의 믿음이 없어집니다. 부정적인 생각이 오면 믿음이 없어집니다. 여러분의 생각 속에서 불신이 일어나고 부정적인 생각이 일어나고 편하지 않은 생각이 일어날 때마다 더 큰 믿음을 일으켜야 합니다.

우리가 아무리 많은 죄를 지었더라도 부처님을 신실하게 믿으면 부처님은 나의 오역죄를 보는 것이 아닙니다. 나의 믿음 하나를 보고 모든 것을 이루게 하시고 오역죄를 소멸시킵니다.

여러분이 태산 같은 업이 있고 아무리 업보가 많더라도 부처님을 신실하게 딱 믿는 순간부터 그 업은 태풍 앞에 티끌입니다. 태양 앞에 촛불에 불과 합니다. 내가 아무리 과보가 많다 하여도 믿는 순간부터 내 삶이 바로 역전되는 것입니다. 부처님의 말씀을 그렇게 반드시 믿어서 성불하세요. 제가 법문할 때는 관세음보살로서, 지장보살로서 법문합니다. 제가 법문할 때는 반드시 석가모니 부처님으로서, 미륵부처님으로서 법문합니다.

제가 여러분을 상담할 때는 반드시 부처로서 말을 하지 승려로서 법문하는 것이 아닙니다. 제가 상담하는 순간은 부처로서 행동하지 않으면 여러분은 절대로 믿을 수 없고 이룰 수 없고 나아가지 못합니다.

제가 이렇게 말할 때 저는 제 말을 믿게 되는 것이고 제 말대로 깨달아지고 이루어지고 성취되는 것입니다. 제가 말을 잘못하면 그 순간부터 저는 거꾸로 다시 원위치가 되는 겁니다. 이런 도리를 알고 오늘부터 부처님 가르침을 받아들이시기 바랍니다. 부처님을 믿어서 받는 공덕을 다 말할 것 같으면 너무나 엄청나서 아무도 믿지 못하고 미친 소리라며 부처님한테 침 뱉고 간다는 것입니다. 우리는 정말로 믿어야 합니다.

이것을 믿으면 무한한 복덕과 지혜와 자비가 모든 중생에게 무량하게 넘친다는 것을 믿으십시오. 많은 사람들은 교만과 아상이 넘칩니다. 지금까지 이루어 놓은 지식과 명예와 재산이 있고, 남을 섬기고 헌신하여 지어 놓은 공덕이 크다고 믿습니다. 그런 사람은 절대로 부처님을 믿을 수 없습니다. 부처님의 믿음에 들어가지 못합니다. 그런 사람은 부처님을 섬기고 공양할 수 없습니다.

부처님을 섬길 수 없음은 자기 자신을 경멸함이요, 다른 사람도 업신여기는 것과 동일하다고 경전에서 계속 말씀하고 계십니다. 부처님 말씀을 머리로 이해하려 하지 마세요. 감성과 분별로 이해하려 하지 마세요.

남편이나 아내에 대해서 불평불만을 가지고 있는 사람들이 많습니다. 하지만 내 남편에게 내 아내에게 능력이 있음을 꼭 믿어야 합니다. 남편이나 아내가 자식을 사랑하고 세상을 위하고 모든 것을 할 수 있는 능력이 있음을 믿고 격려하셔야 합니다. 여러분이 남편을 아내를 부처님으로 섬기면 남편도 아내도 점점 마음을 열게 됩니다. 남편이나 아내가 마음을 열게 되면 그 사람의 능력이 나오게 됩니다.

칭찬은 고래도 춤추게 하듯이 그 사람을 칭찬하고 격려하면 그 사람의 능력이 서서히 발휘되기 시작합니다. 우리 안에는 누구나 무한한 능력이 잠재되어 있습니다.

장사를 잘하는 사람은 장사하는 능력을 발휘해서 장사를 통해서 세상을 유익하게 하는 것이 개시오입입니다. 모든 삶에서 그렇게 살아가라는 말씀입니다. 여러분이 부처로서 능력을 발휘해서 하는 일에서 그 일 자체가 되어서 세상을 위하라는 것이 개시오입입니다. 교사는 교사로서 해야 할 일이 있고 세상을 위할 일이 있습니다. 내게 일이 왔을 때 내 사명이 무엇인지 내가 할 수 있는 일이 무엇인지 반드시 깨달아야 합니다. 그 일을 통해서 사람들을 이익되게 하고 복되고 평화롭게 하는 것입니다.

하지만 사람들은 허상의 자기를 진짜로 여기기 때문에 번뇌가 항상 떨어지지 않습니다. 부처님이 이 세상에 오신 뜻은 당신이 부처이니 일상의 삶 속에서 부처로서 세상을 살아가라는 것입니다. 여러분이 부처로서 세상을 위하라는 뜻입니다.

부처님이 남편을, 자식을, 부모를 멸시하겠습니까? 범부 중생은 부처가 아닙니다. 그 안에 들어 있는 불성을 믿을 때부터 부처가 되는 것입니다. 우리가 믿음을 가졌을 때에 부처입니다. 자기 스스로를 부처라고 하는 것은 교만이 아닙니다. 이것은 지존심至尊心입니다. 이것은 부처님을 지극하게 공경함이요, 공양함이며, 찬탄하는 것입니다.

여러분이 자기 자신을 얼마나 믿지 못하는지 보십시오. 부처님은 이 세상에 오로지 두 가지의 섬의지처이 있다고 했습니다. '자기 자신을 섬의

지처으로 삼고, 부처님의 법을 섬의지처으로 삼아라.' '내 말씀을 믿고 의지
하는 자는 나를 믿는 자요, 나랑 함께하는 자이다.' 자기자신을, 부처님
말씀을 등불로 삼아서 끝까지 가라고 했습니다. 이것이 자등명, 법등
명입니다.

내 자신의 참성품이 본래 부처라는 것을 끝까지 믿어야 합니다. 그렇
지 않으면 무엇을 의지해서 세상을 살아갈 수 있나요? 세상에 의지할 수
있는 것이 무엇이 있습니까? 재물을, 명예를, 자식을, 남편을 의지할 건
가요? 그 무엇도 세상의 존재는 다 망가지고 흩어지고 소멸하고 맙니다.
오로지 믿고 의지할 수 있는 것은 부처님과 나의 참성품뿐입니다.

세상의 것은 내가 의지할 수 있는 것이 아니라 내가 사랑해야하는 대
상이고, 이 세상을 위해서 쓰여질 대상일 뿐이지 그 어떤 것도 믿음의 대
상이 아님을 결정코 믿으시기 바랍니다.

여러분은 자기 자신을 얼마나 존중하고 고귀하게 여기십니까? 자기
자신을 하찮게 여기지는 않나요? 내 생각을 고귀하게 여기십시오. 내 말
을 고귀하게 여기십시오. 내 뜻을 고귀하게 여기면 천하의 시방세계 부
처님이 나의 뜻을 그대로 받들어서 이루어 주시고, 성취해 주시고, 풍요
롭게 해 주십니다. 이것이 《묘법연화경》의 핵심 진리입니다.

《묘법연화경》은 '당신이 부처다.'라는 것입니다. 모든 사람이 부처라
는 것입니다. 이것이 일불승입니다. 오로지 여러분이 부처로서 살아가
라고 말씀 하십니다. 이것을 믿지 않으면 부처님을 경멸하고 부처를 죽

이고 부처를 업신여기는 것입니다

여러분이 오늘부터 자기 자신의 말을 믿지 않는다면 여러분은 부처님을 죽이는 것입니다. 어디 가서 어떤 장애가 생기면 나무불, 나무법, 나무승만 하십시오. '부처님이시여, 저에게 자비와 지혜와 위신력과 가피와 신통력으로서 나를 이끌어서 보호해 주시고 이 길을 열어 주세요.' 하고 염하세요.

그렇게 하면 어디에도 걸리지 않고 유익한 삶으로 변화할 수 있습니다. 불법을 믿으면 어디에도 걸리지 않아야 합니다. 이사나 운명이나 사주팔자에도 걸리지 말아야 합니다.

여러분은 이미 부처이기 때문에 다시 부처가 되기 위해서 수행하는 것이 아니고 말을 할 때는 부처로서 자비의 언어와 긍정의 언어와 중생에게 이익이 되는 언어를 쓰십시오. 설사 악한 생각이 오더라도 부처로서 생각을 선하게 일으키고 말을 바꾸세요. 바로 즉시에 부처로서 생각을 바꾸고 말을 바꾸면 됩니다. 그렇게 살라는 것이지 깨닫기 위해서 백배, 천배 절 하라는 것이 아닙니다. 부처로서 생각하고 말하세요. 부처로서 사랑하고 받아들이고 주세요. 부처로서 인욕을 하세요. 부처로서 모든 고통을 기쁘게 받아 들이세요.

부처로서 못난 자식도, 남편도, 아내도 기쁘게 사랑하세요. 부처로서 자비로 이끌어 가세요. '부처로 살라'는 것이지 '깨달아라'라는 것이 아닙니다. 깨달으려고 하면 원위치 됩니다. 그렇다고 수행하지 말라는 것이 아닙니다. 여러분의 언어와 생각과 행이 신구의身口意가 그대로 부처로 서 살라는 것입니다. 제발 깨달으려고 애쓰지 마십시오. 그냥 그대로 부 처로 사세요.

〈방편품〉을 마무리하겠습니다. 이제까지 이렇게 수행해라, 이렇게 염불해라, 이렇게 깨달아라 한 것은 부처님의 방편이었다는 것입니다. 사람들이 번뇌가 많고, 욕심이 많고, 시기가 많고, 게으름이 많아서 진 실을 말해도 믿지 않을 것이기 때문에 어쩔 수 없이 방편을 말한 것이 지 진짜는 당신이 부처라는 것 한마디로 끝맺음을 하는 것입니다.

이 말씀을 믿고 오늘부터 내가 부처로 살리라. 부처로서 말하고 부처 로서 생각하고 모든 것을 다 이루리라. 일체 중생을 다 제도하여 성불하 게 하리라. 이러한 마음으로 정진해 나가라는 것이 부처님이 이 세상에 오신 뜻입니다. 모든 사람들은 자신이 부처임을 모르고 살아가고 있 습니다. 오로지 탐욕과 성냄과 어리석음으로 살아가기 때문에 부처 님이 이 말씀을 지금 이 순간에도 하고 계십니다.

부처님은 영원토록 여러분과 함께하면서 여러분의 가족 구성원 모 두가 완전한 성불에 이를 때까지, 대한민국이 완전한 남북통일을 이 루고 세계 일등국가가 될 때까지 한 순간도 우리를 떠나지 않으시고, 항상 우리와 함께하신다는 것을 믿고 여러분의 원을 다 이루는 불자 되십시오.

3강
우리들의 고통을 불난 집에 비유하여
벗어나게 하시다

제 삼. 비유품譬喻品

사리불이 부처님께 크게 참회를 합니다.

저희들은 부처님께서 방편으로 근기를 따라 말씀하신 줄을 알지 못하고 처음에 부처님 법을 듣고는 곧 깨달음을 얻었다고 생각하였나이다.

세존이시여, 제가 예로부터 지금까지 밤낮으로 늘 스스로를 책망하였는데 지금, 부처님으로부터 일찍이 듣지 못하던 법화경의 법문을 듣고 모든 의심과 후회하던 것이 사라지고 몸과 마음이 편안하게 되었사오니 오늘에야 비로소 부처님의 참된 아들이 되었나이다. 부처님의 교화의 힘 가운데 법으로 화생化生하여 부처님의 법을 얻게 되었음을 오늘에야 알았나이다.

사리불이 교만하고 게으르고 의심이 많아서 고집멸도의 사성제, 개인의 영원한 행복, 생사 없는 해탈, 영원한 즐거움의 세계를 완전한 성불인 줄 알았고, 그것이 부처님의 참된 뜻인 줄 알은 것을 크게 참회하는 것으로부터 시작됩니다.

"나의 의심의 그물은 찢어졌고, 모든 게으름은 타파되었으며 모든 교만은 소멸되었다."라고 사리불이 참회하였습니다. 부처님께서는 교만하고, 게으르고, 의심이 많은 사람에게는 설법하지 말라고 하셨습니다. 설법을 함으로 인해서 그 사람이 크게 죄업을 짓게 되고 악도에 떨어지게 되는 원인이 되기 때문입니다.

제가 여러분에게 법을 설하는 것이 아니고 여러분이 저를 깨달음으로, 열반으로 인도하는 것입니다. 지금 제가 무엇을 해야 하고, 어떻게 마음을 써야 하며, 어떻게 말을 해야 하는지를 명쾌하게 이해하고 깨닫지 못하고 행하지 못한다면 저는 금생에 영원히 기회가 없습니다. 많은 보살님이 오셔서 어려움과 고통을 저에게 말씀을 하십니다. 그것은 저에게 100% 답이 있기 때문에 말합니다.

여러분이 저에게 상담을 요청하신다는 것은 저에게 답이 있다는 뜻이고, 제가 여러분께 설법을 한다는 것은 여러분이 이미 다 알아 들을 수 있고, 모든 것을 이해할 수 있고 성불할 수 있다는 뜻입니다.

여러분의 마음에 교만이 있다면 저에게 고통스런 문제를 상담하지 못합니다. 제 마음에 조금이라도 교만이 있으면 제 답변이 여러분의 삶의 고통을 벗어나게 해 드리지 못합니다. 제 마음에 조금이라도 게으름이 있고 여러분을 멸시하는 마음이 있으면 저는 여러분께 어떠한 답변도 드리지 못할 뿐 아니라 영원히 지옥고를 받게 됩니다.

요리를 잘하는 사람은 내가 왜 요리에 재능이 있는지를 알아야 합니다. 자기 음식을 먹으러 오는 많은 사람을 만나서 깨달으라고 요리를 잘하는 것입니다. 그 사람들을 공경하라고 요리를 잘하는 것입니다. 그러한 뜻을 모르고 요리 잘하는 것을 뽐내며 폼을 잡거나 돈을 벌기 위한 수단으로 삼거나 다른 사람을 업신여긴다면 그 사람의 삶은 거꾸로 뒤집어져서 반드시 고통을 받게 됩니다.

누구든 자신의 재능을 보고 자신의 사명을 깨닫지 못하면 그 사람은 인생을 헛살게 됩니다.

그림을 잘 그리는 이유도 다른 사람의 마음을 열게 하고 행복하게 하기 위함입니다. 그렇지 않으면 절대로 그런 능력이 주어지지 않습니다. 그림 그리는 것을 가지고 돈벌이 수단으로 삼거나 자신을 높이거나 명예를 얻기 위해서 재능을 사용했을 때는 크게 고통 받고 절망을 겪게 되는 것입니다.

세상의 모든 일이 그렇습니다. 음악을 하든, 정치를 하든, 장사를 하든, 농사를 짓든, 무슨 일을 하든 그 일에서 사명을 깨달으면 여러분은 불성을 발견한 것이고 바르게 인생을 살 수 있으며, 일체의 고통에서 벗어날 수 있습니다. 항상 다른 사람으로부터 존경받고 삶에서 기뻐하고 감사할 수 있습니다.

그런데 많은 사람들은 자신의 능력이 주어진 뜻을 알지 못합니다. 그 뜻을 알지 못하고 바르게 쓰지 못하기 때문에 한때는 능력이 뛰어난 듯 보이다가 어느 순간 빛을 잃고 힘들게 됩니다.

보험 설계를 하는 사람, 책을 파는 사람, 자동차를 파는 사람 등 방문 판매업을 하는 많은 분들이 저에게 어려움을 얘기합니다. 잘 살다가 어려워진 사람의 경우는, 자신이 잘 살 때 교만했다든지, 옷을 깨끗하게 입었을 때 더러운 사람이 가까이 오는 것을 싫어했다든지, 학교 다닐 때는 자신보다 부족하고 별 볼 일 없다고 생각했던 친구가 지금은 능력 있고 잘 나가는 것을 보고 시기심을 내었다든지, 반드시 자기의 마음이 왜곡되었기 때문에 어려움을 겪는 결과가 온 것입니다. 이것을 깨닫지 못하면 이 사람은 아무 것도 얻을 수 없고 결국 길이 열리지 않습니다.

길이 열리려면 그 원인과 이유를 확실히 깨달아야 합니다. 먼저 자신이 교만했음을 명쾌하게 깨달은 후에 이제는 내가 우습게 보았던 사람, 내가 별 볼 일 없다고 생각한 사람을 반드시 찾아가야 합니다. 그래야 이 물건을 팔아서 먹고살 수 있습니다. 그 때는 예전과 같은 자존심을 갖거나, 마음에 교만함이나 조금이라도 자신이 잘났다는 생각을 하면 안 됩니다. 그런 생각을 하는 순간에 아무 것도 팔지 못하고 욕만 먹고 쓸쓸히 돌아오게 되어 있습니다.

지금부터는 내 이익을 위해서 영업을 하려 하면 안 됩니다. 우리가 어렸을 때는 인정에 의해서 친구, 친척 등의 지인들이 영업에 도움을 주었지만 지금은 정확하지 않으면 아무것도 되지 않는 시대가 되었습니다. 정확하다는 것은 정법 시대를 가리킵니다. 정법 시대에는 내가 마음을 올바로 쓰고 사람을 진심으로 받들고 섬기지 않으면 여러분은 아무것도 이룰 수 없습니다.

오늘날 많은 젊은이들이 왜 힘들어 하고 절망합니까? 도와 깨달음은 현실에 있지 방에 있지 않습니다. 아무리 작은 일이라도 목숨을 걸고 할 때 거기에서 길이 열리고 답이 있고 복이 생깁니다. 가만히 앉아서 원하는 것을 찾아지는 시대가 아닙니다.

자신이 원하지 않는 것을 묵묵히 참고 잘 해내고 나면 자신이 원하는 삶이 나타나는 세상입니다. 처음부터 자신이 원하는 삶을 갈 수 있는 사람은 3% 미만입니다. 97%는 원하지 않는 것을 열심히 하면서 인욕을 배우고, 사랑을 배우고, 공경을 배우고, 자비를 배워야 합니다. 그렇지 않으면 더 이상 사회에서 필요로 하지 않는 사람이 되고 맙니다. 자신의 삶을 사랑하고 타인을 진정으로 공경하고 섬기는 사람에게는 세상은 무한히 열려 있습니다. 여러분이 볼 때는 아무것도 보이지 않아도 이 세상은 완전히 열려 있습니다. 내가 원하는 것만 하고 내가 행하지 않기 때문에 내가 좋은 것만 하려다 보니 나한테 영원히 그것이 주어지지 않는 겁니다.

제가 많은 사람들을 만나서 전법교화하는 제게도 부처님은 정말 고통스럽고 답 없는 분들을 수없이 만나야만 부처님이 제게 세계를 포교할 수 있는 길을 열어 주십니다. 처음부터 제가 원하는 길을 열어 주시지는 않습니다.

저는 날마다 정말 어려운 사람들을 만나서 상담을 하게 됩니다. 어느 보살님은 부부간에 서로 보고 숨도 쉴 수 없다고 합니다. 그 보살님은 모든 것을 다 갖추고 있습니다. 대한민국에서 제일 좋은 곳에 살면서 최고의 것을 다 가지고 있지만 마음은 힘이 듭니다. 힘든 이유는 자신을 열지 못하고 자기를 바치지 못하기 때문입니다. 남편한테, 아내한테 절대로 바치지를 못하는 것입니다. 능력, 재물, 명예를 다 갖추고 있지만 안 풀어집니다. 이러한 것은 껍데기에 불과합니다. 덕이 없고 복이 없으면 다 가져도 불행합니다.

세상적인 성공과 물질적인 것으로는 풀어지지 않습니다. 질적인 변화가 없이는 여러분은 기쁠 수 없고 성공할 수 없습니다. 진정한 내면의 기쁨과 행복과 환희를 느끼기 위해서는 여러분이 질적으로 삶에서 오는 문제의 뜻을 깨달아야 합니다. 그러기 전에는 여러분의 삶이 한 발짝도 나아가지 않습니다.

부처님의 말씀을 듣고, 또 듣고, 믿고 또 믿으셔야 합니다. 부처님은 우리를 불행하게 만들지 않습니다. 연꽃은 나의 뿌리 불성이고, 연꽃 줄기는 보살이고, 연뿌리는 나의 믿음이고, 연꽃 잎은 나 자신입니다.

내 생명의 근원은 부처님입니다. 부처님을 진실로 믿고 진실로 따르고 공경한다면 여러분 삶에 어떤 장애도, 고통도 없습니다. 내 진정한 믿음은 기쁨이요, 행복이요, 배려요, 관심이요, 용서요, 자비이고 축복입니다. 그 안에 여러분이 원하는 모든 것이 다 들어 있습니다. 그것이 백련 꽃이 피는 것입니다.

부처님은 우리가 영원히 사는 법을 얻게 하심은 기본이고 일체 중생을 다 제도할 수 있는 복과 지혜와 오안육통 등 우리가 원하는 것 일체를 주시기 위해 항상 준비하시고 우리의 문 밖에서 기다리고 계십니다.

세상의 것은 다 부질없고 허물어집니다. 세상 것은 아무리 움켜쥐려 해도 다 흘러갑니다. 부처님은 이 세상을 불난 집이라고 하셨습니다. 탐욕, 성냄, 어리석음, 시기, 질투, 교만, 업신여김 등의 중생심을 불난 집으로 비유하여 깨닫게 하셨습니다.

불타는 집을 상상해 보십시오. 불에 타서 허물어져 내리는 서까래는 명예입니다. 허물어지는 기둥은 자존심이요, 무너져 내리는 벽과 벽돌은 재물입니다. 이 모든 것은 점점 썩어 문드러져서 사라지고 흩어져서 티끌로 변하는 것을 부처님이 비유로 얘기하고 계십니다. 중생이 사는 세계는 부엉이, 독수리, 뱀 등이 가득 차 있다고 합니다. 그것은 우리의 마음을 가리키는 것입니다. 우리의 마음은 시기하는 마음, 질투하는 마음, 성내는 마음, 열등한 마음 비굴한 마음, 저주하는 마음 등으로 가득합니다. 이런 마음을 모두 짐승으로 표현합니다. 여러분의 마음 안에 들어 있는 이러한 것들을 다 없애시기 바랍니다.

여러분이 부처님 말씀을 받아 지닐 때 오로지 기뻐하라고 부처님 말씀을 전하는 것이지 슬퍼하거나 고통스러워하라고 전하는 것이 아닙니다. 부처님 법을 전하는 이유는 여러분이 기쁘고, 즐겁고, 행복하게 살게 하기 위함입니다.

여러분이 기도하실 때 어떤 잘못이 있든, 어떤 허물이 있든, 아무리 큰 고통이 있더라도 제일 먼저 항상 감사하세요. 세상 살면서 죄인으로 살면 안 됩니다. 죄가 아무리 크더라도 여러분이 부처님한테 믿음으로 다 바쳤을 때 이 모든 것은 이미 지나간 일이지 현재의 일이 아닌 것입니다. 부처님은 항상 말씀하십니다. 여러분이 기도할 때는 이미 내가 부처가 되었기 때문에 이미 완성된 것입니다. 절을 할 때는 이미 내가 부처가 된 것입니다. 절을 해서 깨달으려고 하니까 전혀 깨닫지 못하는 겁니다. 절을 하면서 기뻐야 합니다. 만약 남편에 대해서 미운 생각이 있으면 이미 미운 생각을 내려놓고 기도를 해야지 그 기도가 완성되고, 해탈이 되고, 복이 되고, 행복과 기쁨으로 변하게 됩니다. 남편에 대한 미움을 생각하면서 기도하면 여러분의 기도는 성취되지 않습니다.

잘못했다는 생각, 불행하다는 생각을 갖고서 살면 조금도 불행을 벗어나지 못합니다. 많은 사람들이 매일 백배 천배씩 하면서 자신이 죄가 많다고 생각하면서 자꾸 참회를 하는데 그런 참회는 잘못된 참회입니다. 항상 부처님께 감사하고, 기뻐하면서 절하고 염불할 때 그 기도는 다 깨달음이 되고, 해탈이 되고, 성불의 삶이 됩니다. 많은 사람들이 어려움을 호소합니다. 하지만 그 어려움은 부처님이 보았을 때는 하나도 어려운 것이 아닌데 본인이 그렇게 생각할 뿐입니다.

부처님이 말씀하시기를 "일체 모든 중생은 나의 자식이다."라고 하십니다. 부처님이 우리의 생명의 근원이라고 하십니다. 아버지인 부처님이 우리에게 주지 못할 것이 아무것도 없습니다. 내가 원하는 것은 내가 구하는 대로 무엇이든 다 주시는데 여러분이 부처님을 믿지 않는 것이 문제입니다. 나에게 부처님의 위대한 지혜와 복덕이 다 들어 있음을 믿어야 합니다.

부처님의 마음은 오로지 걸식의 마음입니다. 걸식의 마음은 최대한 겸손이고 하심이고 모든 것을 다 주는 마음입니다. 부처님은 우리에게 자비희사慈悲喜捨의 거룩한 마음을 가지라고 끊임없이 설법하고 계십니다.

여러분이 《법화경》을 믿고 공경하고 신행 생활을 할 때는 내가 죄가 많다거나, 복이 없다는 생각을 절대로 해서는 안 됩니다. 나에게는 지금 이 상황이 최고의 상황이라고 생각하셔야 합니다. 지금 내 앞에 있는 사람을 공경하라는 뜻입니다. 삶에서 내 앞에 오는 일은 나에게 꼭 필요해서 오는 것입니다. 내가 지금 만나는 사람은 꼭 만나야 하기 때문에 만나는 겁니다.

이 세상에 우연은 없습니다. 모든 것은 필연입니다. 모든 것은 다 나에게 필요해서 오는 것입니다. 제가 이런 말씀을 드리는 것은 여러분에게 꼭 필요하기 때문이고 제가 이런 생각을 하는 것도 저에게도 꼭 필요하기 때문입니다.

잘못된 인연 때문에 고통스럽다고 호소하고 계십니다. 그 핵심은 상대에 대한 이해와 배려가 없는 것입니다. 아무리 이해하려 해도 이해되지 않고, 배려하려 해도 배려되지 않는 것이 중생심입니다. 이해하고 배려하려 하면 할수록 더 분노가 일어나고 마음이 더 산란스럽고 혼란에 빠지게 됩니다. 그런 마음은 불심이 아니고 중생심입니다.

불심은 나를 모두 던져 버리는 것입니다. 부처님한테 나를 던지는 것입니다. 법화경은 일체의 모든 나의 몸과 생각을 던지고 내가 그것에 대해서 생각하지 않는 것입니다.

오로지 내가 생각할 수 있는 것은 사랑하는 마음과 불쌍히 여기는 마음과 기뻐하는 마음과 어디에도 치우치지 않는 마음을 갖는 것입니다. 이 사무량심만 가지고 살아가라는 것입니다.

어떤 경우에도 마음에서 근심 걱정하지 말라는 것입니다. 근심, 걱정하면 근심 걱정한 그대로 됩니다. 마음에 근심 걱정이 가득한데, 어떻게 걱정하지 않을 수 있나요? 내 생각을 부처님한테 바치고 던지게 되면 근심 걱정이 없어집니다. 두려워하지 말고 조금도 겁내지 마세요.

여러분의 모든 일은 부처님이 다 이루도록 해 놓았지 틀어지게 하지 않았습니다. 여러분이 이 세상에 온 뜻은 무엇일까요? 부처님이 왜 보내셨을까요? 성불해서 중생제도하라는 것입니다. 대승은 무엇입니까? 사람을 만나는 데 있습니다. 혼자는 못 깨닫습니다. 누군가를 만나야합니다. 그런데 그 사람이 날 힘들게 하고 고통스럽게 하는 데 문제가 있습니다. 바로 그 때가 연꽃을 피워야 할 때입니다. 내가 원하는 대로 되지 않고, 모든 것이 내 뜻에 맞지 않고 도저히 나의 앞 길이 보이지 않을 때, 그 때만 연꽃이 핍니다. 그 때에 내 안에서 진리가 자랍니다. 진리의 연꽃이, 백련 꽃이 점점 성숙해 나갑니다.

고통은 나에게 축복이요, 기쁨은 어떤 것도 내 것이 아니고 부처님 것이니 나누어야 합니다. 깨달음과 진리만이 온전한 나의 것입니다. 행복도 기쁨도 나의 것이 아니기 때문에 다 나누어야 하는 것입니다. 그것이 진정한 대승이고 일불승입니다.

오늘부터는 제일 먼저 가정의 평화를 이루십시오. 제게는 가족 간에 갈등으로 힘들어 하는 사람이 많이 오십니다. 여러분 이렇게 생각해 보십시오. 나를 힘들게 하는 그 사람이 아니면 나는 절대로 성불할 수 없고 내 안에 진리의 연꽃이 절대로 피지 않습니다. 그 사람만이 나에게 진리의 연꽃을 피우게 한다는 것을 생각하고 오늘부터 그 사람을 정성껏 섬기세요. 그 사람으로 인해 내 고통이 끝이 없을 때 삼천 년 만에 핀다는 우담바라 꽃이 피는 것입니다.

하루하루 살아가면서 자신의 고통과 허물을 대할 때마다 감사해야 합니다. 어떤 것도 부정적으로 생각하지 말고 기쁘게 생각하십시오. 왜냐하면 그것이 아니면 나는 깨닫지 못하기 때문입니다. 여러분이 물질이 있다면 그물질로 복을 쌓고 덕을 쌓으라는 뜻입니다. 일체 모든 삶에서 말할 때마다 생각할 때마다 덕을 쌓으면 천지는 내 편이 되고, 내 뜻을 이루도록 되어 있습니다. 그것이 우주법계의 원리요, 이치요, 법입니다.

어떤 경우에도 탐착貪着하지 마십시오. 어떤 경우도 교만하지 마십시오. 대승의 핵심이 사람 만나는 것이고, 사람을 만났을 때 그 사람을 섬기는 것인데 그 때 못 깨달으면 깨닫지 못합니다.

혼자 알고, 혼자 즐겁고, 혼자 기쁜 것은 부처님 법이 아닙니다. 그것은 사도요, 외도라고 부처님은 말씀하셨습니다. 부처님 법을 알아 나 혼자 기뻐해서는 안 되고 반드시 이웃에게 전해서 나누어야 합니다. 세세생생토록 이 법을 전하는 데 여러분의 생명을 바쳐야 합니다. 중생을 남김 없이 제도하는 날까지 포교에 목숨을 바치는 삶을 살아야 합니다.

여러분은 모두 위대한 연꽃입니다. 여러분이 보고 계신 모든 사람들도 연꽃입니다. 부처님 눈에는 다 연꽃으로 보입니다. 다만 어떤 것은 피었고, 어떤 것은 피어나기 위한 준비를 하고 있으며, 어떤 것은 아직 필 기미가 보이지 않을 뿐입니다. 부처님은 아직 피지 않는 연꽃 때문에 '내 말씀을 믿고 따르라, 내 말씀대로 살아라, 내 말씀에 의지해라.' 하시며 문 앞에서 활짝필 때까지 기다리고 계십니다.

저에게 상담하시는 많은 분들이 조금도 저를 의심하지 않고 그대로 믿고 모든 것을 말씀하신다는 것을 제가 알았습니다. 그분들이 저를 완성시키고 더 큰 삶으로 나아가게 하시며 점점 연꽃을 피우게 하십니다. 괴로운 말씀을 들을 때마다 저는 새로운 꽃이 피고 더 큰 연꽃이 되고 더 향기로워집니다.

어떤 사람은 남편이 하는 말 때문에 너무 고통스러워 했습니다. 숨을 쉴 수 없을 만큼 힘들다고 했습니다. 그것은 아직 그 보살님이 꽃을 피우지 못했기 때문에 꽃을 피우라고 그렇게 힘들게 하는 것입니다. 그러니 꽃을 피우지 못하면 더 큰 아픔으로 누릅니다. 더 큰 고통을 줍니다. 내 꽃이 활짝 필 때 까지 끝까지 고통을 주게 되어 있습니다.

이 세상은 진리의 세계입니다. 마음의 세계요, 영靈의 세계입니다. 마음의 세계, 영의 세계에서는 여러분이 반드시 꽃 피우도록 되어 있습니다. 이 세상에 필요 없는 사람은 한 사람도 없습니다. 외관으로 볼 때 능력이 없고, 육체적으로 부족해 보이고, 정신적으로도 부족한 사람이 최고의 완성된 연꽃을 피울 수 있는 사람임을 알고 공경하고 사랑할 수 있어야 합니다.

그런 사람을 사랑할 때 내 안의 꽃이 만발을 하게 됩니다. 나를 힘들게 하는 사람을 내가 공경하고 존중할 때 내 안의 꽃은 진짜로 향기로워집니다. 누군가 나를 찾아오고 누군가 나를 필요로 한다는 것은 내가 연꽃을 피우고 있다는 것이고 아무도 만날 사람이 없고 찾는 사람이 없다는 것은 여러분의 꽃은 죽은 꽃이 되는 겁니다.

여러분은 살아 있는 꽃이 되어야 합니다. 살아 있는 백련이 되십시오. 자신과 가족이 위대한 연꽃을 피울 수 있도록 섬기고 공경하세요. 나를 누르는 그 사람을 섬기세요. 그 사람을 존중하면 연꽃이 핍니다. 상대방이 나를 누를 때는 큰 연꽃을 피우고 향기롭게 하는 겁니다.

항상 기도하세요. "여보, 나 만나서 힘들게 살게 해서 미안합니다. 용서하세요." "당신 행복하세요. 당신 건강하세요. 당신 뜻 이루세요." "당신 하고 싶은 일 다 하면서 사세요." "마음에 어떤 한도 남기지 말고 기쁘게 사세요." 남편도 아내에게, 자식도 부모님께, 부모도 자식에게 반드시 이렇게 기도하십시오.

마음에 일념을 이루세요. 일념을 이루면 내 안에 한 송이 연꽃이 핍니다. 일념을 이룰 때마다 한 송이씩 연꽃이 피는 겁니다. 백만 송이를 다 피우면 시방세계를 불국토로 장엄하는 것이고 그것이 묘법의 세계입니다.

마음의 세계를 잘 이해하십시오. 세상을 능력으로 살려고 하거나 재물을 가지고 살려는 사람은 이 세상을 망가뜨리고 반드시 자신도 죽습니다 이 세상 역사 이래로 어떤 제왕도, 재력가도 진정으로 행복하지 못했습니다.

이 세상을 어떤 존재로 살아야 할까요? 부처님은 참된 진리의 연꽃을 피우라고 여러분을 이 세상에 보내셨습니다. 부처님의 세포 하나하나는 우리의 생명입니다. 내 중심은 부처님입니다. 여러분이 일상에서 하는 말은 모두 부처님 대신 말하는 것입니다. 자신이 하는 말과 생각을 반드시 믿으세요. 스스로가 그것을 믿을 수 없다면 믿을 때까지 기도하세요.

부처님은 여러분이 쉽고 간단하게 잘 살 수 있는 방법을 말씀하고 계시는데 여러분이 너무나 모른다는 것이 가슴 아픕니다. 이 순간에 여러분이 가장 행복한 사람임을 말씀하고 계십니다. 그런데 여러분이 생각을 바꾸지를 못하고, 용서를 못하며 자비를 못 베풉니다. 자신의 이익을 챙기려는 마음을 버리지 못합니다. 그러는 동안은 삶의 행복은 결코 오지 않습니다.

사람들은 모두가 돈을 벌고 싶어합니다. 하지만 돈은 벌고 싶다고 벌어지는 것이 아니지요. 돈은 어떻게 해야 벌어질까요? 자신이 하고 싶은 일에 온 마음을 기울이되 이 일을 통해서 누군가는 살리고 기쁘게 한다는 절대적 사명을 가지고 하면 원하는 대로 다 이루어집니다. 그런데 단지 돈을 벌려고 하기 때문에 돈이 오지 않습니다.

내가 성공하려고 하니까 성공이 안 됩니다. 성공을 하려면 아랫사람한테는 낮추어야 하고 윗사람은 받들어야 합니다. 부처님 좌대의 연꽃을 보십시오. 하나는 땅을 보고, 하나는 부처님을 받들고 있지 않습니까? 땅이라는 것은 모든 사람을 부처님처럼 섬기라는 것입니다. 그렇게 살면 모든 것이 내 마음먹은 대로 다 이루어진다는 것이 묘법의 진리입니다. 이제 더 이상 절하고, 염불하고, 보시해서 깨달으려고 하지 마세요. 여러분 생각에서 이미 이루어졌다고 확신하고, 그대로 생각하고 행동하세요. 그대로 하시면 다 이루어집니다. 절대로 아쉬워하지 마세요.

인생에 대해서 바라지 마세요. 오로지 부처님만 섬기고 받들면 됩니다. 지금 여러분이 만나는 모든 사람들은 살아 있는 화신 부처님입니다. 우리에게는 법신불, 보신불이 항상 계십니다. 지금 옆에 있는 사람이 여러분이 섬겨야 하고 공경해야 할 부처님입니다.

어떤 경우라도 그 사람의 허물을 보면 안 됩니다. 어떤 경우라도 그 사람 가족의 단점을 말하면 안 됩니다. 어떤 경우라도 그 사람에게 마음의 상처 주는 말을 하면 안 됩니다. 그런 말을 하는 순간 여러분의 삶은 다시 뒤집혀서 거꾸로 흘러가게 됩니다.

그런 말을 들은 사람은 감사하고 기쁘게 생각해야 하고 대박이라고 생각해야 합니다. 욕을 먹는 만큼 한 송이씩 연꽃이 핀다고 생각하십시오. 어떤 경우라도 희망을 놓으시면 안 됩니다. 절대로 절망하시면 안 됩니다.

나는 너에게 줄 최고의 선물이 준비되어 있다고 부처님은 말씀하십니다. 나는 항상 피눈물을 흘리면서 너희들이 불난 집에서 나오기만 기다리고 있다고 말씀하십니다. 이 선물을 줄 때까지 이 문 앞을 떠나지 않을거라고 계속 말씀하고 계십니다.

그런데 여러분은 끝까지 불난 집에서 나오지를 않습니다. 욕심대로, 고집대로, 생각대로 되지 않는다고 슬퍼하고 있습니다. 이 상태로는 부처님이 주시는 영생의 법, 물질, 건강, 사랑, 축복 등을 하나도 받지 못하고 불난 집과 함께 타 버려서 영원히 삼악도로 가는 겁니다.

'감사합니다.' '기꺼이 받아들이겠습니다.' '이 고통을 진주로 만들고 연꽃을 피우겠습니다.' 이런 마음을 가지고 여러분이 과감하게 부처님 말씀을 믿고 부처님 궁전, 대웅전으로 나오시면 그 때부터는 일체의 질병은 없어집니다. 그때부터 여러분은 가난과 불화로부터 벗어납니다. 그

때부터 여러분이 원하는 모든 꿈이 다 이루어집니다.

자식이 결혼 못하고 취직 안 되는 것을 걱정하지 마세요. 여러분이 진심으로 직심直心으로 생명 바쳐서 단 하루만이라도 기도해 보십시오. 그러면 부처님께서 반드시 가피와 은혜를 주실 것입니다. 단 3일만이라도 내 생명을 바치는 기도를 해 보십시오. 7일, 21일, 49일 기도를 해서 안 풀어지면 여러분의 부처님 신앙이 잘못되었거나 다른 길을 가서야 합니다. 반드시 내가 바라는 것보다 더 많이 이루어지게 되어 있습니다. 그것이 이《법화경》의 말씀입니다.

저는 이 말씀을 보면 네가 부처니까, 네가 말한 대로 모든 것이 이루어진다고 부처님이 항상 말씀하시는 것으로 들립니다. 《법화경》을 볼 때마다 '네 생각대로 다 이루어지니 조금도 의심하지 마라.'는 말씀으로 계속 들립니다. 우주의 태양이신 부처님을 믿고, 이 속에서 부처님께 위대한 선물을 다 받으시고, 일체 중생을 행복하게 하는 그런 삶으로 나아가십시오.

4강
나의 아버지는 모든 것을
다 주시는 부처님이시다

제 사. 신해품信解品

　장로수보리와 마하가전연과 마하가섭과 마하목건련이 부처님으로부터 일찍이 듣지 못하였던 법을 듣고, 또 부처님께서 사리불에게 위없이 높고 바른 깨달음을 성취할 것이라는 수기 주심을 듣고 감탄하여 기뻐하며 말씀을 드린 부분을 요약해 보겠습니다.

　세존이시여, 저희들이 세 가지의 피로움 때문에 나고 죽는 가운데서 모든 고통을 받으면서도 미혹하고 아는 것이 없어서 소승법을 좋아하였나이다. 저희들은 부처님으로부터 열반에 이르는 하루 품삯을 겨우 받고는 많은 이익을 얻었다고 만족하여 대승법을 구하려는 뜻이 전혀 없었나이다.

　오늘에야 저희들은 부처님의 가르침을 듣고 나서 보니 기쁘고도 즐거우며 일찍이 있지 아니한 법을 얻었나이다.

성문들도 성불한다고 부처님께서 말씀하시니 위없는 보배더미를 구하지 않고도 저절로 얻었나이다.

이렇게 말씀을 드리고 비유를 들어 이 뜻을 밝히고 있습니다.

오래 전에 장자의 어린 아들이 아버지를 떠나 도망을 가서 이리저리 거지가 되어 떠돌면서 오십 년을 살았습니다. 그 아버지는 부유하고 큰 재력도 가졌지만 나이 들고 아들 생각이 더욱 간절하였습니다. 그 때 그 아들이 이곳저곳을 헤매다가 그 아버지가 사는 성에 당도하게 되었습니다. 그가 자기 아버지인 줄 모르고 바라보니 너무나 위엄 있고 자기가 바라볼 수 없는 거룩한 존재임을 알고 도망가려고 하였습니다. 그 때 장자가 그 걸인을 보니 이제까지 오십 년을 한결같이 기다려 온 아들임을 알아보았습니다. 그래서 그 아들을 하인으로 불러들여 처음에는 허드렛일부터 하게 하다가 정직하고 부지런하게 일을 잘하는 것을 보고 점점 관리인으로서 일을 하게 하였습니다. 오랜 세월이 흐른 후 이 아버지가 죽을 때가 되었습니다. 장자는 모든 대중들을 불러 모아 놓고 이 사람이 잃어 버렸던 아들임을 밝히고 이제부터 이 아들에게 내 모든 것을 맡기니 이 아들이 모든 것을 마음대로 하리라 하고 죽게 됩니다.

부처님이 보시기에 깨달음이 없고 불법을 모르는 일체 중생들은 다 거지로 보입니다. 부처님은 누가 얼마를 가졌는지, 누가 얼마나 배웠는지, 누가 얼마나 지위가 높은 지는 보지 않습니다. 오로지 참생명의 영원한 진리를 가지고 있는 지를 보십니다.

중생들의 중심에는 탐냄과 성냄과 어리석음과 시기와 질투가 들어서 불난 집에서 자신이 타 죽을 줄을 모르고 있고 빈궁하게 빌어먹는 줄을 모르고 살아가는 모습을 보고 '이 천하의 재물이 다 네 것이다.'라고 말씀하고 계십니다.

부처님은 모든 중생이 자기가 부처인 줄 모르고, 지혜와 자비와 오안 육통과 일체의 복덕이 구족한 줄을 모르고 끊임없이 헤매고 거지의 삶을 살고 있는 것을 보고 처음에는 고집멸도 사성제를 설해서 우선 마음의 위안부터 얻게 했습니다.

십이연기를 설해서 스스로 연생緣生 연멸緣滅의 도리를 깨닫게 해서 그 사람이 마음의 평화를 얻게 한 것입니다. 이렇게 자기 마음의 평화, 내 일신의 평화가 얻어지고 이제는 내가 모든 것을 깨달았다고 생각하고 이제는 먹고살 만하며 이제는 나는 행복하다고 생각하는 것이 바로 이승인 것입니다. 즉 열쇠 창고지기라는 뜻입니다.

비유하면 하루 품삯을 가지고 천하의 재산을 다 얻었다고 하는 것과 같고, 손바닥으로 태양을 가리고 천하를 다 가렸다고 하는 어리석음에 비유하는 것입니다. 그러니 참선이나 염불로 내가 깨달았다고 생각을 하고 내 마음에 고통이 없으니 이제 죽어도 여한이 없다고 생각하는 삶이 얼마나 어리석은 삶인지를 확실하게 말씀 드리고 있습니다.

그것은 나의 법이 아니고, 나의 제자가 아니라고 말씀하고 계십니다. 우리가 한 마음을 열어서 법을 받아들이면 우리가 이 천하, 이 사바세계의 주인이고 시방세계의 일체 금은보화가 우리의 마음속에 있다는 것을 말씀하고 계십니다. 장자가 아들에게 모든 것을 물려주시는 바로 그때가 일승법을 의미합니다.

세상에는 많은 고통과 번뇌가 있습니다. 자신이 아무 능력도 없고 거지 같은 사람이라고 생각하고 얻어먹는 사람이 가장 불쌍한 사람입니다. 부처님은 일생을 걸식을 하셨지만 우주의 보배를 전하기 위해서 일부러 그렇게 하신 것입니다. 열심히 돈 벌어서 내 일신의 안위와 우리 가족의 의식주를 위해서 살아간다면 그것은 이승입니다. 어디에서든 내가 주인의식을 가지고 살아간다면 대승입니다.

아무리 밑바닥 인생을 살아도 주인으로서 살아가면 대승이요, 아무리 높은 지위에 있어도 자신의 안위와 영달을 위해서 산다면 자기밖에 모르는 소승으로 끝난다는 것을 비유로 말씀하고 계십니다.

부모는 자식에게 모든 것을 다 주어서 물질은 물론 지혜와 지식으로 자식의 마음을 열어 가는 것이 부모입니다. 자식의 마음을 열어서 그 자식이 뜻을 펴서 세상의 모든 일을 감당해 나가게 하는 것이 부모의 역할입니다. 부모가 자신의 능력과 지식이라는 잣대로 자식을 보면 백전백패입니다.

부처님이 보실 때 우리는 무능력하고 거지 같은 자식입니다. 그럼에도 불구하고 부처님은 우리를 한 단계 한 단계 끌어 올려서 천하의 주인 임을 일깨워 주십니다.

자식의 부족한 점은 반드시 부모가 채워 주어야 하고 자식의 마음을 열어서 지혜로 성숙시켜야 하는 것이 부모의 책무입니다. 자식을 보면 그 사람의 능력을 알 수 있고, 그 사람의 복을 알 수 있습니다. 만약 자식 이 부족하다면 그 자식에게 헌신하라는 뜻입니다.

어떤 경우에도 자식을 꾸중하거나 옥박지르거나 다른 집의 자식과 비 교하거나 형제 간에 비교를 하게 되면 그 자식은 반드시 실패합니다.

자식을 성공시키려면 내 자식이 모든 면에서 부족하더라도 단 한 가 지는 이 세상에서 가장 잘났다는 것을 보아야 합니다. 자식의 장점을 반 드시 찾아 내어 확장시켜 주어야 합니다.

부모가 자식의 부족한 부문만 보게 되면 그때부터는 서로 원결을 짓 게 되어 잘못된 길을 가게 되고 비참한 길을 가게 됩니다.

부모라는 것, 가정이라는 공동체는 부정적으로 말하면 빚쟁이끼리 만난다고 하지만 긍정적으로 보면 덕을 쌓고 복을 쌓아서 해원하라고 만나는 것입니다. 그런 줄을 모르고 내 욕심과 내 기준에 맞지 않는다 고 해서 불평불만을 한다면 불법을 모르는 것이고 크게 잘못된 사람입 니다. 이런 사람은 자식을 낳아서 복덕을 쌓는 것이 아니고 자식을 망 가뜨리고 세상을 어지럽게 하는 사람입니다.

부모가 덕을 쌓고 공부하지 않으면 자식은 바른 길을 가지 못합니다. 자식이 잘못된 길을 가는 것은 어떤 경우도 자식 잘못이 아닙니다. 자식의 능력에 대해서는 꾸중해서 안 됩니다. 잘하고 잘못하는 것에 대해 말하지 마십시오. 일을 잘하고 잘못하는 것으로 능력을 분별해서도 안됩니다. 자식끼리 비교해서 다 망가지게 하고 갈 길을 못 가게 하고 있습니다.

요즘의 부모들은 자식을 제대로 사랑할 줄 모릅니다. 먹이고, 입히고, 교육시킬 줄만 알았지 자기 자식을 진정으로 사랑할 줄을 모릅니다. 그 자식을 위해서 진정으로 희생할 줄을 모릅니다. 어떤 경우에도 자식을 위해 자신의 모든 것을 내놓을 줄 모릅니다. 대승이 무엇입니까? 당신이 부처라는 것입니다. 꽃이 크고 좋은 꽃만 꽃입니까? 꽃이 작고 예쁘지 않다고 꽃이 아닙니까? 모든 꽃은 제각기 제 빛깔, 제 모양을 가지고 있고 생명력이 있습니다. 그 생명력을 꽃 피우기 위해서 진정한 사랑과 인내로서 헌신하고 칭찬과 격려로 이끌어 가야 하는데 항상 비교하는 얘기만 하고, 항상 열심히 안 한다고 책망을 하다 보니 자식은 나이가 많아도 모든 면에서 무기력하고 어려운 상황이 된 것입니다.

이렇게 만든 것이 부모입니다. 부모는 먼저 주어야 합니다. 부모가 자식에게 먼저 베풀고 그다음에 거두어들이는 것이 효도입니다. 자식에게 부모로서 줄 수 있는 것을 다 주는데 물질은 내가 가진 재산을 다 주어도 그 효과가 1%에 불과합니다. 99%는 자식의 마음을 열게 하고 용기를 갖게 하는 것입니다. 자식이 꿈을 갖게 하는 것입니다. 어떤 경우에도 전력을 다할 수 있도록 칭찬하고 사랑해야 합니다. 자식이 부모로부터 사랑과 존중을 받지 못하면 그 자식은 절대로 자긍심이 생기지 않습니다. 어떤 경우도 자부심이 생기지 않습니다. 부모가 사랑하지 않는 자식은 세상에서 큰 일을 할 수 없습니다. 부모가 사랑하는 자식은 세상에 누가 뭐라 해도 자부심을 가지고 큰 일을 합니다. 자기의 능력을 100% 발휘하며 자기의 뜻을 다 폅니다.

"네가 그렇게 해서 어떻게 먹고 살겠나?"라는 말 자체가 자식의 용기를 꺾고 인생을 꺾어 버리게 만듭니다. 여러분은 자식의 마인드를 얼마나 높혀 놓았습니까? 정신세계를 얼마나 세워 주었습니까? 얼마나 자식의 신념을 지혜로 길러 주었습니까?

자식을 기르는 데 이런 믿음과 지혜와 우정과 배려와 이런 진정한 사랑의 힘을 길러 놓지 않았다면 여러분은 자식으로 인해 어려운 시련을 겪게 될 것입니다. 아무리 재산이 많아도 고통은 끝나지 않습니다. 여러분의 미래는 자식이기에 엎드려서라도 자식에게 지혜를 주고, 믿음을 주고, 격려해야 합니다. 이 세상에 모든 자식은 효도할 수 있는 자식이라는 것을 꼭 믿어야 합니다. 모든 자식은 이 세상에 꼭 필요한 자식임을 믿어야 합니다. 여러분에게 준 자식은 여러분에게 꼭 필요한 사람입니다. 여러분이 듣기 싫은 소리를 들어야 하는 것은 그 소리를 꼭 들어야 하므로 그 사람이 그 말을 하는 것입니다.

여러분이 보기 싫은 것을 보아야 하는 것도 그것을 보지 않으면 안 되기 때문에 보게 되는 것입니다. 잘못되고 잘못 사는 사람은 보아야 할 일을 보지 않고 남이 옆으로 가면 비웃습니다. 다른 사람이 거꾸로 가더라도 비웃거나 상관하지 말고 여러분의 길을 가면 됩니다. 남의 허물을 보고 자신을 돌아보라는 것이지 정죄定罪하라는 것이 아닙니다. 남의 인생을 보고 분별을 하다 보면 내 인생을 바르게 가지 못하는 것입니다.

부모가 지혜 공부를 하지 않으면 자식은 바른 길을 못갑니다. 여러분 눈에 보이는 모든 것은 여러분이 보아야 할 것입니다. 여러분 귀에 들리는 모든 소리는 여러분이 들어야 하는 것이며 여러분이 맡아야 할 냄새는 반드시 맡아야 하고 느껴야 할 것은 느껴야 하는 것이지 우리에게 필요 없는 것은 아무 것도 없다는 것을 앎으로 인해서 여러분의 삶이 바뀌게 되는 것입니다.

여러분은 자식을 기를 때 항상 부족하고 못난 자식으로 봅니다. 부처님이 보았을 때 그 자식은 최고의 자식입니다. 부처님의 가장 아름다운 보석입니다. 여러분의 눈에는 무능하고 바보 같은 자식이지만 부처님이 보실 때는 위대한 능력을 가진 전지전능한 자식임을 믿어야 합니다. 자식은 부모가 믿는 만큼 자랍니다. 부모가 믿는 만큼 사랑하는 만큼 큽니다. 여러분의 자식은 좋은 옷, 좋은 음식, 지식을 먹고 살지 않고 여러분의 사랑을 먹고 자랍니다.

자식의 결혼 문제로 많이 상담을 하고 있습니다. 저는 결혼을 앞둔 젊은이들에게 이렇게 말합니다. 내가 원하지 않는 배우자를 만나게 되었다면 그것은 다 내 허물이고, 내가 덕이 없는 것이며 내가 겸손하지 않기 때문에 그런 사람을 만난 것이라고 생각하라고 합니다.

여러분이 맞선을 볼 때 어떤 경우에도 겸손해야 합니다. 인물, 학벌, 재물을 보지 않으면 진짜 좋은 배필이 나타납니다. 이러한 조건을 먼저 챙기고 있기 때문에 다 실패하는 것입니다.

여자는 좋은 남자를 만나려면 겸손해야 합니다. 남자를 존중할 줄 알아야 합니다. 나보다 모든 것이 부족해도 내가 저 사람을 존중할 수 있다면 그 여자는 훌륭한 남자를 만납니다. 남자는 여자를 만날 때 아무리 부족한 여자라도 섬길 수 있으면 그 남자에게는 열 배의 잘난 여자가 오게 되어 있습니다. 이것이 법계의 진리입니다.

세상에는 내가 필요로 하는 사람이 내 눈에 좋게 보입니다. 내가 없는 것을 가진 사람이 내 눈에 좋게 보입니다. 내가 없는 것을 가진 사람이 아름답게 보이고 매력적으로 보입니다. 그런 조건에 의해서 만나다 보니 내가 필요한 것을 뺏기 위해 내가 가진 모든 것을 주어야 합니다. 내가 필요한 것을 상대한테 얻으려면 내가 가진 것을 상대한테 다 주어야 얻을 수 있습니다. 그런데 상대한테 주지는 않고 받으려고 하니 다툼이 생기는 것입니다.

자식을 키우는 동안 부부 간에 불화가 심했거나 지금도 심한 부모는 자식한테 반드시 사죄를 해야 합니다. 그러지 않으면 부모의 업으로 인해 자식이 좋은 배필을 만나지 못합니다. 반드시 자식한테 용서의 말을 해야 합니다. 반드시 화해의 말로 용서를 빌어야 합니다.

내가 누구를 만나더라도 그 사람을 존중하고 섬기겠다고 하면 좋은 남자·여자가 오지만, 내가 원하는 사람을 만나서 행복하겠다고 하면 그런 사람은 절대로 나타나지 않습니다. 이것이 부부로 만나는 인연의 공식입니다.

여러분이 화를 내면 자식의 삶이 꺾인다는 것을 꼭 기억하십시오. 자식은 화내지 않고, 간섭하지 않고, 지혜롭게 자비로 길러 가는 것이 최고라고 생각합니다. 어떤 결정을 하든지 스스로 책임지게 하십시오. 어떤 선택을 하든지 본인이 스스로 책임지게 하십시오. 그렇게 하면 자식은 자기 길을 잘 갑니다.

부모보다 다음 세대인 자식이 영적으로나 모든 면에서 더 훌륭하게끔 우주의 법칙은 그렇게 되어 있는데 그렇지 못하다는 것은 부모가 자식을 꺾은 것임을 알아야 합니다. 자식이 부모에게 효도를 하지 않는다는 것은 100% 부모가 잘못했다는 것을 인정하고 오늘부터 진짜 공부를 하십시오.

진짜 공부는 이 세상에서 나에게 주는 고통을 기쁘게, 감사하게 받아들이는 것입니다. 우리가 오가며 보는 모든 것이 공부입니다. 누가 나에게 욕을 하는 것도 다 나에게 필요해서 왔습니다.

스티브잡스, 빌게이츠 등 세계의 부를 이룬 사람들은 학교를 중퇴했습니다. 여러분 같으면 자식이 중도에 학업을 포기한다면 받아들일 수 있습니까? 여러분의 마인드로는 쉽지 않을 겁니다.

자식이 능력 없고 바보 같을수록 더 믿으세요. 저는 이 말씀을 꼭 전하고 싶습니다. 여러분의 눈에 자식이 정말 능력 없어 보이더라도 진짜로 믿어 보십시오. 네가 원하는 대로 해 보라고 믿고 맡길 수 있어야 합니다. 여러분은 간이 떨려서 믿을 수가 없고 맡길 수가 없을 것입니다. 인생에서 이런 용기와 믿음과 배짱이 없다면 자식을 크고 유능하게 키울 수 없습니다.

이 세상에 모든 자식들은 완전한 능력을 갖고 태어났습니다. 여러분 자식이 어떤 능력을 가졌든 무한한 능력을 가지고 있음을 완전하게 믿어야 합니다.

부모로서 줄 수 있는 것은 주고 자식을 절대적으로 믿어보세요. 생각하거나 코치하지 마세요. 묻는 것만 답하고 일일이 가서 참견하지 마세요. 자식이 스물한 살이 넘으면 스스로 모든 것을 책임지게 다 맡겨야 합니다.

학교 공부는 자녀가 인생을 살아가는 데 필요한 수단입니다. 그것보다는 왜 사는지, 어떻게 살아야 하는지를 가르쳐야 합니다. 진로를 결정할 때는 일을 통해 자아실현도 하고, 봉사도 할 수 있는 직업을 선택하게 해야 합니다. 세상을 위해서 뭔가 유익한 일을 하라는 것을 가르쳐야지 무턱대고 공부하라는 소리는 하지 않는 것이 최고의 교육입니다.

인성의 근본은 남을 위하는 것입니다. 무엇을 하든 타인을 위한 것이라면 천하를 얻게 되어 있습니다. 모든 것에서 타인을 위하는 것이 인성의 정점입니다. 그것이 인성의 출발이고 마지막입니다. 부모가 인성이 갖추어지지 않았기에 자식의 인성이 갖추어지지 않고 자식이 능력 없는 자식으로 무너지게 되는 것입니다. 부모부터 먼저 진정한 인성을 갖추어야 합니다.

인성은 불성입니다. 모든 사적인 것을 없애고 모든 공적인 것을 받드는 멸사봉공이 인성의 근본입니다. 진정으로 여러 사람을 위하는 삶을 살아야 한다는 것입니다. 세상의 주인으로 살아가라는 것입니다. 나만을 위한 삶을 살지 말라는 것입니다. 얻어먹지 말라는 것입니다. 여러분은 자식이 모든 것을 갖추고 있음을 믿지 않습니다. 학교 성적으로, 사회적 능력으로 등급을 매기며 분별하고 있습니다.

여러분 자식이 진정한 부처님입니다. 여러분이 부처님으로서 자식을 대할 것 같으면 자식들은 여러분이 효도하지 말라고 해도 여러분을 업고 다닙니다.

왜 이렇게 비정한 사회가 되었나요? 왜 왕따 문제 등으로 청소년들이 울고 다닙니까? 어른들이 인성을 갖추지 않았고 희생하는 것을 보여 주지 않았으며, 어른들이 큰 마음으로 크게 생각하는 것을 보여 주지 않기 때문입니다. 오로지 여러분의 생각으로 정신세계를 업그레이드 시키지 못하고 잘 먹고 잘사는 것만 가르쳤기 때문입니다.

이 생명을 다 바쳐서 이웃을 위하고 사회를 위해 희생하고 봉사하는 삶이 진정한 엘리트의 삶입니다. 멸사봉공滅私奉公이 진정한 일승이요, 대승입니다. 주인으로서 살아가는 것입니다. 여러분 자식을 오늘부터 주인으로 대하세요. 그러면 그 자식은 여러분을 부처님보다 더 높게 섬기고 받들고 사랑합니다.

《법화경》〈신해품〉은 일상의 삶에서 사람이 부처임을 믿고 이해하라는 것입니다. 부처님은 이 세상이 다 네 것이니 어디에도 구걸할 필요 없다고 가르치고 있습니다.

직장을 얻지 못해 고민하나요? 내가 원하는 것보다 낮은 단계에 가세요. 그곳이 안 되면 더 낮은 단계로 가고 그것도 안 되면 쓰레기부터 치우세요. 그러다보면 향상의 길이 나옵니다. 내가 원하는 것보다 훨씬 좋은 것이 반드시 나옵니다. 내가 직장이 없다는 것은 첫째로 교만하다는 것입니다. 인성이 갖추어지지 않았다는 것입니다. 그래서 길이 없는 것입니다. 밑바닥부터 시작해서 하나하나 이루어가겠다는 마음 자세가 갖추어져 있어야 합니다.

자식의 취업, 결혼, 미래에 대한 불안 등의 문제로 걱정을 너무 많이 합니다. 자식의 불투명한 미래로 인해 많은 부모들이 두려워합니다. 불자라면 자식 때문에 걱정하거나 두려워하지 마십시오. 부처님한테 맡기고 자식을 믿으세요. 자식을 칭찬하고 격려하고 사랑하십시오. 나는 너를 믿는다. 나는 너를 사랑한다. 나는 네가 모든 원하는 일을 다 이룬다는 것을 확신한다고 매일같이 말하고 믿고 실제로 부처님처럼 섬기고 받드세요. 그렇게 한다면 이 세상에 불행은 없습니다.

여러분이 자식에게 하는 말 한마디가 자식의 인생을 열리게도 하고 닫히게도 함을 명심해야 합니다. 자식을 꼭 성공시키고 싶습니까? 믿음의 말을 하세요. 어떤 경우도 부정적인 말을 하지 마세요.

어떤 경우도 아이가 꿈꾸는 말을 하세요. 내가 네 꿈을 위해서 모든 것을 희생하겠다고 말하세요. 그러면 아이들에게 놀라움을 발견하게 됩니다. 그렇게 한다면 여러분은 자식의 무한한 능력에 감동하여 춤추는 날이 반드시 온다고 확신합니다. 이제부터는 자식을 믿어 주세요. 그 믿음은 진심이어야 합니다. 감정적으로 머리로 하는 믿음은 소용이 없습니다.

　여러분의 진여일심으로 자식을 믿어야 합니다. 내 자식이 최고요, 이 세상의 주인이라고 믿고 항상 칭찬하고 격려하시기 바랍니다.

5강

부처님은 일체 풍요와
번영을 주신다

제 오. 약초유품藥草喩品

중생이 부처님 가르침을 받아들여서 깨닫고 세상을 위해서 사는 삶을 풀과 나무에 비유한 것입니다. 부처님의 전체 가르침은 비유이기 때문에 여러분이 그 의미를 깊이 잘 깨달아야만 불자로서 거듭날 수 있습니다.

이 세상에는 작은 띠풀부터 중간 크기의 나무, 아름드리 거목이 있습니다. 이런 수많은 나무들이 모여서 숲을 이루고 있습니다. 이런 숲 생태계에 하늘에서 비가 내릴 때는 고루 똑같이 내리게 됩니다. 그렇지만 그 빗물을 받아들이는 양은 나무의 크기에 따라 제각각 다릅니다. 띠풀은 띠풀이 필요한 만큼 빗물을 흡수하고 중간 크기의 나무는 중간 정도의 수분을 흡수하며 아름드리 거목은 많은 양의 수분을 흡수하여 잎을 피우고, 열매를 맺고, 산소를 발생시켜서 모든 생물체가 호흡하며 살아가게 합니다.

부처님의 가르침도 비와 같아서 만중생에게 부처님의 법비를 골고루 베푸시는데, 중생의 근기와 업과 환경에 따라서 어떤 사람은 조금만 알아듣고, 어떤 사람은 절반만 알아들으며, 어떤 사람은 온전히 다 알아들어서 깨달음을 얻어 세상을 유익하게 하면서 살아가는 것을 비유한 것입니다.

개울에 비유하면 냇물은 범부중생이요, 큰 강물은 성문 연각승입니다. 여러분이 수행을 아무리 오래 하더라도 잘못 이해하는 부분이 상당히 많다는 것을 알았습니다. 부처님 가르침이 무엇인지를 정말 너무 모르고 있고 그 가르침이 나에게 무슨 뜻인지를 모르고 살아가는 사람이 너무 많습니다.

내 앞에 있는 사람이 부처라는 사실을 항상 잊고 살기 때문에 무슨 소리를 들어야 하는지, 무엇을 보아야 하는지를 모르면 수행을 할 수 없습니다.

수행의 가장 기본적인 것은 듣는 것으로부터 시작합니다. 제일 먼저 여러분이 들을 수 있어야합니다. 자식, 남편, 부모, 제자, 스승의 말을 들을 수 있어야 합니다. 들을 수 있는 것이 가장 근본인데 들을 수 있는 마음이 형성되면 띠풀이 되는 것이고, 냇물이 흐르는 것이며, 소통이 시작되는 것입니다.

내 앞에 있는 사람의 말을 일단 들으세요. 상대가 끝까지 이해를 못하면 내가 이해를 해야 합니다. 이것이 하근기에서 해야 할 일입니다. 그런 다음에는 보아야 합니다. 자식과 부모가 소통되지 않는다면 도는 출발되지 않습니다. 가장 가까운 사람과 소통이 되지 않으면 염불, 참선, 간경, 주력 일체 어떤 기도도 다 막히게 되어 있습니다. 이것이 뚫어지지 않으면 어떤 기도도 헛기도가 됩니다. 신한테 빌어도 안 되고, 땅한테, 하늘한테 아무리 빌어도 답이 없습니다. 왜냐하면 내 앞에 있는 사람이 진정한 부처이기에 그 사람을 완전히 위하고 섬기고 받들지 않으면 여러분의 기도는 헛기도가 되고 허사가 됩니다. 내 앞에 있는 사람의 마음을 열면 성문승 중근기가 된 것입니다.

내 앞의 사람이 세상을 위해서 살고 인류를 위해서 자기의 지식과 능력을 쓰기 시작하면 상근기의 고목이 되는 것이고 큰 바다가 되는 것입니다. 부처님은 이 말씀을 계속하십니다.

먹고살기 위해서, 이 육신을 위해서 죽도록 노력하는 것, 의식주를 위한 삶은 하근기입니다. 띠풀과 같은 것입니다. 필요 없다는 뜻은 아니지만 그것은 축생과 같은 최하위의 삶을 사는 것입니다. 내가 누구인지를 깨달으면 그것이 중간 크기의 나무입니다. 내가 누구입니까? 나는 우주 생명의 하나의 원소입니다. 생명 그 자체는 법신불이요, 우리 모두는 부처님의 화신입니다. 우리는 부처님의 위대한 자식입니다. 그런 위대한 영성을 모르고는 자신을 바르게 세울 수 없고 자식을 바르게 키울 수 없으며, 부모님께 효도를 할 수도 없습니다.

여러분이 영원한 불성을 가진 위대한 부처님의 자식이라는 것을 깨닫는다면 자신을 바르게 아는 것입니다. 이 육체는 지수화풍으로 이루어져 있고 실체가 없는 것으로서 오로지 인연에 의해 생멸하는 것입니다. 이것은 실상이 아닌 허상입니다.

지금 아프거나 가난하거나 여러 가지 고통이 있는 사람은 남의 말을 끝까지 들어야 합니다. 누군가는 나에게 쓴 소리를 합니다. 비판하고 저주하기도 합니다. 그 소리를 다 쓸어 담을 수 있을 때 여러분은 세상을 보는 힘이 생깁니다. 그때 세상을 알 수 있는 능력이 생깁니다. 그렇게 얻어진 능력을 세상을 위해서 펼치는 것입니다.

여러분은 자식에게 살아가는 길과 살아야 하는 목적을 가르치는 것이 아니고 자식을 축생처럼 기르고 있습니다. 잘 먹이고 잘 입힐 것만 생각합니다. 또 자식을 가르치는 일에 치중합니다. 나쁜 것은 아니지만 그것은 껍데기에 불과할 뿐 본질이 아닙니다.

본질은 무엇입니까? 여러분은 여러분의 가족이 부처님인 줄을 믿습니까? 여기서부터 《법화경》은 출발하고 있습니다.

자녀와 갈등을 겪는 사람들은 부모가 엎드려야 합니다. 부모가 진리의 공부를 하지 않았기 때문에 그런 결과가 오는 것임을 깊이 자각해야 합니다. 뭐가 문제인지 확실히 깨달았을 때 그 병은 저절로 없어지고 복은 들어옵니다. 마음에 미운 사람이 있으면 병이 됩니다. 원수를 사랑하는 말이 무슨 말인지를 진심으로 이해하는 사람이 드문 것 같습니다. 원수가 누구인가요? 나를 힘들게 하는 사람은 멀리 있지 않고 내 앞에 있는 사람입니다. 그 사람은 나를 성불시키기 위해서 온 인연입니다. 그 원수는 지금 그 원수와의 인연을 풀지 않으면 자식, 부부, 부모, 친족의 인연으로 옵니다. 단순히 빚 갚는 것이 아니고 공덕을 쌓아서 완전히 해탈을 이루라는 것입니다. 육신을 위해서 살 때는 즐거움이 있지만, 세상을 위해서 살 때는 기쁨이 있고 행복이 오고 영원한 즐거움이 오게 되어 있습니다.

여러분에게 부처님이 누구입니까? 부처님을 믿는데 왜 이렇게 고통스럽고 아파야 하는 겁니까? 부처님을 믿는데 왜 가난해야 하고 부부 간에 불화가 있는 것입니까? 여러분은 부처님이 누구인지를 모르고 계신 겁니다. 부처님은 여러분의 생명이고 이 생명은 이 앞에 있는 사람임을 반드시 깨달으셔야 합니다.

내 앞에 있는 사람의 말을 듣지 않는다는 것은 세상의 누구의 말도 듣지 않는다는 것입니다.

여러분에게 고통이 오는 것은 큰 선물이라는 것을 꼭 깨달아야 합니다. 이 법문을 들으셨으면 이제 어떤 일이든 용서하세요. 내 마음에서 풀어질 때까지, 내가 용서할 때까지 나에게 고통을 줍니다. 용서하지 않으면 나의 고통은 끊어지지 않습니다.

소승, 대승, 상근기, 중근기, 하근기가 무엇일까요? 상근기는 남을 위해서 사는 것입니다. 자식을 육신으로 위하며 키우면 나중에는 손자까지 다 받아 주어야 합니다. 자식은 영적으로 위대한 마음을 길러 주어야 합니다. 공부 중에 최고의 공부는 듣는 공부입니다. 들어서 생각하는 것이고, 생각한 다음 행하는 것입니다. 세상의 말을 들을 때, 내가 이해를 할 수 없다는 것은 내가 마음이 좁다는 뜻입니다.

무슨 일이든지 위하는 삶으로 살아가야 합니다. 나 자신만을 위해서 살아가는 것은 들풀입니다. 좀 더 나아가 가정과 이웃을 위해서 살아가는 것은 중간 크기의 나무입니다. 모든 사람은 궁극에는 일체 중생을 위해서 살아가라고 말씀하십니다.

우리는 자식을 겨우 먹고사는 일에 급급한 하근기로 살아가게 합니다. 겨우 먹고사는 일에 모든 능력을 올인하게 합니다. 먹고사는 일만 생각하는 사람은 먹고 사는 일 외에는 다른 일은 생각하지 않습니다.

믿음이 생기지 않는 이유가 무엇일까요? 현실적인 고통이 점점 심해질 때 그것은 자기 스스로 만든 것임을 알아야 합니다. 첫 단추를 풀지 못하면 그 다음 단추는 풀어지지 않습니다. 첫 단추를 풀어야 하는데 모든 문제의 처음은 자기 자신의 마음입니다.

내 마음에서 받아들이고 기뻐해야 합니다. 기도를 할 때는 항상 기쁜 마음이 있어야 합니다. 내 아들의 관을 놓고 기도하더라도 항상 기쁜 마음이 있어야 합니다. 천하를 다 잃고도 내 마음에 기쁨이 있어야 합니다. 그것이 대승의 삶입니다. 먹고살기 위해서 일하면 여러분에게 먹고 살 지혜밖에 주지 않습니다. 세상을 위해서 살겠다고 하면 세상을 위하는 지혜를 줍니다. 인류를 위하겠다고 서원하면 그런 재물과 모든 능력을 줍니다.

오직 자기 자신의 안락과 기복을 위해서 부처님을 믿는 것은 깨달음도 없고 아무런 공덕이 없습니다. 여러분은 띠풀처럼 항상 밑바닥을 기고 있습니다. 칡넝쿨이 아름드리 나무를 타고 올라가야 높이 올라갈 수 있는 것처럼 나를 괴롭힌 사람을 진정으로 위하면 정신적으로 물질적으로 엄청난 깨달음이 오고 복이 온다는 것이 대승의 삶이요, 약초유품의 삶입니다.

　　여러분은 지금 어떤 길을 가고 있습니까? 누군가 다른 사람의 흉을 보고 있는 것을 보거나 듣고 있다면 나도 함께 밑으로 가고 있는 것입니다. 내 참생명, 진여일심이 내가 기도할 때 나를 보게 되는데, 이 육신이나 재물이나 권세나 명예가 오물과 같다는 사실을 기억하십시오.

　　여러분의 말이 모든 생명의 길이요, 여러분의 생각이 모든 것을 좌우하게 됩니다. 여러분의 생각이 누구를 위하고 있는지 들여다보십시오. 다른 사람을 위하는 생각을 갖지 않고 오로지 자신만을 위하면 점점 세월이 흐르면서 아무리 기도를 했어도 점점 밑으로 가는 것입니다.

　　부처님이 좌표를 말씀하셨습니다. 부처님이 말씀하신 좌표는 '일체중생을 위하여'입니다. 그렇게 마음을 쓰면 앉아서 나무불 한 번만 해도 천만 공덕이 생기는데 오로지 내 자신의 고통거리를 벗어나기 위해서 세상에 대한 미움을 안고 모든 걱정거리를 안고 기도한다면 여러분 삶은 진전 되는 것이 아니라 거꾸로 가는 것입니다.

　　기도를 하는 것이 중요한 것이 아니고 방향이 어디인지가 중요합니다. 내가 가는 방향이 부처님 방향이고, 모두가 사는 방향이며, 모두가 성공하는 길이냐 하는 것입니다. 오직 내가 잘 살기 위한 방향이면 여러분은 죽습니다. 내 자식의 성공만을 위해 교육을 시킨다면 여러분 자식은 결코 큰 자식이 되지 않습니다. 내 자식을 기르는 만큼 타인의 자식에 대해서도 성공하기를 바라고 격려하는 열망을 가져야 여러분 자식이 그런 자식의 리더가 될 수 있는 재목으로 성장합니다.

우주의 법은 숨길 수도 없고 거부할 수도 없습니다. 모든 중생의 삶이 윤회의 삶이 되는 이유는 나만을 위한 이기적인 삶을 살기 때문에 윤회를 하는 것입니다. 제가 인연있는 사람들을 위해서 온 몸과 마음을 다 바치고 내 모든 믿음과 생명의 진리를 다 바친다고 하면 만중생이 이 사홍선원으로 모여듭니다. 반면 제가 저의 이익을 위하거나 저의 명예만을 위한다고 했을 때는 이곳에는 한 사람도 오지 않습니다.

나에게서 누군가 떠난다는 것은 나를 위하기 때문에 떠남을 명심하세요. 누군가 내 얘기를 듣지 않음은 내가 원하는 얘기만 한다는 것을 알아야 합니다. 상대방이 원하는 말을 하지 않을 때는 누구도 내 말을 듣지 않습니다.

요즘 부모들은 자신의 뜻대로 자식을 조종하려 할 뿐 자식의 마음을 헤아리지 않습니다. 자식이 원하는 것에 대해서 말하지 않습니다. 자식의 생각을 헤아리지 않습니다. 그러니 부모가 자식의 길을 가게 돕는 것이 아니고 자식의 길을 가지 못하도록 잡고 늘어지는 격입니다.

현실적으로는 자식을 위해서 모든 것을 다 해 주는 것 같지만 영적으로 마음의 세계에서는 뒤로 물러서게 하는 것입니다. 그러면서 자식이 성공하기를 바라고 세상에 나아가기를 원합니다.

스무 살이 넘은 자식이 부모 곁에 있다면 자식 잘못 기른 것입니다. 요즘은 자식이 부모를 떠나야 효도하는 것입니다. 부모 곁을 떠난다는 것은 능력 있다는 것이요, 떠난다는 것은 세상을 위한다는 것입니다. 자식이 세상을 위해서 살아갈 때는 부모 곁에 없어도 그 부모는 자식으로 인해서 행복한 것입니다.

항상 내 마음이 크고 내가 세상을 진정으로 위하는 마음을 갖게 되면 말이 저절로 높고 고귀하고 지혜로운 말이 나오고 저절로 행동이 그렇게 됩니다. 행동이 그렇게 되면 모든 복을 쓸어 담게 됩니다. 이 복은 다시 무한한 복으로 창출되어 세상의 복전이 됩니다.

현재 부부 간에 힘든 가정, 부모 자식 간에 힘든 가정, 경제적으로 어려움을 겪고 있는 사람들은 꼭 깨달으셔야 합니다. 왜 힘듭니까? 먹고살려고 하니까 힘이 든 것입니다. 이 세상에 먹고살기 위해 이 세상에 온 사람은 없습니다. 먹고살기 위해서는 어떤 것도 하지 마세요. 누군가를 위해서 하겠다는 생각만 가지세요. 내 자식만 위한다면 천박하지만 내 자식이 세상을 위할 수 있도록 위한다면 세상을 구제하는 것이 됩니다.

그런 마음은 잘 먹이고 잘 입힌다고 되는 것이 아닙니다. 진짜 공부는 내가 세상을 위해 마음을 쓰는 것입니다. 내 앞에 있는 사람한테 존중과 공경을 하면 마음공부가 되는 것입니다. 세상의 공부는 도구의 공부일뿐이고 진짜 공부는 내가 내 앞에 있는 사람의 말을 끝까지 듣는 것입니다. 그러면 여러분의 삶은 완전히 달라집니다. 그 때부터 삶이 위로 향하게 됩니다.

현실에서 내가 먹는 음식을 보면 도가 어느 정도인지 알 수 있습니다. 주위에서 내 앞에 있는 사람을 보면 내 도가 어디 있는지 알 수 있고, 상대가 나한테 하는 말을 들으면 나의 도의 수준이 바로 나옵니다. 내가 상대에게 쓰는 말의 수준을 보면 나의 도의 수준이 나옵니다.

장사하는 사람은 장사하는 데서 깨달아야지 장사를 떠나서는 깨닫지 못합니다. 내가 이것을 팔아서 먹고살려고 하면 장사가 안됩니다. 우리 집에 오는 손님을 공경하고 섬기는 마음으로 그 불성을 존경하는 마음으로 오늘 맞이하겠다고 하면 필요 없는 물건도 그 사람이 사가게 되고 새로운 인연이 옵니다.

돈 벌기 위해서, 잘 먹고 잘살기 위해서 사업을 하면 망합니다. 내가 이 공장을 운영해서 모든 사람을 이익되게 하겠다고 마음을 내면 이 공장에는 사장보다 더 똑똑한 사람이 직원으로 들어옵니다. 세상을 위하는 마음을 먹으면 세상에서 일거리를 줍니다.

먹고살기 위해서 사업을 하는 것은 띠풀이요, 소승입니다. 세상을 위해서 하면 이제 나무가 되는 것입니다. 온 인류를 위해서 하면 고목이 되는 것입니다. 이제는 생각을 바꾸세요. 여러분이 마음을 업그레이드시키지 않기 때문에 점점 어려워집니다.

가정에서 불화가 생기고 질병이 생긴다는 것은 내 마음을 보라는 뜻이고, 크게 생각하라는 뜻입니다. 누군가 나를 힘들게 하고 고통스럽게 한다는 것은 원을 크게 가지라는 뜻입니다.

여러분은 지금까지 반대로 해 왔습니다. 힘들게 하면 미워하고 마음을 닫았습니다. 우주의 법신불은 나를 조금도 힘들게 하지 않습니다. 이 세상에는 실패자도 없고, 낙오자도 없습니다.

그러면 절망하고 실패하게 하는 이유는 무엇일까요? 대승의 큰마음을 가지라는 뜻입니다. 큰마음을 가지라고 경제적으로 힘들게 하고, 아내를 힘들게 하고, 남편을 병들게 하며, 자식을 정신병자로 만드는 것입니다.

그 뜻은 공업共業입니다. 마음을 풀고 깨달으라는 뜻입니다. 모든 고통은 깨닫고 새로 출발하라는 뜻입니다. 그러나 우리는 그것에 대해서 원망하고 분노합니다. 그러면 결과는 어떻게 됩니까? 더 줄어들게 만듭니다. 그 다음엔 더 줄어들게 만듭니다.

지금은 정법 시대입니다. 여러분이 바로 부처입니다. 부처로서 내가 말하고 생각하고 행동하면 찰나에 바로바로 결과를 내줍니다. 내일이 없습니다. 오늘 여러분이 깨달은 자로서 생각하셔야 합니다. 오늘 부처님 마음을 품으세요. 아무리 힘들어도 원망하지 마시고 받아들이세요. 아무리 고통스러워도 원망하지 마십시오. 아무리 짜증이 나도 화내지 마세요. 그러면 여러분의 삶이 180도 달라지기 시작합니다. 물질적 정신적으로 가난하면 안 됩니다.

물질이 없어지는 이유는 무엇입니까? 여러분의 마음이 아주 낮기 때문에 그렇습니다. 가졌던 사람이 잃은 이유는 교만하기 때문입니다. 조금도 교만하지 않고 겸손하고 덕을 쌓는 사람은 조금도 물질이 줄어들지 않습니다.

돈을 가지고 있는데도 사람들이 존경한다면 그 사람은 해탈한 사람입니다. 도를 아는 사람입니다. 존경하지 않는다면 크게 잘못되었습니다. 나중에는 파국을 맞게 됩니다. 내가 지금 사는 삶이 도입니다. 도는 따로 있지 않습니다.

내가 이 생명, 이 재물, 이 육신 다 바쳐서 자식이 세상에 크게 쓰임 받도록 키우고 내가 세상의 모든 사람을 위해서 목숨 걸고 일하리라고 마음 먹는다면 이 사람은 모든 일이 다 풀리게 되어 있습니다. 안 풀리면 법이 아닙니다.

내가 묶으니까 다 묶이는 것입니다. 내가 풀면 다 풀어집니다. 여러분의 생명 줄을 잡으세요. 부처님의 참생명을 잡으세요. 여러분 안에 진아의 참생명이 있습니다. 그 생명줄을 잡으면 자연히 나를 위한 삶은 포기하게 됩니다. 타인을 위해서 살면 재물은 쌓이고 쌓여서 다 베풀기도 바쁘게 됩니다.

대승의 삶, 오늘은 상근기, 중근기, 하근기를 말씀 드렸습니다. 모든 불자님들이 모두 상근기가 되기를 기원합니다. 여러분이 상근기가 되면 여러분이 원하는 모든 것이 이루어집니다.

경찰관이 범인을 잡을 때 무조건 범인을 잡아서 법대로 처리하면 하근기요, '어떻게 하면 범죄를 예방할까?' '어떻게 저 죄인을 교화할까?'를 생각하면 중근기이며, 절대로 이런 범죄가 나오지 않도록 몸과 마음을 다 바치면 상근기입니다.

여러분의 근기를 한 번 보십시오. 여러분이 상근기이면 자식도 상근기이고, 하근기이면 자식도 하근기입니다. 남편이 하근기이면 부인도 하근기이고, 남편이 상근기이면 부인도 상근기입니다.

내조가 무엇입니까? 내조는 남편을 아내를 레벨업시킬 수 있어야 내조입니다. 남편이 세상을 위해 목숨 걸고 일할 수 있도록 마인드를 심어 주고 부인은 목숨 걸고 마음을 쌓고 덕을 쌓아야 합니다. 남편의 수고만큼 내가 마음을 업그레이드시킬 수 있도록, 남편이 세상을 위할 수 있도록 그런 마음을 넣어 주어야 합니다. 남편의 사회적 성취가 자신의 것인 양 폼 잡으면 바로 무너집니다. 용서하지 않습니다. 그것이 진리이기 때문입니다.

진리는 나를 무한히 성장시킵니다. 왜 내조를 못하고, 왜 자식을 못나게 키웁니까? 여러분 자식이 위대하려면 내가 가족과 세상을 위해서 내 온 마음을 다 바쳐야 합니다. 자식도 그렇게 살아야 함을 알려 주세요. 그것이 정말로 덕을 쌓는 것입니다. 일체 모든 삶의 이유는 낮은 차원에서는 빚 값기 위함이고 높은 차원에서는 덕을 쌓기 위해서 사는 것입니다.

우리가 사는 이유는 오직 세상을 위하는 길입니다. 우리가 잘 사는 길을 말씀 드리겠습니다. 이제는 먹고살기 위해서 살지 마세요. 먹고살기 위해서 일하지 마세요.

아무리 작은 일을 하더라도 다른 사람과 세상을 위해서 하면 그것은 대승입니다. 그런데 오로지 먹고살기 위해서 일하는 사람은 자식도 안 되고 내 사는 것도 항상 궁핍합니다. 자신이 하는 일이 다른 사람이 용기를 갖고 희망을 갖게 하여 기쁨과 즐거움과 환희로 살아가게 한다면 그 사람은 최상의 대승의 삶을 사는 사람입니다.

여러분은 삶 속에서 진정한 대승의 삶을 살아가십시오. 가정이 대승이 되지 못하면 국가는 대승이 되지 못하고 국가가 대승이 되지 않으면 세계의 평화는 없습니다.

나를 괴롭히고 힘들게 하는 사람을 진심으로 끌어안고 그 사람의 소리를 끝까지 듣고 이해를 하면 거기에 인류의 평화가 있고 이 세상의 진정한 구원이 있습니다.

여러분은 띠풀, 중간 크기 나무, 고목 가운데 어디에 속합니까? 모든 사람이 아름드리 고목으로 인생을 살아가야 한다고 부처님이 말씀하시는 것이 《묘법연화경》〈약초유품〉입니다.

6강
모든 중생이 부처임을 증명하는
수기를 주시다

제 육. 수기품授記品

《법화경》에 〈수기품〉, 〈오백제자 수기품〉, 〈수학무학 인기품〉 이렇게
세 장의 수기품이 있습니다.

부처님으로부터 성불의 예언을 확정하여 받는 것이 수기입니다. 모든
제자들에게 미래에 부처를 이루는 때와 부처로서 중생을 교화하는 상황
을 부처님이 확정적으로 예언하시는 내용입니다.

제일 먼저 사리불이 〈방편품〉에서 수기를 받았습니다. 그 다음에 부
처님의 십대 제자들이 수기를 받았고, 〈오백 제자 수기품〉에서는 설법
제일인 부루나 존자가 수기를 받았으며, 이어서 교진여 등 오백 비구와
천이백 제대 아라한들이 일시에 수기를 받습니다.

이러한 부처님의 수기 장면을 비유하여 교진여가 말합니다.

아주 가난한 사람이 매우 부자로 사는 친구 집에 놀러가게 됩니다. 부자 친구 집에서 술과 음식으로 대접을 받고 취해서 잠시 잠든 사이에 부자인 친구가 큰 보배구슬을 친구의 주머니에 넣어주고 관청에 볼일을 보고 돌아와 보니까 가난한 친구는 가고 없었습니다. 가난한 친구는 자신의 주머니에 큰 보배 구슬이 들어 있음을 모르고 계속하여 구걸을 하면서 빈궁하게 살다가 먼 훗날 다시 그 친구 집에 찾아오게 됩니다. 부자인 친구는 자신이 그토록 큰 보배 구슬을 주었음에도 여전히 궁핍한 행색을 하고 나타난 친구를 보고 깜짝 놀라게 됩니다. 내가 준 보석을 어찌하고 아직도 저렇게 빈궁하게 산다는 말인가?

이 가난한 친구는 범부 중생을 말하고 부자인 친구는 부처님을 비유하고 있습니다. 부처님이 보시면 큰 보배 구슬을 지니고도 깨닫지 못한채 고생하고 걱정하며 살아가는 우리 중생이 너무나 어리석고 불쌍하게 보입니다. 수기의 핵심은 모든 중생이 부처라고 도장을 찍어 주는 것입니다. 부처님은 다 알고, 다 보고, 신실信實하시기 때문에 절대로 거짓이 없습니다. 수많은 부처님의 제자와 대중들이 이전에는 수기를 받지 못했습니다. 그 이유는 교만하고 게으르기 때문입니다.

아난과 라후라, 이천 명의 성문 제자들도 자신들이 게으르고 교만과 아만이 있어서 이제까지 수기를 받지 못한 것을 참회하고 부처님으로부터 오는 세상에 부처가 되리라는 수기를 받았습니다.

여러분이 이제까지 수행한 것, 선행한 것, 이제까지 열심히 산 것, 지식과 세간의 지혜를 성취한 것, 이러한 것들에 대해서 지금까지 내가 했다는 생각이 있으면 여러분은 절대로 수기를 받을 수 없습니다.

부처님의 십대 제자와 오백 비구와 수많은 재가 불자들이 모두 수기를 받기 전에 깨달은 것은 '나는 지극히 악하고 게으르고 부족하다는 것'입니다. 나는 오직 부처님을 통해서만 깨닫고 모든 공덕을 쌓아서 일체 중생을 구제할 수 있다는 것을 깨달아서 수기를 받았습니다.

여러분도 이 자리에서 모두 수기를 받으시기 바랍니다. 부처님은 법신불로서 상주하시고 영원히 나와 함께하시기 때문에 우리는 일상에서 진심으로 내가 할 수 있는 일이 아무것도 없어야 합니다. 오직 내 안에 계신 부처님이 할 수 있을 때만이 여러분은 진정코 참된 수기가 성취된 것입니다.

수기를 받게 되면 부처님이 의식주를 완전히 책임지십니다. 어떤 경우에도 물러나지 않고 짜증내지 않고 물러서지 않도록 내 인생을 책임지고 반드시 성불로 이끌어 갑니다.

수행을 한 사람은 누구나 수행의 상相이 있습니다. 이런 상이 있는 한은 여러분은 절대로 부처님으로부터 인정받지 못하고, 사랑받지 못합니다. 부처님으로부터 가피를 받지 못합니다.

부처님이 내 모든 인생을 책임지고 시방세계를 다 책임지십니다. 내 가정, 직장, 내 모든 인연을 부처님이 책임진다는 것입니다. 수기를 받는다는 것은 부처님의 십력十力, 사무소외四無所畏, 오안육통五眼六通을 내가 다 구족했다는 뜻 입니다.

이제부터 여러분들의 진실한 참회가 이루어져야 합니다. '내가 얼마나 게을렀는가?' '내가 선하게 한다는 것이 나의 자랑거리를 만들기 위함은 아니었는가?' 죄를 면책하기 위해서 하기도 하고 명예를 얻기 위함도 있는데 이런 것은 선함이 아니고 더 악한 것입니다. 우리는 마음 속에서 진실로 선한 사람이 하나도 없다고 인정해야 합니다.

이제 우리가 부처님을 내 생명의 근원으로 받아들이고 나의 참 주인으로 받아들인다면 여러분에게 부처님의 가피와 신통력은 무한하게 됩니다. 여러분이 말한 대로 다 성취되게 되는 것입니다. 여러분들이 뜻한대로 다 이루어지게 되어 있습니다.

내가 이루려고 하니까 안 되고 내가 모든 것을 성취하려 하니까 안되는 것입니다. 내 마음에서 부처님을 신실하게 믿었을 때는 내가 아무리 힘들고 고통스러워도 그것이 반드시 잘 해결됩니다. 그런데 내의지대로, 내가 잘난 대로 살면 다 망해 버립니다. 다 합해서 한꺼번에 망해 버립니다. 저는 그것을 매일 보고 순간순간 봅니다. 여러분이 어느 길을 갈 것인가는 선택하면 됩니다.

원효대사가 「대승기신론」에서 일심이문一心二門을 말씀하셨습니다. 우리가 한 마음을 쓸 때, 두 개의 길이 있다는 것이지요. 하나는 진여문이고 하나는 생멸문입니다. 하나는 영원히 살아가는 길이고, 하나는 계속 죽어가는 길입니다. 하나는 계속 망하는 길이요 윤회하는 길이고, 하나는 향상이 있고 바라밀다가 있고 성공이 있고, 행복이 있는 길입니다. 어느 길을 갈 것인가는 여러분의 선택입니다.

일체 모든 신통과 가피가 여러분 마음속에 있음을 확신하시고 말로 하시면 됩니다. 모든 것을 말로 하시면 됩니다. '부처님이시여, 제가 이사를 갑니다. 산소를 이장합니다.' 여러분이 삼보의 이름으로 무슨 일이든 하면 무슨 일이든 복이 되어 뜻대로 되고 원대로 다 되도록 되어 있습니다. 여러분이 그것을 진심으로 믿지 못하니까 잘 안되는 것입니다.

수기의 근본은 믿음입니다. 온전히 부처님한테 다 바치는 것입니다. 내 생명을 다 던지고 다 바치는 것입니다. 그것이 수기입니다. 믿음이 온전히 받아들여졌을 때, 나에게도 수기가 옵니다. 수기가 오면 내가 생각한 대로, 마음먹은 대로, 말한 대로 다 이루어집니다. 성불입니다.

수기는 그냥 이루어지는 것이 아니고 내가 부처님께 내 생명과 마음을 다 바쳤을 때 수기가 되는 것입니다. 부처님은 모든 내 일에 함께 하십니다. 즐거움에도 괴로움에도 슬픔에도 성취에도 함께 합니다. 수기를 받았다는 것은 모든 일을 부처님이 나와 함께하는 것입니다. 부처님이 내 가슴에 도장을 찍은 것입니다. 나의 일거수일투족에 부처님이 내 주인이 되는 것이 수기입니다.

이제 나는 어느 것도 할 수 없습니다. 내가 할 수 있는 것은 아무것도 없습니다. 이제 내 몸을 움직이는 것조차 부처님만이 하실 수 있는 것입니다.

《법화경》은 일승법을 설하는 경전입니다. 일승이라는 것은 여러분이 부처라는 것입니다. 왜 부처가 되지 못합니까? 여러분이 교만하고 게으르고 아만이 있기에 부처가 되지 못합니다. 내가 항상 옳다는 생각 때문에 절대로 부처가 되지 못합니다.

내가 옳고, 내가 바르다는 생각을 하는 순간에 여러분의 말은 다 헛말이 되고, 여러분의 수고는 헛고생이 되며 여러분이 이루려는 모든 것은 이루어지지 않습니다. 이루어지는 것은 크게 망가뜨리려고 이루어지는 것이지 결코 이루어지지 않습니다.

여러분이 믿음의 뿌리를 빨리 세우지 않으면 한 발짝도 나아가지 못한다는 것을 아는 것이 깨달음이요, 성불입니다. 내 모든 것을 던지고 바쳐야 합니다. 내 숨 쉬는 것도, 내 몸 모두를 부처님께 던져서 내 자신을 포기할 수 있어야 합니다.

자기 자신의 일체의 지식을 포기할 수 있어야 합니다. 내가 가진 모든 선을 포기할 수 있어야 합니다. 내가 가진 자랑거리를 쓰레기통에 집어넣어 버릴 수 없으면 여러분은 수기를 받지 못 합니다.

여러분은 부처님이 누구인지를 결코 모릅니다. 부처님 앞에 엎드려 무릎이 다 벗겨지도록 절을 해도 골병만 들지 조금도 깨달아지지 않습니다. 내가 하는 것은 어떤 것도 이루어지지 않습니다.

〈신해품〉에서 사리불, 가섭, 목건련 등의 위대한 부처님의 제자들이 '잘못했습니다. 우리는 깨달은 것이 아니었습니다. 우리는 게으름뱅이였고, 교만했고, 부처님을 비방한 것이었습니다.' 하며 무릎을 꿇고 대 참회를 했습니다.

이 《법화경》에서는 부처님께서 계속 말씀하고 계십니다. '첫째도 교만하지 마라. 둘째도, 셋째도 교만하지 마라. 절대로 깨달았다는 생각, 내가 열심히 했다는 생각, 내가 공덕을 지었다는 생각을 추호도 하지 마라.' 깨닫지 못한 우리는 공덕을 지을 수 없습니다. 중생인 우리가 지을 것은 죄 밖에 없음을 분명히 깨달아야 합니다.

믿음으로 하는 모든 것은 선한 것입니다. 믿음으로 하는 모든 것은 진실합니다. 어떤 어려움에 봉착해 있어도 반드시 어려움을 이겨낼 수 있는데 여러분이 믿지 못하는 것입니다. 부처님이 누군지를 보지 못하고 알지 못합니다. 부처님이 어떻게 나에게 작용하는지를 모르기 때문에 열심히 수고하고 애쓰고도 결국 허사가 되고 원 위치 되는 불나방 같은 삶을 사는 것입니다.

여러분이 부처님을 신실하게 믿기만 하면 일체 부처님의 신통과 위신력과 가피가 내게 통째로 들어온다는 것, 일체의 고통을 부처님과 함께 하면서 다 이룹니다.

믿음 없이 하는 모든 일, 참된 지혜 없이 행하는 모든 삶은 여러분을 더 고통스럽게 하고 괴롭게 하고 거꾸로 가게 합니다.

수기의 가장 근본은 믿음입니다. 믿음은 이 육신의 나는 수행할 수 없고 육신의 나는 깨달을 수 없음을 알게 해 줍니다. 또한 믿음은 많은 고통이 있을 때 시비분별을 내려놓고 육신의 나를 쉬게 합니다. 즉 불심을 드러나게 합니다.

여러분이 다 던졌을 때 부처님이 알아서 모든 원하는 것을 다 얻을 수 있게 하십니다. 던지지 않고 내가 하려고 하니 다 망가지는 것입니다. 내가 하려고 하면 이 세상에 되는 것은 아무 것도 없습니다. 아상, 인상, 중생상, 수자상은 불교에서는 저주나 마찬가지입니다. 그것을 그렇게 배우고 또 배우면서도 절대로 자기 자신을 버리지 않고 그대로 가지고 있으니 《금강경》,《법화경》을 듣고 또 들어도 수기가 되지 않습니다. 어떤 경전을 배우고도 수기가 되지 않는 것은 여러분 마음에 항상 교만이 가득 차 있기 때문입니다.

공경, 공양, 찬탄에 대해서 말씀 드리겠습니다. 수기를 받은 자는 공양을 통하여 다 성불하였습니다. 공양은 내 자신을 통째로 바치는 것입니다. 부처님 전에 초나 향을 올리듯이 내 생명을 다 바치는 것이 공양입니다.

나를 바쳐서 나를 향상시켜 나가는 것입니다. 부처님은 몸은 받지 않아요. 재물도 받지 않습니다. 부처님은 오직 여러분의 마음만 받습니다. 이 마음을 온전히 다 던졌을 때 부처님은 받습니다.

공양이 무엇입니까? 여러분은 누구에게 어떻게 공양합니까? 백천만 억 부처님을 무량아승지겁 동안 공경 공양 찬탄하고 반드시 법을 편 다음에 성불한다 하였습니다.

여러분이 공양의 뜻을 명쾌하게 잘 모르면 영원히 부처님 가까이 가지 못합니다. 어느 세월에 백 천만 억 부처님을 모시고 어떻게 무량 아승지겁 동안을 공양할 겁니까?

여러분이 오늘 하루에 백 천만 억 부처님을 다 모실 수 있습니다. 오늘 하루에 성불할 수 있습니다. 예를 들어볼까요? 여러분이 남편을 부처님으로 섬기면 남편과 인연 있는 모든 사람을 섬기는 것입니다. 남편의 모든 조상을 다 섬기고 공경 공양하는 것입니다.

부인을 섬기고 공양하고 찬탄하면 부인의 일체 조상을 공경, 공양, 찬탄하는 것이 되고 부인과 인연 있는 모든 인연을 다 섬기는 것이 되는 겁니다. 지금 내 앞에 있는 사람을 진심으로 공경하고 그 사람의 약점을 보지 않고 항상 감사하는 마음을 내면 이 자리에서 바로 성불하여 일체 중생을 제도할 수 있는 겁니다.

자식을 진실하게 공경하고 공양하고 찬탄해 보십시오. 자식을 진실하게 마음을 바쳐서 섬기는 것이 공양입니다. 공경은 존중하는 것이며, 찬탄은 장점을 보는 것입니다. 사람은 누구에게나 장점이 있고 약점이 있습니다. 상대의 장점을 보고 찬탄하는 것이 부처님으로부터 수기 받은 자의 삶입니다.

수기를 받은 사람은 공경, 공양, 찬탄하는 세 가지의 삶을 반드시 실천해야 합니다. 수기를 받은 사람은 누군가를 항상 섬기고 공경하고 찬탄합니다. 내 동료를, 내 상사를, 나의 부하 직원을 공경 공양하는 것이 백천 만 억 불보살님을 매순간 섬기는 것입니다.

하루에도 내 앞에 천만 부처님이 오지만 우리는 다 무시합니다. 다 그냥 지나갑니다. 절대로 공양하지 않고 공경하지 않습니다. 절대로 그 사람을 찬탄하지 않습니다. 여러분이 남을 비난하거나 비방하면 여러분은 백 생 천 생을 지옥 고를 받아야 합니다.

남을 비방하고 비난하는 순간 여러분 자식은 앞길이 막힌다는 것을 확신하세요. 부부끼리 화내고 업신여기면 그것으로 삼생 동안 자식의 앞길이 막힘을 알아야 합니다.

우리는 말로써 상대를 공경하고 존중해야 합니다. 부처님의 마음은 오로지 자비심입니다. 오로지 하심이고 겸손입니다. 여러분의 말 한마디가 여러분 집안의 운명을 좌우합니다. 오늘부터 항상 공경하는 말을 쓰세요. 어떤 경우에도 천한 말, 낮춘 말을 쓰시면 안 됩니다. 아무리 어린 아이한테도 존대어를 쓰세요.

여러분이 자식의 육체를 낳았지만 그 영혼은 부처님입니다. 이 세상의 모든 생명은 다 한 생명이고, 일심입니다. 그 근원은 부처님입니다. 그 부처님을 공경하고 공양하라고 했는데 여러분은 자식의 육체에 집착해서 맛있는 것 먹이고, 좋은 옷 입히며, 좋은 교육 시키는 것에 치중하느라 진짜 필요한 것은 아무것도 주지 않았기 때문에 자식으로 인해 가슴을 치며 사는 것입니다.

여러분은 눈 뜨고 무엇을 보고 있습니까? 여러분의 내면에서 진정한 부처님이 여러분을 보고 있습니다. 내 말 한 마디가 모든 가정의 길흉화복을 결정지음을 생각하세요. 스스로 내 안의 부처님을 공경, 공양, 찬탄하고 또 상대의 부처님을 공경, 공양, 찬탄해야 합니다.

한 사람을 공양하면 그 한 사람은 시방세계 백 천만 억 부처님과 연결되어 시방세계 무량한 부처님을 공경 공양하는 것이 됩니다. 내가 걸인 한 사람에게 공양을 하였다면 그 한 사람이 영적으로 육적으로 우주 일체와 다 연결되어 있음을 알아야 합니다. 한 사람이 한 사람이 아님을 진실로 깨달아야 합니다. 시방세계 과거, 현재, 미래가 다 들어 있다는 말입니다.

이렇게 한 사람을 공경할 때 여러분은 시방세계 백 천 만 억 부처님을 다 공경, 공양, 찬탄하는 것입니다. 여러분이 그 마음을 가지고 살아간다면 하루가 백 천만 년이 되고 하루에도 천 만억 부처님을 다 공양하게 되고 저녁에 성불해서 시방세계 중생을 다 제도해서 마치게 됩니다.

시간이라는 개념은 여러분이 정한 것일 뿐입니다. 오로지 이 세상은 마음뿐입니다. 한 사람이 단지 한 사람이 아님을 깨달아야 합니다. 나한테 온 자식이 내 육신의 자식이지만 진짜 소유자는 부처님임을 명심하십시오. 그 자식을 사랑하고 인격적으로 존중하고 사랑하면 잘못된 자식이 없습니다. 그것이 극락세계이고 불국토입니다.

우리의 일심이 내 스스로 내 부처님을 공경, 공양, 찬탄할 수 없기에 다른 사람을 비난하고 자신의 내면이 망가지고, 내 몸이 병들고 가정이

엉망이 되고, 나아가 사회의 악의 씨가 되어 흐트러지는 것이 우주법계의 원리입니다.

살아가시면서 모든 일에서 항상 사람을 볼 때 찬탄하세요. 부처님은 법신으로서 진리로 말씀으로 계십니다. 시방세계 일체 중생을 내 몸처럼 섬기고 받들라는 것입니다.

유마경에서 가장 가난한 사람에게 내가 공양한 것이 시방세계 일체 불보살에게 공양한 공덕보다 크다는 의미는 내 앞에 있는 모든 사람을 마음으로 공양하라는 뜻입니다. 마음으로 받들고 존중하라는 뜻입니다.

오늘날은 타인을 존중하지 않습니다. 나의 생명의 실상, 나의 본체가 누구인지를 모릅니다. 내가 왜 사는지를 모르고 나의 존재가 무엇인지를 모릅니다. 내 존재를 모르기 때문에 내 욕심대로 내 뜻대로 안되면 남 탓을 하고 분노가 잃어나게 됩니다.

사람들이 다른 사람을 칭찬하는 경우는 드뭅니다. 칭찬하지 않는다는 것은 여러분 인생이 거꾸로 가는 것입니다. 누군가를 헐뜯고 비판하는 것은 여러분 자식이 큰 화를 당하게 된다는 것을 명심하세요. 남을 비방하면서 산다면 내가 인생을 올바르게 마감할 수 없음을 알아야 합니다.

부처님은 우리에게 항상 공양하는 삶, 공경하는 삶, 찬탄하는 삶, 다른 사람을 위해서 법을 전하는 삶을 살아가라고 하셨습니다. 법을 전한다는 의미는 경전의 말씀을 전하라는 의미보다는 여러분의 진심을 바치라는 것입니다. 진심이 법화경이고 화엄경입니다. 진심으로 하지 않기에 내 하는 모든 것이 가짜가 되는 것입니다.

내가 마음으로 누군가를 공양하고 있으면 내 안에 기쁨이 있고, 충만이 있고, 감사가 있게 됩니다. 누군가를 찬탄하면 그 안에 끝없는 행복감이 흐르게 됩니다. 오늘부터는 누군가를 반드시 찬탄하십시오. 이 네 가지는 잊어버리면 안 됩니다.

부처님은 절대로 나의 허물을 보지 않습니다. 티끌만큼이라도 신앙을 잡고 살아가려고 하는 내 마음을 보는 것입니다.

오늘부터는 상대의 어떤 약점이나 허물을 보지 마세요. 그 사람이 무엇을 먹는지 볼 필요 없습니다. 그 사람이 무엇을 입는지 볼 필요 없습니다. 그 사람이 무슨 말을 하는지 관심 갖지 마세요. 그럼에도 불구하고 항상 내가 그 사람을 신실하게 공양하면 됩니다. 그 사람이 내가 섬겨야 할 부처라고만 생각하세요.

여러분 주위에 날마다 공경, 공양할 사람이 많고, 찬탄할 일이 무수히 많습니다. 그런데 마음은 하루 종일 탐진치로 살아가고 있습니다. 자기가 옳다는 생각, 자기 잘난 맛으로 살아갑니다. 세상 사람들은 모두 그렇게 삽니다. 그렇게 살아서는 절대로 행복하지 않다고 단언합니다.

중생은 누구도 진실되게 선하지도 신실하지도 못합니다. 진실하지 못하고 믿음이 없습니다. 내가 진실로 부처님을 믿고 부처님이 내 속에 들어왔을 때만 우리는 신실信實할 수 있습니다.

이미 부처님은 무량겁 전에 일체중생에게 수기를 다 하셨는데 여러분들은 부처님을 믿을 수가 없어서 그 수기를 받지 못했습니다. 부처님을 믿을 수 없다는 것은 나를 믿을 수 없다는 것입니다.

'나'라고 하는 것은 육체적인 '나'가 아니라 진리적인 참나를 말합니다. 진리적인 나를 믿을 수 없으면, 부처님을 믿을 수 없고, 부처님을 믿을 수 없으면, 수기 받을 수 없으며, 수기 받을 수 없으면 성불 할 수 없습니다.

이제부터는 모든 부처님을 찬탄하는 그런 불자가 되세요. 이제부터는 절대로 부처님을 비방해서는 안 됩니다. 아무리 힘들고 괴로워도 이제부터는 부처님을 공경하고 찬탄하세요.

신앙 생활에서 어려움이 없다는 것은 내가 바르게 살지 않는다는 것입니다. 즉 중생심으로 신앙생활을 한 것입니다. 불심으로 하셔야 합니다. 부처님 법을 펴는 것이 창피하다면 부처님을 엄청나게 욕하는 것입니다. 법을 펴는 일로 내가 아무리 비난받고 핍박받아도 그것이 너무 감사해서 뜨거운 눈물이 나야 합니다.

여러분은 부처님을 믿으면서 모든 일이 쉽습니까? 그렇다면 여러분은 무엇인가 요령을 피우는 것입니다. 일부러 어려운 일을 찾아갈 필요는 없지만 부처님 일을 제대로 하게 되면 분명히 힘들게 되어 있습니다. 반드시 고통이 따르게 되어 있습니다. 반드시 세상적인 핍박과 환란患難이 있고 나를 꺾습니다. 상대를 통하여 나를 깨닫게 하기 위해서 나를 고통 속에 빠뜨립니다.

부처님을 믿으면서 여러분에게 고통과 고난이 오더라도 조금도 두려워하지 마세요. 이 모든 일은 여러분이 겸손하고 부지런하기만 하면 절대로 게으르지 않으면 다 이루어집니다.

충분히 자기를 꺾지 않았을 때 다시 시작하면 더 망하게 됩니다. 세상의 악 중의 악은 교만과 게으름입니다. 세상적으로는 살생이 가장 큰 악이지만 신앙적으로는 교만과 게으름이 가장 큰 악입니다.

교만의 가장 근본은 내가 잘났다는 것입니다. 내가 잘났다고 생각하는 사람은 반드시 필멸입니다. 내가 잘난 사람은 상대에게 상처를 엄청나게 줍니다. 부인이 잘나면 남편의 상처가 엄청나고 남편이 잘나면 부인이 받은 상처가 엄청납니다. 부모가 잘났다고 생각하면 자식이 상처를 무한히 받습니다.

또 교만 중에 가장 교만은 나는 열심히 살았다는 것과 선하다는 것입니다. 이 사람은 바로 지옥행입니다. 이런 사람은 길이 없습니다. 답이 없습니다.

수행을 열심히 했다는 사람을 절대로 인정해서는 안 됩니다. 공덕을 많이 쌓았다는 사람을 절대로 인정하면 안 됩니다. 부처님 법은 내가 무엇했다가 아니라, 내가 없어지는 법이고 내가 사라지는 법입니다. 영원히 허공에 새가 날아가도 흔적이 없듯이, 그렇게 우주로서 허공으로 살아가는 것이 부처님 법입니다.

금생에 깨닫지 못하고 법을 성취하고 공덕을 짓지 못하면 금생 이후에는 여러분이 사람 몸을 받지 못합니다. 법화경 들을 때 여러분이 결정코 믿어서 '이제는 내가 여기서 성불하고 말리라.' '내 자식을 다 성불시키고 바른 길로 가게 하리라.' '몇 살이 되든 반드시 이 생에서 다 이루리라.' 여러분이 죽기 전에 이것을 마무리 지으셔야 합니다.

저에게도 부처님이 말씀하고 계십니다. '시간이 없다. 너는 부처다. 네가 생각한 것 다 이루어진다.' '네가 말한 대로 다 이루어진다.'고 말씀하십니다. 너는 그것을 믿느냐고 저에게 묻습니다. 저는 결정코 믿는다고 말합니다. 세세생생토록 믿겠다고 말씀 드립니다. 여러분도 이렇게 결심하고 나아간다면 이 세상은 아무것도 나에게 걸리지 않습니다. 어떤 것도 장애가 되지 않고 고통이 되지 않습니다. 앞으로 그렇게 살아가시기 바랍니다. 일체 중생에게 부처님은 다 수기했습니다. 그 수기를 받아들이고 안 받아들이고는 여러분 자신에게 달렸습니다.

이제부터는 모든 불자님들이 부처님에 대한 온전한 수기를 통해서 모든 사람을 항상 공경, 공양, 찬탄하는 그런 삶과 오로지 법을 전하는 그런 삶을 살아가시기 바랍니다.

7강
부처임을 포기하지 않으면
모든 것을 얻는다

제 칠. 화성유품化城喩品

〈화성유품〉은 말 그대로 부처님의 신통력과 위신력으로 성을 만들어서 편안하게 휴식을 취하도록 하는 것에 비유한 것입니다. 우리 삶을 도성에 비유한 것입니다.

우주 이전 태초에 대통지승여래불이 계셨습니다. 그 부처님이 계셨다는 것은 천지 창조가 이루어지기 전에 이미 부처님이 계셨다는 것입니다. 그 부처님이 온 시방세계를 비추기 시작했는데, 동방에 범천왕, 남방의 범천왕, 서방, 북방, 간방, 시방의 모든 범천왕들이 각각 자기들의 궁전에 예전에 보지 못하던 광명이 비추거늘 '무슨 인연으로 우리들 궁전에 이런 큰 광명이 비치는가?' 궁금해 하고 환희심을 내며 이런 일은 상서로운 일이니 반드시 부처님께서 법을 설하실 거라고 생각합니다.

그 대통지승여래께서 왕으로 계실 때 열여섯 왕자가 있었습니다. 대

표적인 왕자가 아촉부처님, 서방의 아미타부처님, 금생의 석가모니부처님입니다.

이 말의 뜻은 이미 태초에 계셨던 부처님은 현재 사바세계의 모든 중생뿐만 아니라 과거 현재 미래의 무량한 부처님이 모두 다 부처님이고 부처님의 제자라는 것, 부처님의 자식이라는 것을 상징적으로 비유하는 것입니다.

'대통지승여래께서 태초 이전에 계셨다.'라고 선포하는 뜻은 시방세계의 모든 생명들은 우주 이전의 부처님의 분신이라는 뜻입니다. 대통지승여래께서《묘법연화경》을 설하기 위해서 대광명을 놓으셨습니다.

인도에는 히말라야 산이 있습니다. 히말라야 산 정상에 이 세상에서 가장 귀한 보배가 있습니다. 많은 사람들이 히말라야 산 밑에까지 와서 조금 올라가다가 중턱쯤 가면 고통스럽고 절망스러워서 더 이상 갈 수가 없습니다. 그래서 다 포기하고 맙니다. 그 포기하는 모습을 성문승 연각승으로 비유한 것입니다.

모든 중생은 보물이 있다고 하면 그 밑에까지는 갑니다. 그런데 정상에 오르기까지는 너무나 힘들고 고통이 따르기에 가지 못하는 것입니다. 바로 그때 진정한 대승심을 가지고 있는 사람, 일불승을 믿는 사람만이 히말라야 정상까지 올라가 보배를 갖게 됩니다. 그 보배는 영원한 내 생명의 감로수요, 나고 죽음도 없고, 오고 감도 없는 일체 중생을 복되게 하는 그런 대 지혜와 복덕의 보물입니다.

우리 삶에서 비유를 해 보겠습니다. 많은 사람들은 모든 일에서 포기하는 것이 다반사요, 가다가 힘들면 생각을 다 바꾸고 길을 바꾸게 됩니다.

《금강경》에서 발아뇩다라삼막삼보리심 한 사람은 어떻게 살아야 하는가를 수보리가 물었을 때 부처님은 '대승심으로 살아라.'고 하셨습니다.

이 대승심[3]大乘心은 대발심大發心입니다. 대승심과 최상승심最上乘心을 함께 말하는데, 누구든지 목표를 분명하게 진정으로 정하지 않으면 끝까지 갈 수 없다는 것을 명심해야 합니다. 내가 지금 어디로 가는지를 명확히 알고 있어야 끝까지 갈 수 있습니다.

내가 부처로서 모든 사람을 존중하고 사랑하는 것이 대승심입니다. 이 마음을 갖지 않은 사람은 정상에 갈 수 없습니다. 반드시 이 마음을 가지고 있어야만 최정상까지 갈 수 있습니다.

고통받는 중생이 한 사람도 없을 때까지 내가 법을 펴서 중생을 제도하겠다는 마음이 최상승심입니다. 이런 대승심과 최상승심을 가지고 원력을 세워 살아가는 것이 일불승의 삶입니다.

우리의 일상의 삶이 다 법화法華입니다. 현실을 이야기하는 것이 바로 일불승一佛乘입니다. 현실에서 갈등을 승화시켜 부처로 사는 것이 일불

---

3 보살은 대승심과 최상승심을 가지고 있다. 대승심은 한편으로는 부처님 법을 공부하고 또 한편으로는 일체 중생에게 이익을 주고 제도하려는 마음이다. 최상승심은 최고의 마음 최고의 지혜와 진리로서 중생과 함께 하려는 마음이다. 법화경과 금강경 같은 대승경전은 이러한 대승심과 최상승심을 갖고 중생 구제하고자 하는 발심자를 대상으로 법문한 것이다.

승입니다. 현실을 떠나서는 어떤 깨달음도 해탈도 없다는 것을 명심해야 합니다.

에디슨은 인류를 위한 많은 발명을 하였습니다. 단순히 편리한 것만 생각했다면 자신에게서 많은 아이디어가 나오지 않았을 거라고 그는 말했습니다. 이 발명을 통해서 편리함은 기본이요, 많은 사람의 이익과 행복을 위한다는 생각을 했기 때문에 어떠한 경우도 포기하지 않고 끝까지 발명을 할 수 있었다는 것입니다.

우리는 나 자신을 위해서 살 때는 무엇을 해도 영감과 지혜가 나오지 않습니다. 절대로 평화와 기쁨이 없습니다.

부처님은 최초에 깨달음을 얻으신 후에 "나는 영생의 법을 얻었으니 눈 뜬 자와 귀 열린 자를 위하여 이 법을 전하러 가노라. 누군가는 이 법을 보고, 듣고, 깨달아서 평화와 기쁨과 안락을 얻으리라."고 하셨습니다. 부처님은 온전히 영적인 것뿐만 아니라, 물질적으로도 행복과 기쁨과 안락함을 위해서 이 순간에도 계속해서 많은 사람을 통해서 끊임없이 설법하고 계십니다.

타인의 이익과 평화와 안락을 위하는 삶이 진정한 대승입니다. 이런 삶을 살아갈 때 여러분의 소원과 꿈은 다 이루어지게 되어 있습니다. 세상 살면서 꿈이 이루어지지 않고, 목표가 이루어지지 않는 것은 그 꿈이 분명하지 않기 때문입니다.

꿈과 목표가 뚜렷하고 확실하고 결정적이면 반드시 불보살의 가피가 충만하여 이루어지게 되어 있습니다. 그것이 법계의 원리요, 진리요, 섭리입니다. 이루어지지 않는 사람은 불확실한 사람입니다. 이루지지 않는 사람은 꿈이 없는 사람입니다.

인욕과 정진에 대해서 말씀 드리겠습니다. 부처님은 오로지 인욕과 정진으로 성불한다고 하셨습니다. 수행의 몸통이 인욕과 정진이고, 선정과 지혜가 머리이며, 보시와 지계는 팔과 다리입니다. 몸통이 없는 삶은 형성될 수 없습니다. 머리가 없으면 엉뚱한 곳으로 가고, 팔다리가 없으면 행이 안되지만 몸통이 없으면 위 아래로 연결시킬 수가 없습니다.

내가 부처님의 복을 쌓고 덕을 쌓고, 중생을 다 해탈로 이르게 하기 위해서는 내 몸통이 끝까지 참을 수 있어야 가능한 것입니다. 어떤 것도 끝까지 참을 수 있어야 합니다. 어떤 비난, 능멸, 굴욕, 가난, 좌절도 기꺼이 기쁨으로 즐거움으로 복으로 받아들일 수 있을 때만이 저 히말라야 정상의 보물을 가질 수 있습니다.

그것을 두려워하거나 겁낼 필요가 없습니다. 부처님의 믿음으로 하는 일은 주저하거나 두려워하지 않아야 합니다. 천길 낭떠러지라도 밟아버리면 밑에서 관세음보살, 지장보살과 천신이 나를 받쳐서 한 치의 오차도 없이 저 언덕으로 이르게 합니다.

이 세상에서 최고의 능력은 포기하지 않는 것입니다. 어떤 사람도 다 이겨낼 수 있는 길은 단 한 가지입니다. 부처님의 대복을 받을 수 있는 길은 딱 한 가지입니다. 나보다 뛰어난 사람을 다 모아서, 천하의 힘 있는 사람을 다 모아서, 내가 대결해서 이길 수 있는 방법은 딱 한가지입니다. 내가 끝까지 참으면 무조건 이깁니다.

세상의 승리자는 머리가 좋은 사람이 아닙니다. 가문이 좋은 사람이 아닙니다. 지혜가 뛰어난 사람도 아닙니다. 부처님을 믿고 참는 자는 반드시 이루어질 뿐만 아니라 시방세계 일체중생을 제도하는 무량한 공덕을 짓게 됩니다.

이 세상의 최고의 가치 중 하나가 끝까지 참는 것입니다. 여러분 살면서 어려움이 있습니까? 참으세요. 참되, 기쁜 마음으로 즐겁게 참아야 합니다. 마음에서 원한을 가지고 분노를 가지고 참는 것은 참는 것이 아니고 화를 내지 않는 것 뿐입니다. 참음에는 반드시 기쁨이 있고 즐거움이 있고 행복함이 있어야 합니다.

제 2차 세계대전 때 영국의 처칠 수상이 했던 유명한 연설이 있습니다. 독일로부터 공습을 받아서 런던이 불바다가 되었을 때 그는 방송을 통해서 "영국은 승리하는 그 날까지 결코 포기하지 않는다. Never giveup! Never giveup! Never giveup!"고 말했습니다. 결코 포기하지 않는다는 이 연설 한 마디로 온 국민이 단합된 마음으로 쇠붙이를 다 가지고 나와서 결국은 승리를 이끌어 냈습니다.

포기하는 사람에게는 길을 열어 주지 않습니다. 세상은 포기하는 사람을 원하지 않습니다. 특히 부처님의 길을 가는 사람은 나의 행복, 나의 기쁨, 나의 평화는 부처님이 요구하지 않습니다. 그건 이승성문, 연각 입니다. 사업이나 정치를 하는 사람이 가다가 힘들게 되는 이유는 중생을 향한 근본 목표가 불확실하기 때문입니다.

사업을 하는 사람은 반드시 많은 사람의 이익을 위해서 해야 합니다. 그래야 큰 이익이 발생됩니다. 많은 사람의 이익을 위해서 행복을 위해서 기쁨을 위해서 장사할 때는 아이디어가 나오고 좋은 인연과 많은 물질이 들어오게 되어 있습니다.

먹고살기 위해서 장사를 하면 장사도 안되고, 실패하고 맙니다. 사업에 실패하는 자들은 인류애가 없어서 실패합니다. 나의 행복만 위해서 살다 보면 한계가 오고 절망과 파국이 옵니다. 그것은 이승입니다. 세상을 위하겠다는 마음을 먹지 않으면 끝까지 갈 수 없습니다.

북청 물장수가 경성 제국대학에 다니는 아들을 고시에 합격시키기 위해서 새벽에 물을 길어서 팔다 보니 손발이 다 얼어 터졌습니다. 자신만 먹고살려고 하면 그렇게 못했을 것입니다. 그가 무명 저고리 하나만 입고도 그 추위를 이길 수 있었던 것은 자식이 뜻을 이루게 하기 위해서 헌신했기 때문에 가능했던 겁니다.

우리의 삶의 에너지는 어디에서 나올까요? 자신이 먹고살기 위해서 일하는 사람은 찌들고 고통스러워합니다. 그런데 자식이나 손자나 누군가를 위해서 희망을 가지고 사는 사람은 얼굴에서 빛이 나고 즐겁고 밝아서 물건을 팔아도 다 팔고 갑니다.

자신을 위해서 하는 수행은 결국은 깨달음이 오지 않습니다. 나의 수행이 반드시 내 앞에 있는 사람에게 행복과 이익과 평화를 주기 위해서 하는 것이어야 합니다.

깨달음이란 무엇이고, 해탈이란 무엇이며, 성불이 무엇입니까? 내가 부처로서 다른 사람을 사랑하고 공경하고 찬탄하는 것입니다. 부처님의 법을 전함으로써 중생이 이 법을 깨달아서 진정한 기쁨과 행복과 세상을 위하는 삶으로 살아갈 수 있도록 이끌어 주는 것입니다. 이런 삶을 살아갈 때 내가 부처가 되는 것입니다.

그 날이 부처가 되는 날이고, 내가 한 사람을 제도하면 한 부처가 된 것이고, 백 명을 성불시키면 백부처가 된 것입니다. 결국은 일체중생을 제도해서 성불하는 그 날이 내가 히말라야 산 정상에 있는 보배를 쥐게 되는 것입니다.

그러니 한 중생이라도 괴로우면 쉴 수가 없는 것입니다. 수행은 정진뿐입니다. 휴식이 없습니다. 휴식이 없다는 말은 마음에서 중생을 위하는 마음이 끊어지지 않는 것입니다. 성불은 중생을 위하는 것입니다. 성불은 내가 수행을 마치고 사람을 딱 만났을 때 이루어지는 것입니다.

나 하나만 고통에서 벗어나 편안한 것은 부처님의 제자가 아닙니다. 내가 부처로서 내 앞에 있는 사람을 공경, 공양, 찬탄하며 위하는 삶을 사는 것이 부처님의 제자요, 일불승입니다. 일불승의 삶이 백련입니다. 우리가 법으로서 타인을 위하는 삶을 살아갈 때, 그 삶 자체가 백련입니다.

우리는 어떤 경우도 포기하지 않아야 합니다. 포기하지 않는 것은 인생에 있어서 매우 소중한 덕목입니다. 부처님이 길상초를 깔고 보리수 나무 아래 앉았을 때 내가 이제는 완전한 깨달음을 얻어서 온전하게 성불하는 그 날까지 이 자리에서 일어서지 않겠다고 했습니다. 그것은 부처님의 진정한 인욕과 정진을 통틀어서 말하는 것입니다.

부처님이 깨달음을 얻으신 후에 나만큼 힘들고 고통스러움을 겪은 사람은 아무도 없다고 하셨습니다. 부처님은 그 모든 고통을 능히 이기셔서 지금 이 순간에도 설법하고 계시는 겁니다.

이 세상은 용기 있는 자의 것입니다. 스스로 행하는 자의 것입니다. 많은 사람은 두려운 마음에 해 보지도 않고 미리 후퇴합니다. 하지만 내가 진정으로 원하면 위에서 불보살님들이 다 길을 열어 줍니다. 끊어진 길은 이어 주고 패인 길은 채워서 나를 반드시 이끌어 줍니다. 가야 할 목표가 뚜렷하지 않으면 절대로 성공하지 못합니다.

부처님의 진정한 삶이 일불승입니다. 일불승의 궁극적 삶은 내가 매일 매일 만나는 사람에게 내가 어떻게 대하느냐가 내 자신의 성불과 해탈과 윤회와 업보의 삶으로 매순간 갈라지게 됩니다. 사람을 만날 때마다 내가 그 사람을 이익되게 행하는 것이 대승이기에 앉아서 수행하는 것은 대승이 아닙니다. 염불하고 참선하는 것은 자기 정진입니다.

자기 정진의 궁극의 실체는 중생 교화, 중생 제도, 중생의 성불이기 때문에 내가 사람을 만났을 때, 내가 법을 설하고 그 사람을 공경, 공양, 찬탄하지 않으면 소승이 되는 겁니다.

여러분 가정이 대승의 가정이 되어야 합니다. 대승의 사회, 대승의 국가가 되어야 합니다. 모든 만남은 대승으로 이루어져야 합니다. 궁극적으로 그 사람을 위하는 삶이 아니면 결국은 나는 소승이고 부처님 제자가 아닌 삶으로 전락하게 됩니다.

아주 간단한 문제임에도 이 실천이 어렵습니다. 많은 사람들은 겸손한 마음으로 자기 자신을 낮추고 비하합니다. 그런 말은 쓰면 안 됩니다. 교만해서도 안 되지만 일불승의 부처님 제자는 내가 부처님 자식이기 때문에 자기자신을 겸손으로 경멸하거나 비하하면 그 순간부터 모든 마음이 막히게 되고 영적인 삶이 죽어 버립니다.

그래서 겸손한 말을 쓸 때도 항상 자아존중의 언어를 써야 합니다. 일단 자기 자신이 일불승이 되어야 합니다. 스스로가 일불승이 되지 않으면 사람을 살릴 수가 없습니다.

요즘 사이코패스 범죄가 많습니다. 그 문제의 본질은 자기 경멸, 자기 분노입니다. 자기 파괴입니다. 자기를 사람으로 대해 주지 않는 것에 대한 분노입니다. 이 세상에 누구도 나를 높여 주지 않습니다. 세상에 어떤 사람도 나를 높이지 않습니다. 부처님만이 나를 높이고 존중합니다.

이 법을 모르면 자식을 기를 수 없습니다. 남편, 부인, 이웃, 원수를 사랑할 수 없습니다. 여러분이 자신을 진정으로 사랑함은 이기심을 넘어선 지존심至尊心을 말합니다.

내가 부처라 함은 자기를 항상 존중하는 것입니다. 자신을 영적으로 자성적으로 진성眞性 진아眞我를 존중하는 것입니다. 그러한 상태에서 이성과 감성을 쓸 때 지혜롭게 쓸 수 있게 되고 모든 영적인 문제가 해결되는 것입니다.

이 삼박자가 맞아떨어지지 않으면 여러분의 삶은 항상 병들게 되고 굴곡이 있게 되며 자기 삶을 펼칠 수 없게 됩니다.

대승의 삶은 본질적으로 내가 일불승으로서 부처님이 모든 것을 하시기 때문에 내가 할 수 있는 것이 아무것도 없습니다. 내가 할 수 있는 것은 어떤 선도 어떤 깨달음도 어떤 수행도 할 수 없음을 완전히 체득하는 것입니다. 그러면서 내가 부처가 되는 것입니다.

부처가 됨으로 인해서 이제부터는 가족 관계가 완전히 연꽃 밭으로 형성되는 것입니다. 부처님이 볼 때는 시방세계 일체 중생이 다 연꽃인데 피지를 못하는 것입니다. 못 피는 이유는 자기 자신이 부처님의 자식임을 모르는 것입니다.

부처님의 자식은 오로지 한 생각입니다. 그 사람이 무엇을 하든 중생의 이익과 기쁨과 행복을 위하는 삶을 사는 것입니다. 여러분이 무슨 일을 하든 타인을 위하는 삶을 살다 보면 신비로운 깨달음과 무한한 힘이 계속 나오게 됩니다.

이 에너지를 나를 위해서 쓰고, 내 가정만을 위해서 쓰면 모든 힘과 에너지 공급이 끊어집니다. 아이디어가 다 끊어지게 됩니다. 생각의 힘이 끊어지고 그때부터는 병이 들게 됩니다. 그때부터는 회사가 내리막길을 가게 되고 가정의 불화가 생기게 되며 분쟁이 생기게 됩니다. 그 이유는 나를 위해서 하기 때문입니다.

사랑하는 것도 헌신하는 것도 나를 위해서 하면 거기에서는 연꽃이 피지 않습니다. 무슨 일을 하든지 나를 위할 필요는 없습니다. 나는 부처이기 때문에 모든 것이 갖추어져 있고, 원하는 대로 쓸 수 있고, 원하는 대로 가질 수 있고, 원하는 대로 행할 수 있기 때문에 나는 생각할 필요가 없습니다. 이것이 대승입니다.

대승의 삶은 내가 행하는 작은 몸짓 하나도 중생을 위하는 삶으로 변화가 되는 것입니다. 이렇게 되면 여러분의 병은 다 낫습니다. 그 마음이 열리지 않으면 그것은 꽃피지 못하고 결과를 만들어 내지 못합니다. 그 이유는 나를 위해서 가기 때문입니다. 나를 위해서 가는 삶은 가다가 포기할 일이 생기고 꺾이는 것입니다. 우주의 섭리와 부처님 법의 진리는 나라는 생각, 이상을 함께하다가 나를 깨지 않으면 나랑 함께하지 않습니다.

여러분이 부처님임을 믿고 숨을 쉬든 물을 마시든 '위하여'라는 말을 항상 명심하세요. '위하여'라는 말을 쓰게 되면 반드시 여러분은 포기하지 않는 삶으로 부처님이 이끌어 주십니다.

무엇인가를 진정으로 '위하여'라는 말을 하면 우주 에너지가 충만하게 나한테 다 들어옵니다. 부처님의 신통력과 위신력이 내 영혼에 충만하게 채워집니다. 그러니 컴퓨터, 전구, 비행기 등의 위대한 발명도 단순히 돈을 벌기 위한 목적이었다면 그러한 위대한 발명품은 탄생하지 않았을 겁니다. 그런데 이것이 있으면 모든 사람이 편리하고 안락할 것이라고 생각하고 고뇌했기 때문에 그런 발명품이 탄생된 것입니다.

여러분이 이 세상에 태어난 것도 육신은 내 부모가 만들었지만 내 진여본체 본성은 부처님 것이기에 부처님 말씀과 믿음이 들어오지 않으면 영원히 어떤 재물로도 어떤 명예, 어떤 권세로도 조금도 채워지지 않습니다.

세상에 수없이 많은 사람들이 현실적인 문제로 고통스러워 합니다. 그런데 진짜 고통은 영성이 고통스러운 것입니다. 육체의 고통은 아무리 심해도 참을 수 있지만 마음이 아프면 세상을 포기합니다.

재벌의 총수도, 대통령을 지낸 사람도 왜 자살합니까? 자존심이 상하고 억울하고 원통해서 마음이 아파서 죽습니다. 마음은 왜 아플까요? 스스로가 부처님의 위대한 자식임을 모르기 때문에 아프기 시작합니다.

부처님이 내 아버지임을 인정하는 순간부터는 결코 여러분 마음에 상처가 들어오지 않습니다. 설사 들어오더라도 치유가 되면서 더 크고 더 깊게 넓은 마음으로 지혜와 자비의 마음으로 충만해집니다. 이 마음을 스스로 갖고 세상을 살아갈 수 있을 때 이 세상 모든 문제는 다 치료가 될 수 있습니다.

미국의 링컨 대통령에게도 서른여덟 번의 실패와 좌절이 있었습니다. 그가 여러 가지 열악한 조건에도 대통령이 될 수 있었던 것은 고통받는 노예를 해방시키겠다는 진정성이 있었기에 대통령이 된 것입니다. 유능해서가 아니었다는 것이지요. 내가 누구를 위하겠다는 마음을 먹는 순간 일체 불보살님과 선신이 나를 호위한다는 것을 꼭 믿으세요.

누군가 나를 떠난다는 것은 나를 위하기 때문에 떠나는 것입니다. 부처님 제자의 사명은 일불승으로서 내가 오늘 누구를 위해서 살아갈까? 내가 누구를 위해서 이 일을 할까? 누구를 위해서 숨을 쉬고, 누구를 위해서 이 음식을 먹을까를 생각한다면 그 사람에게는 매일 매일이 기적이요, 매일 매일이 축복입니다. 그 사람은 절대로 하늘이 꺾지 않습니다. 그런 사람에게는 절대 좌절이 없습니다. 그런 사람은 매일이 첫 날이기 때문에 포기가 없습니다. 포기한다는 것은 이제까지 해 온 것이 있기 때문에 포기합니다. 처음인 사람은 포기할 것이 없습니다. 불자는 포기하면 안 됩니다. 포기한다는 말은 아주 이기적인 것입니다. 오로지 내 이익만을 위했기에 포기하는 것이지 중생을 위하고 가족을 위하고 육도 중생을 위하는 사람은 절대 포기가 있을 수 없습니다.

《화엄경》〈이세간품〉에 보면 보살이 이백 개의 질문을 하면 한 질문에 열 가지의 답을 하여 이천 개의 답을 하는 장면이 나옵니다. 일불승은 결코 어떤 경우도 중생의 이익과 안락과 행복을 위해서 어떤 일을 하든 절대로 짜증내거나 물러서거나 분노하거나 포기하지 않는다는 것입니다. '보살은 어떤 경우도 물러서지 않고, 분노하지 않고, 포기하지 않는다.' 이것이 이천 번 나옵니다. 하나의 경전에 한 말씀이 이천 번 나온다는 것은 희유한 일입니다.

　　과거를 이야기하는 사람은 어리석은 사람이요, 미래를 이야기하는 것은 환상입니다. 현재에 과거, 현재, 미래가 다 있어서 내 앞에 있는 사람에게 마음으로 진짜 공양하고 공경하면 대승입니다. 그리고 그 사람이 반드시 잘 될 때까지 행복할 때까지 끝까지 내가 할 수 있는 모든 힘을 바친다면 그것이 최상승심입니다. 이 마음을 부처님은 오늘 우리에게 요구하고 계십니다.

　　히말라야 산은 여러분 마음속에 있습니다. 보배도 여러분의 마음속에 있습니다. '내가 부처요.'라는 마음으로 중생을 위하는 것이 보배입니다. 어디에도 보배는 없습니다. 황금을 찾아다니지 마세요. 여러분 마음속에 있습니다. 여러분이 다 가지고 있습니다. 여러분이 하고 싶으면 아무리 능력이 없는 사람도 일체 중생을 이익되게 살아갈 수 있습니다. 만중생이 해탈하는 그날이 내가 히말라야 정상의 보배를 성취하는 날입니다.

8강
법화경 가르침을 전하는 공덕과
법사의 올바른 자세를 말씀하시다

제 십. 법사품法師品

법사는 어떻게 법문을 해야 하는가? 지금까지 공부한 것을 마음에 깊이 새기고 들으면 정확하게 들릴 것입니다. 법사는 여래의 방에 들어가서 여래의 옷을 입고 여래의 자리에서 법을 설해야 한다고 하셨습니다. 그렇지 않으면 나의 제자가 아니요, 마군魔軍이라고 했습니다.

여래의 방은 내가 부처님의 자식임을 결정코 믿는 것입니다. 내가 부처님을 믿는 순간에 부처님의 자식이 되고 상속자가 되고, 부처님의 모든 것을 가질 수 있는 자격이 되는 것입니다.

범부중생은 온 몸에 불이 붙어 있는 상태입니다. 내가 부처님을 믿으려면 이제까지의 나를 썩은 나무토막처럼 버려야 합니다. 이 육신의 나를 버리는 것입니다. 나의 본성은 우주 무한 부처님과 조금도 다르지 않은 한 몸입니다. 그런데 여러분은 육신이라는 껍데기를 썼습니다. 육척 단신에 육체의 틀로 덮혀져 있어서 눈은 못 보고, 귀는 못 들으며, 코는 못 맡고, 혀는 맛을 모르며, 몸은 못 느낍니다.

참생명 진여의 자성인 여래장 불성만이 보고, 듣고, 맡고, 맛보고, 느낄 수 있는데, 그것이 나와 부처님과 일체라는 것을 여러분이 믿고 들어가는 것입니다. 《화엄경》으로 말하면 육체의 나를 철저하게 부인하는 것입니다. 이 육신의 모든 것, 내 지식, 권위, 명예, 세상적인 자랑거리를 다 쓰레기처럼 버리는 것이 믿음으로 들어가는 첩경입니다. 이것이 안 되면 다음 단계가 되지 않습니다.

부처님의 믿음에 들어갈 때는 환자가 마지막 순간에 사인하고 의사한테 모든 것을 맡기듯이 부처님께 모든 것을 다 맡기는 것이 여래의 방에 들어가는 것입니다. 오늘부터는 내가 부처님의 제자임을 추호도 의심하지 말아야 합니다. 삼계의 도사導師이고, 사생四生의 자부이시고, 시아본사이신 부처님을 끝까지 믿고 모든 것을 이루고 성취하고, 삼보에 회향하고 진리에 회향하고 중생에 회향한다는 결정적인 믿음을 가져야 합니다.

부처님의 믿음 외에는 어떤 경우도 의심하면 안 됩니다. 오히려 더 힘들고 더 고통스러워도 더 기뻐해야 합니다. 부처님의 대자대비심에 내 생명을 던지는 것입니다. 부처님의 자비심을 내가 쓸 수 없고, 내가 보여 줄 수 없고, 행할 수 없다면 여러분은 부처님의 자비를 모르는 것입니다. 여래의 방에 들어갔다 함은 이제 내가 부처가 된 것입니다. 내가 이제 완전히 새 사람으로 변해진 것입니다. 이것이 여래의 옷을 입은 자입니다.

영원한 생명의 실상은 나의 진성眞性뿐임을 결정코 믿는 상태에서 여래의 옷을 입는 다는 것은 이제는 세속인 것과 감성이나 물질적인 것에 조금도 흔들리지 않아야 합니다. 세속적인 것은 결코 여러분의 삶을 향상 발전시키지 못합니다.

우리는 세상을 물질로 사는 것 같지만 다 속고 있는 허상입니다. 이제는 어떤 경우도 상처를 받으면 안 되고 상처를 주어도 안 됩니다. 부처는 어떤 경우도 상처받지 않고 상처를 주지 않습니다. 여래의 옷을 입은 자는 상대의 비난과 경멸을 가슴으로 받아서는 안 됩니다. 받아들이는 순간 천길 낭떠러지로 떨어지는 겁니다. 받아들이는 순간 어떤 기도도 어떤 수행도 이루어지지 않습니다. 그 때부터는 아무리 노력해도 여러분의 일은 이루어지지 않음을 명심해야 합니다. 그 말은 육신적인 것이기에 감정이고 흙입니다. 이 육체는 흙입니다. 그 비난과 힐난의 말도 다 흙입니다. 우리는 그러한 것을 밟고 일어서지 못하면 우리 삶은 향상이 없습니다.

오늘날 많은 아이들이 고통스러워 합니다. 왕따나 학교 폭력 등으로 스스로 목숨을 끊기도 합니다. 생명을 끊으면 영원히 우주 생명을 끊어 버리고, 부처님의 목숨을 끊게 하는 것입니다.

상대가 나를 경멸하거나 멸시하거나 할 때 그 말이 나의 계단이 되어야 합니다. 그것을 받아들이면 안 됩니다. 받아들이는 순간 여러분의 불성은 죽어 버립니다. 갑자기 암흑으로 변하여 꽃을 피우지 못합니다. 앞으로 나아갈 아이가 뒤로 물러납니다. 아무것도 할 수 없는 아이가 되어 버립니다.

부부 간에도 아내한테 함부로 말하는 남편이 있습니다. 그 말을 받아들이는 순간에 여러분 삶은 꺾이는 것입니다. 발바닥 밑으로 받아서 발판으로 삼아야 합니다. 그것은 내 것이 아닙니다. 그것은 육체적인 것이고 세상적인 것입니다. 여래의 방에 들어 온 사람은 다 부처님의 자식이라고 했습니다. 부처님의 자식은 그런 말을 받아들이면 안 됩니다. 그것을 받아서 발판으로 밟고 일어서야 합니다.

'너는 할 수 있다.' '사랑한다.' '무엇이든 가능하다.' 이러한 긍정적인 말은 여러분의 영성으로 바로 받아서 나를 기쁘게 복되게 하지만 부정적인 말은 받아들이는 순간에 여러분은 암흑으로 떨어지게 되어 있습니다. 자동입니다.

이제부터는 철갑옷을 입었기에 어떤 공격에도 굴하지 않습니다. 교만도 나쁘지만 자기에 대한 부정적인 말을 받아들이는 순간 영원히 죽어 버린다는 것을 명심하세요. 말이 우주 생명의 근원임을 아십니까? 내 말한 마디에 내 자식이 꺾인다는 것을 알고 계십니까? 세상의 모든 일은 내가 만드는 것입니다. 자식이 돈을 물 쓰듯 하면 내가 자식으로 하여금 쓰게 만드는 겁니다. 내가 남편을 망하게 하는 것이고, 내가 아내를 꺾어지게 하는 겁니다. 누구도 그렇게 하지 않습니다.

세상에 누가 무슨 말을 해도 받아들이면 안 됩니다. 그 말은 마군입니다. 사람들은 내 생명의 근원이 부처님인줄 모르기 때문에 그 말을 받아들입니다. 어렸을 때는 아주 강하게 받아들입니다. 모든 사람들이 나이에 상관없이 자신한테 들어오는 부정적인 말은 치명적으로 받아들입니다. '당신 할 수 없어. 바보 같아. 하는 일마다 왜 그래?' 하는 말은 영성을 꺾는 말이기에 살인 중에 살인입니다. 무서운 폭력입니다.

상대에게 어떤 부정적인 말도 해서는 안 됩니다. 그런 말을 하는 순간 상대의 모든 일은 다 꺾어집니다. 부처님은 모든 가능한 말을 씁니다. 이 세상에 불가능한 것이 없는 것이 믿음입니다.

부처님의 제자들은 부처님의 말에 의해서 다 이루어짐을 깨달아야 합니다. 여러분이 시주하고 보시하고 염불하면서 왜 못 깨닫고, 왜 기도가 이루어지지 않는지를 저는 알았습니다. 여러분이 부정적인 것을 받아들이는 순간에는 어떤 기도도 이루어지지 않습니다. 부정적인 것을 받아들이는 순간에 기도는 다 막히게 되어 있습니다. 하면 할수록 더 힘들어집니다.

상대방이 나한테 '병신 같은 놈'이라고 말을 했을 때 그 말을 마음으로 받아들이지 말고 발로 밟고 일어서면 영으로 내가 위로 올라가면서 상대가 불쌍한 마음이 들게 됩니다. 그 말을 받아서 대꾸를 하거나 변명을 하면 내가 밑으로 내려가서 시궁창으로 들어가는 것이고, 그 말을 밟고 올라서면 그 말을 한 사람은 밑으로 가서 순간적으로 불쌍한 존재가 되는 겁니다. 누가 나를 비난하거나 비방할 때 나는 부처님의 신통의 갑옷과 위신력의 갑옷과 대지혜와 복덕의 갑옷을 입었기 때문에 비난의 말이 날아오는 순간 그것은 다 흔적도 없이 사라집니다. 그것을 알고 내가 그것을 행하면 나에게 비난의 말을 하는 사람은 내 밑으로 가 버리고 나를 찬탄하는 사람과 나는 바로 동급이 되어 버립니다.

오늘 제가 하는 법문을 여러분이 추호도 의심하지 않고 '앞으로는 영원히 그렇게 살리라'고 결정을 내리면 여러분의 삶이 확 열립니다. 오늘부터 여러분 가정이 완전히 변합니다.

언어 폭력이 난무하는 시대를 사는 아이들에게 우리 아들은 부처님임을 결정코 이해시켜서 상대가 하는 어떤 부정적인 말도 받아들이지 말고 그런 말을 하는 상대를 불쌍히 여겨야 함을 자녀들에게 꼭 주지시켜야 합니다. 이걸 입력시켜 놓지 않으면 여러분 자식은 언제 어디서 박살날지 모릅니다.

사람의 생명을 죽임은 우주 생명을 끊어버리는 것입니다. 한 생명을 죽임은 70억 인구의 목숨을 끊는 것과 같습니다. 내가 자살하는 것은 시방세계 일체 생명의 목숨을 다 끊는 것입니다.

나의 악한 말 한 마디와 능멸하고 경멸하는 말 한 마디가 온 생명을 끊어 버린다는 것을 명심하시고 오늘부터는 절대 이런 말을 쓰면 안 됩니다. 쓰는 사람은 모르고 쓰기 때문에 설사 그런 말을 들었다 하더라도 받아들이면 안 됩니다. 받아들이면 죽습니다.

입이 창조입니다. 한 생각이 천지창조입니다. 한 생각이 산하대지를 만듭니다. 한 생각이 지옥, 아귀, 축생, 아수라, 인간, 천상의 육도를 만듭니다. 말로 표현하는 순간 내 인생으로 확증確證됩니다. 그대로 말한대로 생각한대로 내 인생이 됩니다. '너는 할 수 없어.' 하는 순간에 나는 할 수 없는 인간으로 우주에 낙인을 찍는 것입니다. 그러니 이것을 받아들이면 안 됩니다.

천하의 학식자도 이러한 부처님의 위대한 지혜와 섭리를 배우지 않기에 받아들이고 자기를 꺾지 않습니다.

오늘부터 굽은 것은 다 펴고 눕힌 것은 일으켜 세우고 기울인 것은 바로잡으세요. 여러분은 생명의 진리가 얼마나 위대한가를 아십니까? 여러분은 볼 수 없고, 들을 수 없어요. 부처님의 생명만이 들을 수 있습니다.

부처님의 생명은 정견正見입니다. 진리는 영원한 해탈입니다. 진정한 자비는 지혜입니다. 지혜가 없는 자비는 모든 것을 죽입니다. 자식도, 남편도, 세상 것을 다 죽입니다. 지혜로 분별할 수 있을 때 진정한 자비가 나옵니다. 부모는 지혜로 자식 마음의 중심에서 원하는 것을 알지 못하면 절대로 자식을 사랑할 수 없습니다.

밥 먹이고, 학교 교육 시키는 것이 자식을 기르는 게 아닙니다. 그건 자식의 육체를 기르는 것입니다. 지식과 기술은 수저만도 못한 것입니다. 그것은 내 영혼이 올바로 되어 있을 때는 세상을 살리는 도구가 되지만 내 영혼의 생명이 바로 서지 않았을 때는 어떤 높은 지식도 물질도 여러분을 파멸시키는 도구가 되어 버립니다.

왜 사람들이 힘들어 합니까? 이 세상의 영원한 생명의 진리를 모르기 때문에 힘든 것입니다. 여러분이 생명의 진리를 모르기 때문에 고통스러워합니다. 눈에 보이는 것은 다 지나가는 것입니다. 여러분이 인욕하시면 모든 것이 다 지나갑니다.

여러분이 갑옷을 입은 상태에서는 누구도 나를 밟을 수 없습니다. 누구도 나를 업신여길 수 없습니다. 믿음 생활을 하다 보면 누군가는 나를 힘들게 합니다. 그 사람이 영원한 도반입니다. 여러분 가정에 불치병이 있다면 그건 내가 덕을 쌓을 일이 있고 깨달을 일이 있다는 뜻입니다. 내가 해야 할 사명이 있다는 것입니다.

절대로 여러분 자식을 꺾어지게 하면 안 됩니다. 무한한 생명의 진리를 주셔야 합니다. 어릴 때부터 가르쳐야 합니다. 여러분 스스로가 부처님 생명의 진리로서 당당해야 하고 여러분 안에는 부처님의 생명이 충만함을 믿어야 합니다.

부처님의 가피는 부처님의 옷입니다. 여러분에게는 부처님의 신통력이 그대로 있습니다.

잘 살고 싶다면 부처님을 믿으세요. 그리고 자신의 말을 신뢰하고 말하세요. 내 말대로 다 이루어짐을 결정코 믿으세요. 말이 법이고 말이 부처이고 말이 복이고 모든 것을 이룹니다. 내가 말했을 때 그것이 이루어졌음을 결정코 믿으셔야 합니다. 여래의 방에 들어오셔야 합니다. 이제는 근심 걱정하지 마세요.

자식은 여러분의 후생이요, 부모는 여러분의 전생입니다. 우리가 어떻게 생활하느냐에 따라 자식의 앞날이 결정됩니다. 우리 아들은 무엇이든 할 수 있음을 꼭 말씀하셔야 합니다. 절대적으로 믿어 주어야 합니다.

왕따 문제는 종교인들이 적극적으로 나서서 도움을 주어야 합니다. 가해 학생들은 그것이 어떤 잘못임을 알지 못하고 하는 것이 대부분입니다. 그런 아이들을 교화하고 제도하여야 합니다. 부모의 가슴에 천추의 한을 남기는 일이 더 이상 없도록 부처님의 옷을 입고 도움을 주어야 합니다.

내가 부처님 말씀을 일심으로 염하면 모든 재난을 다 피할 수 있고, 무엇도 나를 해칠 수 없고 일체의 신장이 나를 다 보호하고, 하늘 인간이나 제석천이나 부처님과 똑같은 복을 받습니다. 믿음이 없으면 죽습니다. 잘 살 것 같죠? 행복하지 않습니다. 믿음이 온전한 사람만이 행복할 수 있습니다. 물질을 원하면 그 때부터 작은 것부터 노력해서 구하면 됩니다. 얻어집니다. 이미 이루어졌음을 믿고 내가 원을 세우고 행하면 그대로 이루어집니다.

여래의 자리는 법의 공한 이치입니다. 우리는 부처님의 방에 들어왔습니다. 시방허공이 부처님의 방입니다. 부처님의 옷은 신통과 공덕과 지혜와 십팔불공법[4]十八不共法과 팔해탈[5]八解脫이 부처님의 옷입니다.

여러분이 구하지 않으니 부처님의 공덕을 못 얻는 것입니다. 부처님의 공덕을 달라고 구하세요. 구할 때 의심하지 마세요. 어떤 기도도 짜증 내거나 화내지 마세요. 짜증 내거나 화내면서 하는 일은 공덕 제로가 아니라 마이너스입니다.

말 한 마디로 모든 삶을 꺾어 버리는 사람이 너무나 많습니다. 말 한 마디 잘못함으로 인해서 이제까지 살아 온 삶을 다 망가뜨리는 것입니다. 대한민국 사람들이 말만 지혜롭게 자비롭게 잘 할 수 있다면 전 세계에서 최고의 민족이 되는 겁니다. 전 세계의 정신적인 리더 국가가 되고 세계를 평화롭게 만들 수 있습니다.

종교는 세상을 평화롭게 만들 수 없지만 진리는 세상을 평화롭게 만들 수 있습니다. 진리만이 빈익빈 부익부를 초월하여 삶을 진정으로 아름답게 할 수 있습니다. 세상의 어떤 문제도 정치 경제의 논리로는 풀어내지 못합니다. 이 문제의 해법은 오로지 일심으로 이 세상 모든 존재는 나를 위해 존재하는 것이니 그것을 내가 항상 존중하고 사랑하는 것입니다.

---

4 18가지 같이 공유할 수 없는 법. 부처님에게만 있는 18가지 공덕으로 성문 연각 등의 이승(二乘)이나 보살에게는 공유되지 않는 부처님의 공덕을 말한다. 첫 번째 부처님의 열 가지 힘(十力), 두 번째, 네 가지 두려움 없음(四無所畏), 세 번째, 그 어떤 경우도 마음이 흔들림 없음을 말하는 부처의 세 가지 바른 마음 (三念住), 네 번째, 삼계 중생을 구제하시는 위대한 대비심을 말한다. 부처님은 이러한 18가지 공덕으로 삼계 중생의 괴로움을 모두 구제해 주신다.

5 번뇌의 속박에서 벗어나는 여덟가지 선정禪定

세상에 존중, 공경, 찬탄할 자는 부처님뿐입니다. 여러분이 부처님을 공경하고 찬탄했을 때 원수까지도 사랑하게 되고 원수도 다 먹여 살리게 되며 영원한 생명으로 이끌어가게 되는 것입니다.

이 생명의 도리를 여러분이 알지 못한다면 천년만년 살아도 아무 가치가 없습니다.

여러분이 자신의 한을 풀려고 하니까 한이 풀리지 않습니다. 내 앞에 있는 사람의 한을 풀면 내 한이 풀립니다. 내 앞에 있는 사람이 잘 살면 나는 그 사람보다 백배 잘 살게 되는 것이 법계의 진리입니다. 내 앞에 있는 사람이, 내 주변에 있는 사람이 잘되고 기뻐야 합니다. 그래야 내가 잘되고 기쁜 일이 생깁니다. 내가 잘되려고 하면 잘되지 않습니다.

모든 것은 여러분이 생각한 대로, 말한 대로 됩니다. 그러니까 반드시 말과 생각을 진여본성 자리에서 해야 합니다. 말과 생각을 감성으로 하면 다 틀리고 다 망합니다. 모든 인간관계가 어긋나고 깨짐은 자신이 무엇이 문제인지를 모르고, 저 사람한테 무엇을 채워 주어야 하는지를 모르고, 자신의 결점을 스스로 모르기 때문에 생깁니다. 상대가 무엇이 필요한가를 알지 못하기에 주지 못합니다. 그러기에 헤어질 수밖에 없습니다. 법의 공한 이치는 진정으로 여러분이 생각한 것이 부처님께 모두 다 바쳐지면 그대로 다 이루어진다는 뜻입니다.

내 아픔을 바치면 병이 낫게 되고, 가난을 바치면 풍요로움이 생기고 외로움을 바치면 외롭지 않은 삶으로 변화가 일어납니다. 원망을, 한탄을, 저주를 부처님께 바치면 사랑과 자비와 공덕으로 다 변환이 일어납니다. 이것이 법의 공한 이치입니다.

마음이 모든 것을 만들어 가는 것이 공의 도리입니다. 남편이 남편이 아니라 내가 어떻게 만드냐에 따라 부처가 될 수 있고, 원수가 될 수도 있습니다. 자식이 자식이 아니고 내가 어떻게 자식을 대하느냐에 따라 효도를 할 수도 있고, 악인이 되어 교도소에서 형장의 이슬로 사라질 수도 있습니다.

여러분은 자식을 어떻게 만들고 있습니까? 여러분의 한 생각과 한 마디의 말이 매일 매일 자식을 만들고 남편을 만들고 모든 인연을 만들어 가는 것입니다.

아름다운 조각상을 망치로 탁 치면 코가 없어지고 눈이 없어집니다. 죽기도 합니다. 법은 공합니다. 정해진 것이 없습니다. 내가 지금 어떻게 만드느냐에 따라서 모든 것이 결정됩니다.

부처님을 믿고 말하세요. 부처님을 믿고 모든 것을 바치고 그 뜻을 따르세요. 부처님 이름으로 내 모든 것을 구하세요. 구하는 대로, 원하는 대로, 말하는 대로 다 이루어집니다. 세상의 부정적인 말만 받아들이지 않으면 다 이루어집니다.

부처님 믿고 정말 행복하세요. 부처님 믿고 가정 성불, 국가 성불, 인류 성불을 다 이루는 그런 위대한 불자가 되시기를 축원합니다.

9강
우리 중생의 육신이
곧 보탑이다

제 십일. 견보탑품見寶塔品

견보탑품은 여러분 자신의 몸이 보배 탑이라는 것입니다. 이 법당이 보배 탑이며, 여러분이 사는 집이 보배 탑입니다. 태양계에 사는 사람은 태양계가 다 보배 탑이 됩니다. 그 탑 안에 들어 있는 내용에 따라서 그 탑이 보배 탑인지, 아닌지는 알 수 있겠지요. 일불승의 참된 믿음을 가지고 있는 사람은 그 사람의 몸과 그 사람이 사는 집이 그대로 보배 탑입니다.

부처님 말씀은 일체의 생명을 다 살리는 보배입니다. 일불승의 참된 믿음을 가지고 있는 사람은 자신이 부처로서 모든 존재를 부처로 섬기고 받들면서 일체를 살리게 됩니다. 그러니 그 마음에 가지고 있는 부처님에 대한 믿음, 부처님 법에 대한 믿음, 승가에 대한 믿음 이런 모든 것들이 다 보배라고 할 수 있고 대승의 보살행을 하는 그 몸이 보배탑이 되는 것입니다.

우리가 사는 집도 악한 사람이 살면 흉가가 되고, 선한 사람이 살면 선가가 됩니다. 사는 사람의 마음 씀에 따라 흉가도 되고, 선가도 되는 것이지요. 부처님은 만중생을 깨달음으로 인도하여 열반으로 이끌기 때문에 부처님을 모신 전각을 대웅전이라 일컫는 것입니다.

다보부처님께서는 보살의 도를 행하실 때 서원하시기를 '내가 성불하여 열반한 후에라도 법화경을 설법하는 곳이 있으면 시방의 어느 국토에라도 이 경을 설법하는 것을 듣기 위하여 나의 탑이 그 앞에 솟아나서 증명을 하면서 거룩하시다고 찬탄하리라.' 하셨느니라. 그 부처님께서 도를 이루신 후에 열반에 이르렀을 때 하늘과 사람의 대중 가운데서 비구들에게 이르시되 '내가 열반한 후에 나의 몸에 공양을 하려는 자는 마땅히 큰 탑을 하나 세워라.' 하셨느니라.
그 부처님께서는 신통한 원력으로 시방세계의 곳곳에 계시다가 법화경을 설하는 사람이 있으면 그 보배 탑이 꼭 그 앞에 솟아오르고 몸이 그 탑 속에 있다가 '거룩하고도 거룩합니다.'하고 찬탄의 말씀을 하시는 것이니라.

지금 여러분도 다보여래와 함께하고 계십니다. 다보여래는 우리의 본불이요, 참모습입니다. 진짜 자기 자신을 가리킵니다.

석가모니 부처님께서 《묘법연화경》을 설하시는 것을 듣고 다보여래께서는 허공중에 머물면서 '거룩하시고도 거룩하십니다. 석가모니 세존이시여!'하고 큰 음성으로 찬탄하셨습니다.

석가모니 부처님께서 손가락을 튕기시는 사이에 보배탑이 열리면서 보탑 안의 사자좌에 앉으시어 흐트러지지 않은 몸으로 선정에 드신듯한 다보부처님이 나타나십니다. 다보부처님은 허공중의 보탑 안에서 자리의 반을 나누어서 한쪽 왼편에 석가모니 부처님이 앉으시도록 권유하십니다.

이를 보고 대중들이 생각하기를 '부처님들께서 높고 멀리 앉아 계시니 우리들도 부처님의 신통력으로 허공중에 부처님들과 같이 있게 하여 주옵소서.' 하였더니 석가모니부처님께서는 신통력으로 여러 대중들을 이끌어서 허공 중에 있게 하시었다.

그때의 석가모니 부처님은 현실의 우리 자신을 가리키는 겁니다. 우리는 석가모니 부처님의 분신입니다. 이 법문을 듣는 모든 불자들은 석가모니 부처님의 분신입니다. 본래의 법신불은 다보부처님입니다. 우리는 진리를 향해서, 영원한 생명을 향해서 가는 그런 다보여래이고, 현실에서 이 육신을 받은 것이 석가모니 부처님의 진짜 모습입니다.

나 자신이 누구인지, 삶의 진정한 가치가 무엇인지에 대해서 혼란스럽고 그것에 대한 중심이 서 있지 않기 때문에 갈팡질팡하는 것이 현대인의 삶의 모습입니다.

많은 분들이 자녀 문제로 힘들어 합니다. 부모와 소통이 되지 않는 문제도 수없이 보았습니다. 부모가 특별히 잘못한 것이 없음에도 대화를 단절하고 방안에서 나오지 않은 채 살아가는 그런 자녀들 문제를 상담하게 됩니다. 참으로 안타깝고 괴로운 문제입니다.

세상은 물질적으로 급속도로 발전을 하여 무한한 풍요를 누리고 있지만 내면은 조금도 향상이 없고 진정한 행복을 느끼지 못하고 있습니다.

왜 이런 일이 일어나는가에 대해서 다보부처님을 통해서 확실하게 깨닫고 이해해야 합니다. 우리는 원래 부족한 사람이 없습니다. 본래 능력이 없는 사람이 없는데 살아오면서 패배의식을 갖게 되면 잘 극복되지 않습니다. 많은 사람들이 내가 필요 없다는 생각, 내가 능력 없다는 생각, 부족하다는 등 부정적인 자아 개념을 갖고 있습니다.

부모, 교사, 친구 등 주변 사람들로부터 인정받고 존중받지 못하면 그 아이는 왜곡된 삶으로 인생이 진행됩니다. 열등감이 깊이 형성된 아이는 자기 존중감을 갖지 못합니다. 부모가 스스로의 인생을 사랑하고, 스스로를 진리로서 위하는 그런 삶을 살지 않으면, 자식도 그런 삶을 살지 못합니다.

아이는 세상과 교감하고 동화하고 살아남기 위해서, 그리고 불안과 공포와 외로움에서 벗어나기 위해서 최대한 부모, 친구 등과 소통하고자 전심전력하게 됩니다. 그것이 통하지 않을 때 자기 삶을 겪고 세상과 단절을 시도하기 시작합니다. 그렇게 시도된 단절은 인식의 근본적인 전환이 없이는 해결되지 않습니다. 지금까지의 가치 체계로는 절대로 변화시키지 못합니다.

《묘법연화경》의 핵심은 '당신이 부처'라는 것입니다. 우리 삶 자체가 고통과 괴로움이라는 것입니다. 우리 삶 자체가 진흙 밭이지만 아무리 진흙 밭이더라도 우리는 본래 부처이므로 반드시 뿌리를 내려서 흰 연꽃을 피워서 열매를 맺을 수 있다는 것이《묘법연화경》의 핵심입니다.

세상을 이겨 낼 수 있는 유일한 방법은 내가 부처라는 결정적인 믿음을 가지고 자식에게 이제부터 대해야 합니다. 자식한테는 '사랑한다. 너를 믿는다. 너는 할 수 있다.' 이 세 가지의 말만 필요합니다. 이 세 마디만 하면 그 아이는 다시 일어설 수 있습니다.

진심으로 부처님처럼 섬기고 공경하는 마음으로 해야 닫힌 마음을 열수 있습니다. 한두 번 한다고 되지 않지만 여러분이 결정을 하셔야 합니다. 실천에 옮기기가 쉽지 않지만 자식을 위해서는 반드시 중생심을 정리 해야 합니다. 그렇게 하셔야 자식을 부처로 대할 수 있습니다.

또한 스무 살이 넘은 자식은 부모와 헤어져야 합니다. 길 없는 아이를 데리고 있으면 그 자식은 바르게 성장하지 못합니다. 이미 마음을 꺾었고, 포기했기 때문에 그 아이는 어떤 말도 듣지 않습니다. 모든 것을 다 부정적으로 받아들이기 때문에 자신이 할 수 있다는 것을 믿지 않습니다. 오로지 세상에 대한 두려움과 공포뿐이고 내면에는 원망과 저주가 있습니다. 그런 상태에서는 무엇을 주어도 받아들이지 않습니다. 부모가 단호하게 마음의 결정을 내리고 과감히 마음을 끊어서 정리를 해야 합니다.

이때 다섯 가지는 반드시 지켜야 합니다. 어떤 경우도 폭력을 휘두르거나 살생을 해서는 안 됩니다. 도둑질이나 강탈하면 안 되고, 거짓말하면 안 되고, 인터넷 중독이나 술 취하면 안 되며, 경마나 도박을 하면 안 됩니다. 이것을 용납하면 안 됩니다. 이것에 빠지면 영원히 인생을 포기하게 됩니다. 이 다섯 가지는 내 불성을 다 망가뜨려서 없애 버립니다. 산산 조각을 내 버립니다. 더 이상 자식을 키울 수가 없습니다.

이 다섯 가지 외에는 그 아이가 무슨 행동을 하든 이해하고 사랑하면 됩니다. 좋은 일, 나쁜 일, 천한 일, 귀한 일 등을 분별하여 간섭해서는 안 됩니다. 모든 것을 오픈시켜서 세상에 자유롭게 방생하여야 합니다. 자기가 스스로 선택하지 않은 일은 주체적으로 그 일을 해내지도 못하고 책임지지도 않습니다. 결코 자기 스스로 서지 못 합니다. 모든 일은 열정을 가지고 신념을 가지고 비전을 가지고 스스로 선택하지 않으면 자기 능력이 나오지 않습니다. 우리 두뇌 시스템은 열정이 없는 경우에는 아무런 창조력이 일어나지 않습니다. 창조력이 나오지 않기에 그 일을 이루지 못합니다.

아무리 작은 일도 우주적으로 생각하고, 깊고 넓게 생각하지 않으면 하지 못합니다. 자기가 목숨 걸 수 있는 일에 의지와 신념과 비전을 가지고 임하지 않으면 창조적 긍정적으로 변하지 않습니다.

그렇기 때문에 위의 다섯 가지 외에는 간섭하지 말고 무조건 내보내서 자립하고 자조自助할 수 있도록 적극적으로 키워야 합니다. 어떤 경우에도 부모에게 기대게 해서는 안 됩니다. 기대게 하는 것은 그 아이의 불성을 망가뜨리는 원인이 되는 것입니다.

스무 살이 넘은 아이는 어떤 경우도 부모를 의지하면 안 됩니다. 의지하는 만큼 그 아이는 세상을 잘못 살게 됩니다. 세상을 위한 삶을 포기하고 거꾸로 가게 됩니다. 이제는 고통받는 자식이 있으면 승부를 내야 합니다. 자식을 키우는 데는 기본적인 법칙이 있습니다. 자식이 아무리 잘못되어 있어도 끝까지 사랑해야 합니다. 그렇지 않으면 그 자식은 돌아오지 못합니다. 어떤 경우도 할 수 있다고 끝까지 믿어 주어야 합니다.

대부분의 부모는 자식의 능력이나 행동, 습관 등을 보고 실망을 많이 하고 있기에 자식을 신뢰하지 않습니다. 그것은 그 자식이 문제가 있는 것이 아닙니다. 100% 부모의 잘못임을 깨달아야 합니다. 여러분이 본보기로서 바르게 살았다면 자식은 잘못되지 않습니다.

먹고살기 위해서 부모가 노력했다 해도 그것은 여러분의 노력이지 아이한테 의미가 없습니다. 부모가 모든 것을 다 해 주었더라도 아이한테는 무가치한 것이 너무 많다는 것을 알아야 합니다. 그런 아이는 부모가 대화를 시도해도 받아들이지 않습니다.

자식은 자신이 힘들 때 부모가 마음으로 돌보지 않았기에 이미 상처가 너무 큽니다. 부모는 원하는 대로 다 해 주었다 해도 돌봄의 타이밍을 놓쳤기에 영적으로 성숙할 수 있고, 신앙적으로 성숙할 수 있는, 진정으로 사랑과 믿음을 배울 수 있는, 결정적인 시기를 놓쳤기 때문에 아이는 20대 후반에 반드시 문제를 드러냅니다. 이 문제는 부모의 문제가 100%임을 명심하세요.

이제는 생각을 다시 해야 합니다. 이제는 내 마음을 새로운 믿음과 새로운 가치로 무장해야 합니다. 그렇지 않으면 길이 없습니다. 기존의 가치와 노력과 신념으로는 뚫어지지 않습니다.

집이나 땅, 상가 등이 안 팔려서 힘들어 하는 분들이 많습니다. 안 팔려서 힘들 때는 그것을 잡고 있으면 안됩니다. 무조건 놓아 버려야 합니다. 포기하고 새로 출발해야 합니다. 일도 마찬가지입니다. 어떤 일자리를 구할 때 꼭 그 일을 하려고 고집하면 안 됩니다. 그 일 말고 다른 일을 구해야 합니다. 내가 어떤 일이든 하려고 하면 일자리가 있는데 꼭 자기가 하고 싶은 그 일을 하려고 고집을 합니다. 그렇게 되면 아무 일도 구해지지 않습니다.

내가 하기 싫은 일을 반드시 할 수 있어야 합니다. 그 하기 싫은 일을 기쁜 마음으로 3년을 하면 내가 하고 싶은 일을 30년 할 수 있는 길이 열리는데, 우리는 끝까지 자기가 하고 싶은 일부터 시작하려고 하니 문제입니다.

현실을 인정하지 않으면 여러분 문제는 절대 풀리지 않습니다. 현실을 그대로 인정해야 합니다. 현실이 도이고, 해탈이고, 극락입니다. 현실의 고통과 힘든 상황에서 출발해야지 그것을 덮어 놓고 좋은 상황으로 진입하려 하면 그 상황은 안 나옵니다.

내가 받아야 하는 고통은 내가 필히 받아야 합니다. 결코 피해지는 것이 아닙니다. 괴로움도 억울함도 피해서 되지 않습니다. 기꺼이 받아들이면 저절로 연꽃으로 변합니다. 내가 원하는 일만 하려 함은 안 한다는 것과 같은 겁니다. 원하지 않는 일을 할 수 있으면 반드시 흰 연꽃이 핍니다.

연못에는 깨끗한 물도 들어오지만 더러운 물이 더 많이 들어옵니다. 내가 원하지 않는 것을 받아들일 수 없으면 세상은 뜻대로 살아갈 수 없습니다. 내가 원하지 않는 상황을 기꺼이 받아들여서 행할 수 없다면 여러분의 삶은 어떤 경우도 열리지 않습니다.

자녀가 길을 가지 못한다면 처음부터 다시 정립해야 합니다. 내 모든 것을 보여 주어야 합니다. 내 자식은 능력이 없어서 내가 안 도와 주면 안 된다고 생각하는 순간 그 자식은 영원히 폐인이 됩니다.

자식을 걱정하는 것은 자식의 근본 부처님을 부정하는 것입니다. 세상 살면서 어떤 경우도 걱정해서는 안 됩니다. 미래에 대해서 걱정하면 신앙인이 아닙니다. 내 안에 무한한 보배가 들어있음을 모르기에 걱정하는 겁니다.

자식을 걱정하면 자식 문제는 풀리지 않고, 남편을 걱정하면 남편의 일이 풀리지 않습니다. 불교는 걱정하는 것이 아니고 믿고 그 사람을 신뢰하고 내 힘과 지혜로 그 사람을 기도해 주는 것이지 걱정하는 것이 아닙니다. 불자는 어떤 경우도 걱정하면 안 됩니다. 걱정을 하게 되면 내 인성이 파괴되고, 신앙도 파괴되며, 상대의 일도 풀어지지 않습니다.

자식의 문제는 부부 관계가 풀어지지 않으면 99% 풀어지지 않습니다. 미움이나 탓하는 마음이 중생심이고 마귀의 소리인데, 이러한 말이 나가는 순간에 여러분의 문제는 풀어지지 않습니다.

《묘법연화경》은 네가 부처로서 모든 것을 할 수 있다고 말씀하십니다. 네가 부처로서 지혜와 자비와 능력이 다 갖추어져 있기 때문에 모든 것을 다 이룰 수 있다는 것이고, 이것이 일불승입니다. 즉 대승입니다. 부처로서의 지혜와 자비의 능력은 타인과의 관계에서만 갖추어지는 것입니다. 나 혼자는 이루어지지 않는 것이 대승이고 일불승입니다.

내가 세상 속에서 타인을 위하는 삶을 살기 시작했을 때, 그때부터 나의 능력이 나오기 시작합니다. 자기 혼자만 잘 살려하면 능력이 발휘되지 않습니다. 반면 나를 믿고 내가 세상을 위해서 반드시 큰일을 하겠다고 마음먹으면 나에게 잠재되어 있던 능력이 드러나게 됩니다. 그래서 내 일도 서서히 풀어지게 되어 있는데 그것을 믿지 못하는 것입니다. 신앙적으로 믿음이 없으면 모든 일에서 불평하고 불만하게 되는데, 그때 모든 길이 다 차단됩니다. 매사에 부정적으로 불평 불만함으로 인해서 물질의 축복, 가정의 화목 등 일체의 모든 복이 정지됩니다.

막히는 이유를 여러분은 모르고 계십니다. 가정의 불행, 자식의 고통,

나의 고통이 왜 왔는지 원인을 알아야 하는데, 그 원인을 모르기 때문에 고통이 계속 반복됩니다.

사람들은 자신이 똑똑한 줄 알지만 어떤 문제에 부딪히면 해결하지 못합니다. 이미 생각한 대로만 생각하지 다르게 생각하지 않습니다. 사고방식을 결코 바꾸지 않습니다. 생각을 바꾸지 않으면 아무 일도 안 됩니다. 자식을 대할 때도 생각은 매 순간 바뀌어야 합니다. 매일 똑같은 마음으로 대하면 자식은 변하지 않습니다.

남편도 늘 같은 마음으로 대하면 남편은 바뀌지 않습니다. 이렇게 모든 관계에서 소통이 안 되고 있습니다. 모든 문제가 소통이 안 되기에 오는 고통이지 소통만 되면 모든 문제는 즉시 풀어지는 것들입니다.

남편이 부인의 말을 받아들이든지, 부인이 남편의 말을 받아들여야 하는데 상대의 말을 듣지 않고 받아들이지 않기 때문에 아무리 기도를 해도 풀어지지 않습니다.

모든 문제는 부처님께 기도하면 다 풀어지게 되어 있습니다. 그러나 사람들은 내 앞에 있는 사람이 부처님임을 결정코 인정하지 않습니다. 내 앞에 있는 사람이 부처임을 끝까지 인정하지 않기에 상대방을 받아들이지 못합니다.

세상에 운으로 되는 일은 아무것도 없습니다. 여러분의 지혜와 진정한 자비로서, 생명의 진리로서만 세상 모든 것을 얻을 수 있고 이룰 수 있습니다. 운으로 되는 것은 없습니다. 모든 것은 내가 심은 대로 거두게 되는데, 자기 자신의 어리석음을 끝까지 인정하지 않습니다.

여러분이 가진 것, 절대로 여러분의 것이 아닙니다. 다 놓으세요. 놓으면 다 회수되고 더 큰 것이 들어오는데, 끝까지 쥐고 있습니다. 그러면 깡통이 달랑달랑하다가 나중에는 깡통도 날아갑니다. 부처님은 여러분이 원하는 모든 것을 들어주게 되어 있습니다. 문 잠그고 두문불출하는 자식의 문제도 다 해결할 수 있습니다. 모든 문제를 해결할 수 있는데 여러분이 승부를 내지 않는 겁니다. 자식이 스스로 주인이 되지 않으면 여러분이 사라져야 그때서야 자식은 스스로 주인이 되고 완전한 홀로서기가 되는 것입니다.

여러분은 모두가 다 보배 탑입니다. 여러분 안에 다보여래가 계시고, 석가모니 부처님이 계십니다. 그 두 부처님을 믿고 세상을 두려워하지 마세요.

문 닫고 자기 방에 스스로 갇혀 있는 아이는 상처만 생각하는 아이입니다. 자기도 잘 알지 못하는 뭔가의 두려움에 싸여 있는 아이입니다. 세상을 두려워하는 아이입니다. 아이 스스로 일어설 수 있어야 합니다. 자립할 수 있어야 합니다. 부모가 세워 주면 안 됩니다. 부모는 닫혀있는 자식의 방 문을 열어 주면 됩니다. 용기를 주고 희망을 주고 모든 환경을 조성해 주세요. 그리고 그냥 내보내세요. 나가라고 하면 됩니다. 자기 생활 하나도 못하는 딸들도 다 내 보내서 해결되었습니다. 다 제 길을 가게 되어 있습니다.

법문을 들으시고 지금도 집에서 폐인처럼 두문불출하는 아들이나 딸이 있으면 과감하게 도움의 고리를 끊고 내보내세요. 과감히 결단을 내리시되 정신병원에만 넣지 마세요. 반드시 그 자식을 살려 내야 합니다. 이것이 진정한 대승의《묘법연화경》의 불사입니다. 이것이 일불승 사상입니다.

여러분 스스로가 믿지 못하는데 어떻게 자식을 살릴 수 있습니까? 여러분이 스스로를 믿지 못하는데 어떻게 자식을 살릴 수 있습니까? 부모가 자기 자신이 부처임을 결정코 믿을 때 여러분 자식은 위대한 지도자, 사업가, 과학자 등 각 분야에서 백련 꽃을 피워서 인류에 이바지하는 그런 훌륭한 아들딸이 될 것입니다.

여러분이 부처님한테 통째로 생명을 던지지 않기에 해결이 안 되는 것입니다. 신앙에서 아쉬울 것, 두려울 것, 아까울 것이 뭐가 있습니까? 재산, 몸뚱이는 죽을 때 다 두고 갑니다. 자식의 성공을 위해서 해탈을 위해서 다 쓰게 하세요. 단 기대지 않게 하세요. 부모님을 공경하게 하고 나라를 위해서 살게 하고 이웃을 위해서 살게 하세요. 부모한테 효도하게 하세요. 효도하지 않는 자식은 성공할 수 없고 세상에도 쓰이지 않습니다. 일상의 모든 삶에 있어서 여러분 스스로가 보배 탑입니다. 아들 딸 하나하나가 보배 탑이고 여러분 가족 모두가 보배 탑입니다.

집에서 하는 일 없이 빈둥거리고 있는 자식을 중생심으로 보면 게으르고 능력 없는 아이로 보이는데, 그것은 실제는 내 모습이지 그 아이의 모습이 아닙니다. 부인도 남편도 실제는 그런 모습이 아닌데 내가 그렇게 보는 것입니다. 그런 모습으로 보는 순간에 여러분은 지옥으로 떨어지는 것입니다.

부처님께서는 이 세상은 온통 질퍽질퍽한 연못인데 거기에서 내 자신이 부처님임을 믿고 연꽃을 피우라고 하십니다. 원하는 것을 다 이루라는 것인데 그것을 받아들이지 않을 때는 세상은 진짜 늪이 되어서 숨도 못 쉬는 아비지옥이 됩니다.

같은 늪인데 그것을 인정하고 받아들이면 극락세계로 만들 수 있고, 원망하고 저주하고 탓하는 순간 이 세상은 고통으로 와서 원망과 한탄의 세상으로 변하는 것입니다. 하나는 해탈이고, 하나는 영원한 지옥이 되는 것입니다. 연못에서 연꽃을 피우는 여러분 되세요. 부처님을 믿고 《묘법연화경》의 공덕으로 여러분 자녀가 낙오되지 않길 축원합니다.

가정 불화가 있는 가정은 자식의 성공 절대 없습니다. 재물도 절대로 들어오지 않습니다. 있는 재물도 오히려 다 나갑니다. 그러니 화목하세요. 용서하시고 이해하고 배려하고 받아들이세요. 어떤 경우도 상대의 말을 끝까지 들으세요. 그 속에 모든 답이 들어 있습니다.

재물을 쥐려고 하지 말고 부인의 말을 들으세요. 재물을 지키려고 하지 말고 남편을 존중하고 사랑하세요. 그러면 재물은 스스로 불어나게 됩니다. 재물을 쥐고 서로 미워하고 용서하지 않기 때문에 이 재물이 송두리째 다 나가는 겁니다.

여러분의 집이 보배 탑이요, 여러분의 자식이 보배 탑입니다. 모든 가족이, 친족이, 인류가 모두 보배 탑입니다. 그 안에 다보여래가 계시고, 석가모니 부처님이 계시는 거룩한 존재입니다. 서로 섬기고 공경하며 살아가는 그런 불자가 되시기를 진심으로 축원합니다.

10강
부처님의 대자비와 위신력으로
악인도 반드시 성불한다

제 십이. 제바달다 품 提婆達多品

제바달다는 부처님 사촌으로 부처님 제자였습니다. 처음에 출가해서는 뛰어나게 수행을 잘해서 부처님 상수제자가 될 만큼 대단한 수행력과 깨달음을 이루었지만 중간에 탐심과 욕심으로 인해서 부처님을 세 번이나 살해해서 교단을 찬탈하려고 한 부처님의 악연 제자입니다.

제바달다는 부처님을 살해하려고 돌을 굴려서 부처님 몸에 피를 내게 했고 아사세 왕을 통해서도 살해하려고 시도를 하였으나 끝내는 실패하고 아비지옥에 갔다는 내용이 부처님 경전에 나옵니다. 그런데 그런 제바달다가 성불하는 장면입니다. 미래의 천왕여래로서 일체 중생을 다 제도하는 그런 인연을 설하고 있습니다.

세존께서 이 뜻을 펴시려고 게송으로 말씀하셨다. 내가 지나간 겁을 생각해 보니 대승법을 구하기 위하여 세상의 왕이었지만 오욕락에 빠지지 않고 사방으로 명을 버리며 법을 구하길 '누가 나를 위해 대 승법을 설해 주겠는가? 나를 위해 법을 설해 주면 나의 몸이 다할 때 까지 받들어 모시며 시중을 들리라.' 하였더니 그때 아사타 선인이 대 왕이었던 내게로 와서 '나에게 미묘한 법이 있는데 세상에는 드문 것 입니다. 이름은 《묘법연화경》인데, 만일 수행하겠다면 당신을 위하 여 설하여 드리겠습니다.' 하기에 그 말을 듣고 뛸 듯이 기뻐하며 바 로 따라가서 필요한 것을 구해 드리고, 과일도 따고, 물도 긷고, 땔나 무를 줍고, 음식도 장만하여 드렸으며 심지어는 몸으로 앉는 자리가 되어 주었는데 뜻이 묘법에 있었으므로 몸과 마음에는 고달픔이나 게으름이 없었느니라. 널리 중생들을 위하여 대승법을 부지런히 구 한 것이지 나 자신의 몸과 오욕락을 위한 것이 아니었으므로 큰 나라 의 왕으로서 이 법을 얻으려고 부지런히 노력하였으며 마침내 성불 하여 지금 너희를 위해 설하는 것이니라.

그때의 왕이 석가모니 부처님이시고 그때의 선인이 제바달다였던 것 입니다. 전생에는 석가모니 부처님이 대승법을 듣기 위해서 모든 것을 제바달다한테 다 바쳤던 그런 인연이 있었습니다. 그런 제바달다가 금 생에 와서 수없는 악연을 지었지만 제바달다는 반드시 성불하리라고 말 씀하시는 것이 제바달다품의 앞 부분입니다.

법화경에서는 미래세에 성불하리라고 계속 말씀하시는데, 부처님이 말씀하시는 미래는 현재를 가리키는 것입니다. 불교의 시점은 오로지 지금 현재임을 명심하셔야 합니다. 우리는 지금 당장 이 순간에 성불이 아니면 성불이 없는 것이고, 지금 믿지 않으면 못 믿는 것이며, 지금 해결하지 않으면 해결이 안 되는 것입니다.

여러분은 기도를 해서, 염불을 해서 해결한다고 하는데 대승의 믿음을 가진 사람은 이미 해결이 된 것임을 알아야 합니다. 모든 것이 완성되고 이루어진 것인데 여러분이 그것을 믿지 못하는 것입니다.

여러분 생각은 순간순간 변합니다. '내가 잘 살아야겠다.'든지, '내가 잘 해보겠다.'하는 생각은 왜 이루어지지 않는가 하면, 상황과 조건이 변하면 그 마음도 변하기 때문입니다. 그래서 결코 이루어지지 않는 겁니다.

'나는 이미 이루었다.'라는 확고한 믿음 위에서 그 다음에 내가 이룬 것을 가지고 어떻게 행하는가만 남는 것이지, 이루기 위해서 행한다든지, 이루기 위해서 수행한다든지, 무엇을 얻기 위해서 기도를 한다고 생각하는 이런 자체가 이미 다 틀렸기 때문에 세세생생 기도를 해도 안 이루어집니다.

이렇게 기도했든 저렇게 기도해서 이루어졌든 그것이 눈먼 거북이 갑판에 올라타듯이 운 좋게 탄 것이지 실제로는 그렇게 해서는 하나도 된 것이 아닙니다. 진실로 된 것은 내가 오늘 부처님에 대한 진정한 믿음으로 모든 것이 이루어졌다고 생각하고 그렇게 믿고 결정하는 것입니다. 이 믿음은 진여일심, 반야일심을 말하는 것입니다. 나의 참마음 여래장이 그렇게 믿는 것입니다. 이 마음자리에서 움직이는 것은 천상천하 유아독존입니다. 무엇도 불가능한 것이 없고 어떤 것도 안 되는 것이 없습니다. 다 이루고 성취되고 회향되는 것입니다.

제바달다 같은 천하의 악인도 부처님만 진실하게 믿으면 즉시에 성불한다는 것입니다. 즉시에 아뇩다라삼먁삼보리即得阿縟多羅三藐三菩提가 된다는 것입니다.

아무리 현실에서 정신적·물질적·경제적으로 어렵고 고통스럽다 하더라도 부처님을 진실을 믿고 부처님은 나의 지혜의 근원, 복덕의 근원, 화합의 근원, 해탈의 근원, 성불의 근원이라고 결정코 믿는다면 못 풀 문제가 무엇이 있습니까? 한 생각을 돌려 버리면 즉득 성불입니다. 그 자리에서 바로 해결됩니다.

세상에 아무리 고통이 크다 하여도, 아무리 악행을 저질렀더라도, 설사 살인자라 할지라도 한 생각을 바꾸어서 부처님은 내 생명의 근원이라고 믿는 순간 바로 해탈하고 내 죄는 허공처럼 청정하게 맑아지는 것이 《법화경》의 근본 사상입니다.

제바달다보다 더 악한 사람은 이 세상에 아무도 없습니다. 그렇게 악한 제바달다도 부처님으로부터 수기받고 성불했습니다. 여러분이 성불 못함은 여러분이 부처님을 믿지 못한다는 증거입니다.

문수사리가 말하였습니다.

쳐는 바다 속에서 항상 《묘법연화경》만 설하였습니다. 하니 지적보
살이 문수사리에게 묻기를 "이 경은 매우 깊고 미묘하여 모든 경전
중에 보배이며 체상에는 드문 것입니다. 무릇 중생이 매우 부지런히
정진하고 이 경에 따라 수행하여 부처님이 빨리 된 적이 있습니까?"
하므로 문수사리가 말하였다.

"샤갈라 용왕에게 딸이 있는데 나이는 이쩨 여덟 살이지만 지혜롭고 근
기가 뛰어나서 중생들의 모든 근기와 행하는 업을 잘 알고 다라니를 얻
어서 부처님들이 설하신 매우 깊고 비밀스런 가르침을 모두 다 받아들
여 잘 지니며 천정에 깊이 들어 모든 법을 분명히 깨달았습니다."

문수사리 보살이 용녀의 이야기를 해 줍니다. 용왕에게는 여덟 살 먹
은 딸이 있는데 항상 《법화경》을 수지독송해서 불도를 이루어서 일체
중생을 제도하는 인연을 이야기합니다.

지적 보살은 문수사리의 말을 믿지 못하고 묻습니다. "어떻게 부처님은
삼아승지겁을 수행하셔서 성불했는데 어떻게 뱀의 새끼가 어떻게 즉시에
성불합니까? 축생이 어떻게 성불하여 중생을 제도할 수 있습니까?"

이렇게 의문을 갖는 지적 보살은 여러분을 가리키는 겁니다. 여러분
은 즉득 성불한다는 것을 절대로 믿지 않습니다. 바로 해결되었음을 믿
지 않고, 내가 이미 성불되었음을 믿지 못하고 평생 수행을 하니까 아무
것도 안 되는 겁니다.

사리불도 질문을 합니다. 여자의 몸은 범천왕이 될 수 없고 제석천왕,

전륜성이 될 수 없는데 어떻게 용녀가 성불할 수 있습니까? 지적보살과 사리불은 이 시대의 여러분의 모습입니다. 여러분은 남녀노소, 빈부, 학력, 복덕의 유무 등 모든 것을 분별하지요. 그러니 어느 세상에 좋은 인연을 만나서 성불하시겠습니까?

돼지, 소, 말 축생도 다 성불한다고 했는데 어느 세월에 남자 몸을 받아서 성불하기를 바랍니까? 다시는 인간의 몸 받기가 힘듭니다. 지금이 마지막 기회임을 알아야 합니다. 오늘 못 깨달으면 못 깨닫겠습니다. 어디서 깨달을 겁니까? 내가 이미 깨달은 사람으로서 천상천하 유아독존으로서 살아가세요.

여러분은 즉득 성불을 믿지 않고, 바로 해결되고 바로 이루어짐을 믿지 않습니다. 성불에는 남녀노소, 빈부, 학력 등이 아무 상관없는 일입니다. 부처님은 분별하지 않습니다. 내가 부처님을 믿으면 부처님의 신통이 내 신통이 되고, 부처님의 말이 내 말이 되는 것입니다. 나의 행이 부처님의 행이 되는 것이고, 내 복이 부처님 복이 되는 것입니다. 믿는 순간, 나와 부처님이 절대 다르지 않습니다.

우리가 부처님 말씀을 일심으로 외울 것 같으면 그대로 천상과 인간들이 부처님과 똑같은 복을 받는다는 것이 부처님의 구구절절한 가르침입니다.

부처님 제자가 왜 자기 길을 못갑니까? 왜 그렇게 서글프게 살아갑니까? 세상의 모든 슬픔을 다 끊어 버리세요. 세상의 슬픔과 고통을 안고 사는 것은 내 인생을 사는 게 아닙니다. 슬픔과 고통은 나에게 꼭 필요한 것이고 축복입니다.

모든 일은 지금 당장입니다. 지금 당장 이루어졌다고, 완성되었다고 생각하고 가는 것입니다. 기도해서 이루려고 하지 마세요. 지금 이 순간에 이루어졌습니다. 그것을 못 믿습니까? 지금 못 믿으면 영원히 못 믿습니다. 내일 해결되는 것은 없습니다.

부처님 일불승 사상은 지금 이 순간에 성불했다는 것을 증명하고 있습니다. 여러분은 사리불이나 지적 보살처럼 성불에 대해서 분별하면 안 됩니다. 대승의 법화경은 여러분이 부처로서 행복하게 살아가라는 것입니다.

지금 당장 이루어졌다고 생각하고, 완성되었다고 생각하고 가는 겁니다. 세상 일이 어려워지는 이유는 자기 스스로 결심하지 않기에 어려워집니다. 누가 시켜서 해서는 안 됩니다.

자식한테 이래라 저래라 지시한 부모의 자식은 다 잘못되었습니다. 그런 자식들은 스스로 결정하지 못하기 때문에 다 잘못되는 겁니다. 7세만 되어도 '네가 생각해 보아라 어느 것이 옳은지?' '네가 선택하고 네가 책임져라.'고 해 보세요. 어릴 때부터 그렇게 키우면 중·고등학생이 되어서 그 아이는 위대한 선택을 하게 됩니다. 스스로 선택하면 가는 도중 반드시 벽을 만나게 되고, 벽을 만나더라도 거기에서 깊이 생각을 하게 되고 거기에서 깨닫게 됩니다.

그런데 부모가 이래라 저래라 결정해 준 길을 가는 아이는 벽을 만나면 스스로 해결하지 못하고 주저앉게 되는 것입니다. 나아가지 못 합니다. 왜냐하면 그 길을 선택한 것은 자신이 아니고 부모이기 때문입니다. 스스로 선택하지 않은 것에 대해서는 책임지지 않습니다.

세상은 지식만으로는 살아갈 수 없습니다. 진정한 내 참마음을 쓸 수 있을 때만 이 세상을 살릴 수 있습니다. 아이들이 진심을 쓸 수 있도록 해야 합니다. 부인과 남편이 서로에게 진심을 쓸 수 있을 때 가정의 평화가 이루어집니다. 사원과 경영자가 진심을 쓸 수 있어야 회사의 이익도 창출됩니다. 진심을 가리키지 않는 교육은 희망이 없습니다. 천하의 악인도 진심을 내었을 때는 바로 성불했습니다.

지금 여러분에게 고통이 있다면 고통의 자리로 가세요. 괴로움이 있다면 괴로움이 있는 그 곳으로 가세요. 그러면 그 문제는 단번에 풀립니다. 여러분은 그것을 외면하고 회피하기에 풀어지지 않습니다.

세상 사람들이 찍어 주는 도장은 다 믿으면서 부처님이 수기한 것은 믿지 않는 것이 중생입니다. 부처님을 믿음으로써 이 세상에 두려운 게 어떤 것도 없어야 합니다. 모두가 건널 수 없는 강이라도 지금 바로 건너세요. 떠내려가지 않습니다. 세상에 대한 두려움이 있으면 여러분은 불자가 아니고 법화행자가 아닙니다.

금생에 인생의 꽃을 피우지 못한다면 다시는 사람 몸을 주지 않습니다. 여러분 마음의 백련꽃을 피우라는 겁니다. 여러분이 하고 싶은 일을 하라는 것입니다. 주저주저 하지 말라는 것입니다. 물질에 매달리지 마세요. 자식과 가족에게 매달리지 마세요. 가족으로 들어오는 인연에게 혼수를 요구하는 망령된 마음을 내어서는 안 됩니다. 좀 부족하더라도 감사하게 생각하고 받들고 살면 됩니다. 혼수를 요구한다는 것 자체가 이미 부처님을 등진 것으로 인생 거꾸로 가는 겁니다.

걱정한다는 것은 내가 거꾸로 산다는 것입니다. 걱정하지 말고 믿으세요. 사랑하고 존중하세요. 그 사람이 가는 길을 밝혀 주는 기도를 하세요. 걱정하면 연꽃이 시들어버리고 흔적없이 사라집니다.

여러분이 부처님을 믿으면서 왜 두려워하십니까? 내 허물 드러나는 것을 왜 두려워하십니까? 여러분 개개인이 불자로서 부처님을 품고 있다면 위대한 영웅입니다. 우리의 몸은 대웅전이 되는 것이고, 비로전이 되는 것입니다. 이러한 대웅전을 모시고 왜 힘들어하고 두려워합니까?

누구나 고통이 있고 괴로움이 있지만 그것은 흙과 같고 발판에 불과합니다. 내 인생에 장애와 고통도 없습니다. 내가 그렇게 결심했기 때문에 없는 것입니다. 여러분은 '할 것이냐? 말 것이냐?' '받아들일 것이냐? 안 받아들일 것이냐?' '이룰 것이냐? 말 것이냐?' 만 결정하면 됩니다.

많은 사람들이 왜 가난하게 살고 있습니까? 그 사람들은 가난한 것이 불편하지 않은 겁니다. 가난한 것이 불편한 사람은 절대로 가난하게 살지 않습니다. 내가 풍요롭게 사는 것에 비전과 목표와 뜻을 가지면 나에게 그런 능력과 지혜와 인연을 줍니다. 내가 막으니까 안 되는 것이지 열면 다 열립니다.

지금 어려운 사람은 스스로가 막은 것입니다. 수많은 사람을 상담하는데 문제의 답은 단순합니다. 놓으면 됩니다. 놓으면 내 길이 열리는데 끝까지 잡고 있습니다. 잡고 있으면 다 망합니다. 그러니 놓으세요. 놓으면 내 길이 열립니다. 이것이 상담의 요체입니다. 여러분이 끝까지 쥐고 있는데 쥐고 있는 이유는 자기가 옳다고 생각하기 때문입니다. 그렇게 해야 한다고 생각하는 겁니다.

여러분은 걱정하는 것이 인정에 의해서 맞다고 생각하고 있습니다. 신앙에서 걱정은 전혀 맞지 않습니다. 신앙에서 걱정은 비극이고, 저주이고, 완전한 중생의 윤회입니다. 걱정한다는 것은 거꾸로 산다는 것입니다. 바로 사는 사람은 걱정하지 않습니다. 내가 죽든 살든, 꽃이 피든 지든, 내일은 태양이 뜨고 동쪽에서 서쪽으로 집니다. 이런 불변의 법칙이 있는 겁니다.

자기 자신을 낮은 차원에서 머무르게 해서는 안 됩니다. 비전을 가지고 부처의 꿈을 이루셔야 합니다. 그것은 내가 이루었다고 하면 이루어진 것입니다. 강아지도 이루었다하면 강아지도 부처가 되는 겁니다. 뱀도 오늘 부처가 되겠다 하면 부처가 되는 겁니다.

마음을 다 비우고 욕심을 다 내려놓은 다음에는 내 생각이 옳다고 생각하고 행하면 그때부터는 틀리지 않아요. 생각대로 하면 다 맞습니다. 나를 부처님한테 던졌기 때문에 맞는 겁니다. 그런데 욕심을 가지고 생

각대로 하면 하는 일마다 망합니다. 생각과 지견知見을 가지고 분별해서
는 답이 안 나옵니다. 머리를 굴리면 굴리는 만큼 거꾸로 갑니다.

《묘법연화경》의 삶은 인간을 위한, 인간에 의한, 인간의 삶의 향상을
위한 것으로, 모든 것이 다른 사람을 위한 삶이 되어야만 진정한 해탈을
이룰 수 있습니다. 현실을 직시하지 못하면 영원히 못 깨닫습니다. 내가
아는 것, 경험한 것만이 현실의 전부라고 생각하면 크게 오해하는 것입
니다. 여러분이 생각하는 현실은 현실이 아니고 여러분의 관념이고 허
상입니다. 이 세상의 현실은 지혜 자체일 뿐입니다.

내 스스로가 얼마만큼 나 자신을 던질 수 있느냐에 따라서 모든 것을
이룰 수 있습니다. 내 하는 모든 일이 다른 모든 사람을 위한 일이어야
합니다. 내가 하는 일이 사람들에게 영적으로 모든 면에서 이익과 평화
와 안락을 주는 일이어야 합니다. 그것을 떠나 있기에 지혜도 능력도 믿
음도 안 나오는 것입니다. 내가 진심으로 세상 사람을 위해서 살겠다고
하면 나에게 모든 능력을 줍니다. 방향이 맞으면 다 이루어집니다. 방향
이 틀리기에 안 이루어집니다. 내가 하는 일이 누구를 위한 것이어야 합
니다.

화목이 무엇인 줄 아십니까? 가난한 친구가 부자 친구에게 어떻게 하
면 부자가 되는지 물었습니다. 그러자 부자 친구가 가족을 다 불렀습니
다. "저 소를 끌어다 지붕에 매어라."고 말했습니다. 그 소리를 듣자마자
부자 친구의 가족들은 소를 끌어다 사다리를 놓고 지붕에 매려고 하더
랍니다. 부자 친구는 가족들이 자기 뜻에 순응하는 것을 보았으므로 그

만두고 다시 외양간에 집어넣으라고 했답니다.

가난한 친구도 가족에게 같은 요구를 하였습니다. 그러자 가난한 친구의 가족들은 인상을 쓰면서 "당신 미쳤어요?" 하며 욕을 했다 합니다.

다시 부자 친구가 가족들에게 소금 한 말을 냇물에 담갔다가 두 시간 후에 꺼내오라고 지시를 했습니다. 그러자 이번에도 부자 가족은 소금을 메고 냇가로 가려고 했습니다. 그러자 부자 친구는 다시 광에 소금을 넣게 하였습니다. 가난한 친구도 가족에게 요구를 하자 가난한 친구의 가족은 이번에도 이제는 완전히 미쳤다고 욕을 하였답니다.

무엇을 의미하는 이야기인가요? 가족이 화목하고 풍요로우며 구성원 모두가 성불하여 하나하나 연꽃으로 피어나려면 아닌 줄 알면서도 순종할 수 있는 그런 마음을 가졌을 때 천하의 부를 다 얻을 수 있듯이 부처님의 말씀은 일점일획도 틀린 것이 없습니다. 천하의 다이아몬드보다 귀하고 천하의 보물을 다 모은 것보다 귀한 것입니다. '내가 부처다.'라는 말을 끝까지 믿어야 합니다. 이것이 일불승이요, 대승입니다. 대승은 오로지 위해서 하는 것입니다. 내가 배우는 것도 먹는 것도 웃는 것도 보고 느끼는 것도 오로지 중생의 이익과 평화와 안락을 위해서 하는 것입니다.

11강
부처님 제자들이 법화경을 널리 전하고 중생 제도 할 것임을 서원하다

제 십삼. 권지품勸持品

발심해서 법을 펴겠다고 서원하는 내용이 〈권지품〉입니다. 금강경에서 발아뇩다라삼먁삼보리심이라고 하지요. 즉, 위없는 최고의 올바른 진리를 다 깨달아서 일체 중생을 다 제도하겠다는 서원을 세우는 것이 발심입니다. 발아뇩다라삼먁삼보리심의 첫 자와 마지막 자를 따서 '발심'이라 합니다.

〈권지품〉에서는 약왕 보살과 대요설 보살이 부처님으로부터 수기를 받고 부처님이 열반에 드신 이후에 어떤 장애, 어떤 환란이 있고 어떤 고통이 있더라도 목숨을 다 버려서 세세 생생토록 이 법을 펴고 중생이 아무리 악하더라도 다 제도하겠다는 서원을 세우는 품입니다.

우리가 오늘날 부처님 말씀을 들을 수 있는 것은 천지 이전부터 계신 부처님이 대대로 그 법을 이어서 우리에게 전했기 때문입니다. 또, 우리가 이 대법을 듣고 이 어려운 세상에서 마음에 평화를 얻고 진정한 용기를 가지고 살 수 있는 것은 역대 제불 보살님과 역대 조사와 선지식들이 생명을 아끼지 않고 끝까지 법을 전했기 때문에 우리 모두가 법락을 누릴 수 있는 것입니다.

석가모니 부처님께서 부다가야에서 대법을 성취한 후에 최초로 법을 전하기 위해서 떠나실 때 유명한 전도의 선언을 하십니다. "나는 이제 나고 죽는 법을 떠난 영원히 사는 법을 얻었으니 이 법을 전하러 가노라. 세상에 눈뜬 자와 귀 열린 자가 있어서 반드시 이 법을 보고 들으리라."

부처님은 일생 동안 전도 선언의 방편으로 걸식을 하셨습니다. 모든 중생이 복을 짓지 않으면 영원히 불연을 맺을 수 없고 해탈할 수 없으니 복을 지어서 누구나 열반락을 성취하도록 하기 위한 방편으로 부처님은 하루도 빠지지 않고 걸식을 하시면서 수행을 하셨습니다.

지금도 석가모니 부처님은 지장 보살님으로, 관세음 보살님으로, 약왕 보살님으로 여러분 문 앞에 바루를 들고 불보살님의 모습으로 서 계심을 보셔야 합니다. 육안으로 보시지 말고 항상 오늘 아침에도 나의 성불을 위해 내 집 앞에 오셔서 바루를 들고 서 계시는 부처님의 모습을 뼈 속에 새겨서 하루를 출발하시면 진정한 불자의 삶인 일쇄동방 결도량— 灑東方潔道場이 되는 것입니다.

부처님의 일생의 삶을 안다면 우리가 발심하지 않을 수 없습니다. 우리가 발심하지 않으면 부처님 은혜를 배반하는 것이고, 부처님을 죽이는 것입니다. 불자는 오로지 이 법을 펴야지만 부처님 은혜를 갚을 수 있습니다. 이 몸으로는 세세생생 보시를 하여도 티끌만큼도 갚을 수 없습니다. 《금강경》의 한 게송만이라도 진심으로 지혜와 자비심을 가지고 믿고 전한다면 무량한 공덕을 성취하는 것입니다.

설법 제일의 부루나 존자는 연로해서 마지막으로 수루나국으로 전법을 하러 떠나겠다고 부처님께 허락을 구하려고 하였습니다. 그때 부처님께서 말씀하셨습니다.

"당신은 이미 늙었고 그 나라 사람들은 불법을 배척하고 훼방하는데 어떻게 그 나라에 가서 포교를 하려고 하느냐?"

"부처님이시여, 그 나라 사람들은 자비해서 나에게 욕을 해도 때리지는 않을 것입니다."

"때리면 어찌 할 것인가?"

"그 나라 사람들은 자비해서 나를 때리기는 해도 몸에 피를 내게 하고 상처를 내지는 않을 것입니다."

"피를 내고 상처를 내면 어떻게 할 것인가?"

"부처님이시여, 그 백성들은 선하고 자비해서 나에게 피를 내고 상처를 내지만 죽게 하지는 않을 겁니다."

"너를 죽이면 어떻게 할 것이냐?"

"부처님이시여, 그 나라 사람들은 선하고 자비로워서 나를 열반에 들게 하니 참으로 감사한 일입니다."

부루나 존자는 어떤 경우도 사람들은 모두 자비롭다고 끝까지 인정하는 것입니다. 사람들이 지닌 부처로서의 본성을 끝까지 보았던 것입니다.

이 뜻은 부루나 존자는 사람의 겉모습과 무지를 보지 않는다는 겁니다. 사람의 본성인 불성을 끝까지 믿는다는 것입니다. 시방세계 일체가다 부처라는 것을 끝까지 믿고, 그 사람이 무지해서 악행을 저지르는 것은 악행이 아니라고 결정적으로 믿고, 이해하고, 깨달아서 법을 폈던 것입니다.

누가 이러한 마음으로 법을 펼 수 있을까요? 우리 모두는 부루나 존자처럼 목숨을 초개^{草芥}처럼 버리고 순교한다는 생각으로 이 어두운 세상에 이 말씀을 전하는데 내 몸과 생명과 일체를 다 바치는 그런 마음으로발심하는 것이 〈권지품〉입니다.

작은 시비나 모욕에도 분노하고 목숨을 거는 것이 범부 중생의 삶인데부처님 제자는 항상 자비하게 나는 부처다라는 대승의 일승불 사상을 끝까지 견지하고 수행을 하면서 내가 설사 욕을 먹는 한이 있어도 자비심과공경하는 마음으로 불법을 전하라는 것이 〈권지품〉의 핵심입니다. 부처님의 사자^{使者}라는 의식을 가지고 불법을 전하는 것이 나를 구원하고, 가정과 사회, 국가, 인류를 구원하는 등불이 됨을 믿으시기 바랍니다.

발심한 사람은 일체 중생이 우주에 가득한데 그런 중생을 다 제도하여 열반에 들게 하고도 한 중생도 제도했다는 생각을 하지 말고 살아야

---

6 풀과 띠끌이라는 뜻. 하찮은 사물을 이르는 말

한다고 했습니다. 사는 목적은 내가 무슨 일을 하든 중생의 해탈을 위해서, 만중생의 기쁨과 행복을 위해서 하되 어떤 일을 하고도 내가 했다는 생각을 티끌만큼도 하지 마라고 했습니다. 그렇게 살고 그렇게 마음을 쓰라는 것입니다. 이것이 《금강경》의 핵심 가르침입니다.

일체 불보살님은 원을 가지고 계셨습니다. 일체 모든 불보살님의 원을 다 합친 것이 사홍서원입니다. 여러분이 이 네 가지 서원을 가지고 있으면 나무묘법연화경의 백련 꽃이 피는 것이고, 이 네 가지 서원을 세우지 못한다면 다시는 이 불법을 만나기가 어렵습니다.

다시는 불법을 만나기가 쉽지 않습니다. 시간은 찰나뿐입니다. 내일은 영원히 오지 않습니다. 내일은 오늘뿐입니다. 오로지 오늘뿐입니다. 오늘 이 원을 세우지 않는다면 어느 세월에 누구를 만나서 원을 세운단 말입니까?

인간 몸 받기가 백천만겁 난조우임百千萬劫難遭遇을 알으셔야 합니다. 설사 인간 몸을 받아도 언제 죽을지 모르고 언제 불법 만날지 모르며 언제 스승 만날지 모르는데, 어느 천 년에 법을 만나서 깨닫습니까? 다시 이런 기회는 없습니다. 지금이 마지막이라고 생각하고 들으셔야 합니다.

모든 중생을 건지겠다는 첫 번째 대원大願이 여러분 삶의 중심이 되어야 합니다. 내가 먹든, 무엇을 입든, 무엇을 듣든, 무엇을 하든 오로지 한 생각은 모든 중생을 이익되게 한다는 그 한 생각이 중생무변 서원도입니다.

불자가 못산다는 것은 그렇게 결정했기 때문이지 부처님 법은 그렇게 안 되게 되어 있습니다. 내가 가난할 수 없다고 작정하면 그 날부터 부지런해지고 무슨 일이든 합니다. 어떤 일도 고통스럽거나 짜증내지 않기에 모든 사람들한테 인정받습니다. 그러면 내가 모든 일을 이룰 수 있는 기회가 주변에 널려 있습니다. 우리는 그렇지 못하기에 내가 원하는 삶을 살 수 없고, 원하는 삶을 살 수 없기에 풍요롭게 살 수 없으며, 그러니 항상 고통스러워하는 것입니다. 이는 생각의 출발이 잘못되어서 그렇습니다.

내가 하는 모든 일은 세상의 누군가에게 이익을 주는 일이요, 정신적, 영적, 물질적, 사회적으로 평화를 주는 것이어야 합니다. 내 말 한 마디가 나의 내면의 평화와 가정의 평화를 이룰 수 있고 세계 평화를 이룰 수도 있습니다.

내가 말하는 순간 내 몸의 모든 세포가 다 알아듣고 시방세계 모든 인연과 불보살님들이 다 알아듣습니다.

내 목적이 선하고 의롭고 진리의 뜻에 부합되면 시방세계 불보살님과 모든 인연들이 돕는 것이고, 내 뜻과 말과 행이 오로지 내 욕심과 내 탐욕을 위해서 하면 부처님도 불보살님도 신장님도 떠난다는 것입니다. 일체 모든 인연들이 다 떠나가기에 가져도 행복하지 않고, 이룰 수도 없고, 이루어지지 않는 삶으로 변합니다. 우리가 진정한 부처님 자식이라면 사홍서원이 있어야 합니다. 네 가지 큰 서원이 항상 마음에 있어야 합니다. 번뇌무진 서원단, 모든 번뇌를 다 끊어 버립니다. 번뇌는 다른 생각을 하는 것입니다. 꽃꽂이를 하려면 그 일에 내 마음을 다 쓰는 것입니다. 설거지를 할 때는 설거지 하는 것에만 집중하는 것입니다. 지금 하고 있는 일에 일념으로 몰두하지 않기 때문에 다른 생명을 다치게 하고 물질적으로 정신적으로 다 힘들게 되는 것입니다.

내가 하는 일이 선한 일이라고 결정되었으면 그 일에 전심전력하는 것이 번뇌무진 서원단입니다. 백천삼매돈훈수百千三昧頓薰修란 내 하는 일마다 마음을 집중해서 하는 것입니다. 무슨 일을 하든 다른 생각을 일으키지 말아야 합니다. 염불하면 염불에만 올인해야 합니다. 참선하면 참선에 올인해야 하고, 봉사할 땐 봉사에 올인해야 합니다.

부처님한테 다 던지면 됩니다. 그 어떤 일도 안 될 것 같다는 생각으로 해서는 안 됩니다. 되고 안 되는 것은 부처님한테 바쳐서 부처님이 판단하는 겁니다. 우리가 미리 예단하고 걱정할 필요 없습니다. 왜 걱정하면서 기도합니까? 그런 식으로 기도하면 아무것도 이루어지지 않습니다. 나는 걱정하지 않는 것이 나의 일이고, 부처님은 어떻게든지 올바르게 이루어 주시는 것이 일입니다.

'이 일이 잘 될까? 안 될까?' 이런 기도는 없습니다. 그건 번뇌입니다. 번뇌는 이루어지지 않습니다. 나를 바치고 부처님한테 맡기면 됩니다. '내 몸, 내 마음, 자식도, 남편도, 내 생명도 다 바쳤습니다. 나는 이제 내 할 일만 부지런히 하면서 기도하고, 항상 부처님 이름으로 말하고 생각하고 행동하겠습니다. 그 나머지는 부처님이 다 알아서 해주십시오.' 이렇게 축원하세요. 우리가 할 일은 부처님께 던지는 일만 하라는 것입니다.

우리가 어떻게 하면 번뇌를 끊을 수 있을까요? 순간순간 매 찰나에 백천만 억 번뇌가 일어납니다. 부처님은 번뇌 대신 매 순간 중생을 위하고 제도하는 생각만 일으킵니다.

중생은 '뭘 먹을까?' '뭘 입을까?' '뭘 챙길까?' 그런 생각만 합니다. 굳이 그런 생각을 하지 않으면 그 모든 일이 다 합해서 이루어집니다. 믿음이 없음을 걱정하고, 진실하게 기도하지 못하는 것을 걱정하며, 마음을 올바르게 쓰지 못하는 것을 걱정해야지 다른 것은 아무것도 걱정할 필요 없습니다.

아무리 작은 일도 내가 마음을 다하고 뜻을 다하면 작은 일이 아닙니다. 아무리 큰 일도 내가 마음을 다하고 뜻을 다하지 않으면 작은 일이 됩니다. 세상에는 큰 일과 작은 일이 따로 있지 않고, 내 마음이 다해지는지 아닌지의 문제입니다. 그러니 마음을 다해서 쓰는 습관을 들이다 보면 매 순간 모든 일에 마음이 다 쓰여지게 됩니다. 마음이 다 쓰여지게 되면 다른 사람의 말을 들을 때나, 내가 걸을 때나, 어떤 행동을 할 때나 마음이 항상 일념이 되어서 스스로 마음이 흐트러지지 않습니다.

마음은 위대하기 때문에 내가 쓰는 대로 써집니다. 모든 일에서 일념이 되도록 알아차림 하면 됩니다. 법문무량法門無量 서원학誓願學 부처님 가르침이 무량하더라도 내가 항상 다 배우겠다는 것입니다. 우리가 진리의 말씀을 듣고, 새기고, 행하고, 전하는 것이 우리 삶의 전부이어야 합니다.

항상 부처님 말씀을 수지 독송하고 남을 위해 설해 주면서 장사를 하든 농사를 하든, 연구를 하든, 수지 독송하고, 남을 위해 설해 주게 되면 거기에는 무량한 가피가 있습니다. 번뇌가 있을 수 없고 일념이 됩니다.

지혜는 철저히 자기를 낮추고 듣는 데서 생깁니다. 어린 아이가 하는 말에서도 배우고, 어른의 말에서도 배우며, 아는 것이 없는 사람이 하는 말에서도 배웁니다. 내 앞에 있는 사람이 나를 욕하면 욕이 법문이고, 칭찬하면 칭찬이 법문입니다. 내 앞에 있는 사람이 도반입니다. 삼보가 셋이 아니고 하나입니다. 어디를 가든 다른 사람이 하는 일을 보고 배우면 됩니다. 음식점에 가면 그 곳에서 배우고, 꽃 가게에 가면 거기서도 배우면 됩니다. 부처님은 시방 일체의 것을 다 알고 다 보지만 모든 것을 배우고 모든 것을 익힙니다.

어떤 경우에도 항상 배우십시오. 농부한테는 농사법을 배우고, 장사하는 사람에게는 장사 법을 배우십시오. 모든 것을 보고 배우는 마음을 가지면 일체의 공덕이 수용이 되어서 하고자 하는 일이 쉽게 이루어집니다.

내 눈에 보이는 모든 것은 다 내가 보아서 배울 것입니다. 내 귀에 들리는 것은 다 내가 들어서 배워야 할 소리입니다. 내 코로 맡은 냄새는 다 맡아서 배워야 할 것들입니다. 내 혀로 맛보는 것은 맛봄으로써 배워야 하는 것입니다.

이 말은 내 눈에 보이는 모든 것에서 공덕을 지으라는 뜻입니다. 절대로 다른 사람의 허물을 보지 마세요. 절대 약점을 보지 마세요. 불안佛眼은 상대의 약점을 최고의 장점으로 보는 것이요, 육안肉眼은 상대의 장점을 최대한 시기 질투하는 것입니다. 육안과 불안은 정면 충돌합니다.

상대가 아무리 부족하고, 아무리 추한 모습이라 하더라도 내 눈에 그런 모습이 보였다는 것은 나의 모습입니다. 상대의 어떤 약점을 내가 보았다는 것은 나의 허물입니다. 내가 어떤 공덕을 지어야 하는지를 배우라는 것입니다. 여러분 눈에 보여지는 것은 다 내가 배우고 깨달아야 하는 것입니다. 꽃을 보면 꽃 속에서 천지우주의 법을 보라는 것이지요. 여러분 앞에 보여 주는 일체는 나의 공부의 제목이지 좋은지 나쁜지, 이익인지 손해인지를 따지면 세세생생 윤회의 고에서 벗어나지 못합니다.

내 눈에 보이는 일체는 나의 학습 자료입니다. 내가 들어야 하는 일체는 부처님의 법문입니다. 내가 맡아야 하는 일체는 부처님의 향기요, 내가 맛보야 하는 일체는 부처님의 법의 맛입니다. 내가 느끼는 일체는 부처님의 깨달음입니다. 부처님의 법을 보고, 부처님의 법을 듣고, 부처님의 법을 말하고, 부처님의 법을 생각하는 겁니다. 이것이 법문무량法門無量 서원학誓願學입니다.

우리는 하루에도 무량한 것을 보고 듣습니다. 거기에서 모든 것을 다 배우세요. 남편이 말하면 그 말을 들으세요. 짜증내면 짜증내는 소리를 듣고, 요구하면 요구하는 소리를 듣고 받아들이면 그것이 다 복이 됩니다. 받아들여서 내게 이익되게 만드세요. 어떤 욕도 주춧돌, 발판의 거름이 되도록 수행으로 받으세요. 그러면 내가 계속 높아집니다. 욕 듣고 열 받지 않으면 만복이 됩니다. 나를 무시하는 말을 듣고 감사하는 마음을 내면 즉시에 아뇩다라삼먁삼보리를 얻으신 것 입니다.

누가 나를 경멸하고 욕하고 모욕했을 때 감사하게 받은 적 있습니까? 쉽지 않습니다. 하지만 감사히 받고자 노력합니다. 신앙에서는 노력하는 것이 아니고 지금 그렇게 합니다. 오로지 신앙은 할 뿐입니다. 그대로 이루어질 뿐입니다.

보든지, 듣든지, 맛보든지, 무엇이든 부처님이 나를 깨닫게 하기 위해서 내게 보여 주고 듣게 하는 것임을 꼭 알고 배우시기 바랍니다. 그러면 여러분은 발심자요, 시방세계 모든 법을 전할 수 있는 부처님의 가피가 여러분에게 옵니다.

불자는 포교를 꼭 해야 합니다. 내가 알아서 깨달아서 포교하는 것은 영원히 없습니다. 내가 아무것도 모르고 깨달은 것도 아직 없으며 선한 것이 티끌만큼도 없어도 부처님은 시방세계 최고라고 말하면 되는 것입니다.

살다 보면 항상 불행이 옵니다. 고통도 옵니다. 여러분한테 행복을 주기 전에 고통이라는 전차 군단을 먼저 보냅니다. 괴로움이라는 사절단, 절망이라는 사절단, 한탄이라는 사절단을 보냅니다. 이것을 보낼 때는 여러분에게 큰 복을 주겠다는 것입니다. 여러분에게 큰 행운을 주겠다는 것입니다. 여러분을 쓰러트리지 않겠다는 것입니다. 그러니 받으라는 것입니다. 발밑으로 받으라는 것입니다. 흙덩어리로 받으라는 것이요. 디딤돌로 받으라는 것입니다. 이렇게 받으면 반드시 불행이 천복이 됩니다. 반드시 어려운 가운데서 복을 보세요. 복을 주기 전까지는 불행을 내보내지 마세요. 어떤 불행도 반드시 나에게 복을 주고 가게 되어 있습니다. 여러분 가정의 불행도 나에게 반드시 복을 주고 가게 되어 있으니 불행이 딱 오면 복을 주기 전까지는 내보내지 마세요. 그것이 부처님의 법이요, 진리입니다. 고통은 고통이 아니고 이름이 고통입니다. 절망은 절망이 아니고 이름이 절망입니다. 부처님의 위대한 가르침은 시방세계 일체중생을 즉득성불시킵니다.

자타일시 성불도自他一時 成佛道는 내가 먼저 성불하는 것이 아니고, 너와 내가 함께 성불하는 것입니다. 내가 다른 사람을 해탈시키고, 성불시켜야 나도 더불어 성불합니다. 다른 사람을 기쁘게 하지 않은 상태에서 나의 행복은 있지 않습니다. 우리가 발심하여 법을 펴지 않으면 부처님의 어떤 은혜도 갚지 못합니다. 법을 펴지 않음은 악 중의 악입니다.

요즘은 각종 사이버 매체와 어플리케이션을 통해 참으로 법을 펴기 좋은 세상입니다. 달나라, 별나라, 시방세계 어디든 법을 펼 수 있는 그런 대 원력 보살이 되어야 합니다. 여러분이 부처님 법을 배우고 전하지 않으면 다시는 이 법을 주지 않습니다.

쉬운 것 같지만 쉽지 않아요. 믿음이 믿고 싶다고 믿어집니까? 안 믿고 싶어서 안 믿는 것이 아니라 안 믿어지는 겁니다. 믿어진다는 것은 부처님의 크나큰 가피이고 은혜입니다. 재물이든 재능이든 가지고 있으면서 이웃을 위해 쓰지 않으면 다시는 그런 것들을 주지 않습니다. 많이 배운 사람이 세상을 위해서 지혜와 지식을 쓰지 않으면 다시는 주지 않는다니까요.

건강을 주었을 때 세상을 위해서 이 몸을 쓰지 않으면 다시는 건강을 주지 않습니다. 들을 때 똑바로 듣지 않고, 볼 때 바로 보지 않으면 청력과 시력을 주지 않습니다. 말을 똑바로 하지 않으면 혀를 주지 않고, 생각을 바르게 하지 않으면 무생물이 되어 버립니다.

세세생생 내 일생을 부처님께 다 바쳐서, 모든 사람들에게 이 법을 전함으로써 시방세계를 불국토로 만들어 나가겠다는 서원을 세우시기 바랍니다.

12강
우리는 어떤 일에도 항상 기쁘고
감사할 따름이어야 한다

제 십사. 안락행품安樂行品

안락행安樂行은 편안할 안, 즐거울 락, 행할 행입니다. 모든 불자는 마음이 평화로워야 합니다. 마음에 즐거움이 있어야 하는 거지요. 평화로운 마음은 적정한 마음입니다. 정定에 들어 있는 마음입니다. 산란하지 않는 마음이에요. 항상 일념이 되고 집중이 되는 거지요. 모든 일에서 마음이 염처念處가 되어서 본다는 겁니다. 항상 일념이 되어서 잘 보아서 모든 것에서 즐거움과 기쁨을 누리는 그런 수행, 그런 마음, 그런 행과 실천이 따라야 한다는 것입니다.

가끔 보면 신앙 생활하면서 너무 무겁고 침울하고 고통과 고난이 몸에 배인 사람이 있습니다. 찌들어 있다고 하지요. 살아 온 삶이 힘들다 보니 얼굴이 항상 우울하게 찡그려져 있는 사람이 많습니다. 하지만 우리는 삶에 있어서 일체의 고를 딱 헤치면 그 속에 탐욕과 번뇌가 있고 또 파면 그 안에 즐거움이 있습니다. 모든 것에서 즐거움을 가지고 수행을 하는 겁니다.

사리불존자는 부처님 제자가 되기 전에 외도 바라문이었는데 그는 부처님 최초 제자였던 앗사지 비구가 항상 미소를 짓고 즐겁게 수행하는 것을 보고 그에게 물었습니다.

"당신은 누구의 제자이기에 얼굴이 항상 밝고 즐겁습니까? 그 스승의 가르침이 무엇입니까?"

"나의 스승은 고타마 싯타르타이고, 나의 부처님의 가르침은 이것이 생하면 저것이 생하고, 이것이 멸하면 저것이 멸하는 생멸법으로써 인연법을 설해서 자유합니다."

그 말을 듣고 사리불존자가 바로 부처님의 제자가 되었습니다. 결국 상수제자가 되어 부처님 법을 가장 잘 이해하고 부처님 대신 법을 설했던 위대한 제자가 되었던 것입니다.

내가 어두운데 누가 내 말을 들으며, 내가 짜증나 있고 내가 우울한데 누가 부처님의 말을 한다고 믿고 따를 것이며 인정하겠습니까? 여러분이 먼저 밝음을 줄 수 있어야 하고 즐거움을 줄 수 있어야 하고 기쁨을 줄 수 있어야 합니다.

많은 고통과 어려움, 괴로움, 번뇌가 있습니다. 그런 것은 다 껍데기이고 구름과 같고 바람과 같고 아침 이슬과 같은 겁니다. 그것은 반드시 지나가는 것이니 그 속을 딱 파헤치면 모든 원인에 탐욕과 갈애가 있고,

그것을 딱 제치면 무한한 기쁨과 환희가 있습니다. 그러니 속지 말고 모든 일에 감사하고 기쁨으로 임하라는 것입니다.

부처님은 천년의 미소가 아닌 백천만 억 년의 미소를 짓고 계시지 않습니까? 부처님이 중생을 보면 즐거울 일이 무엇이 있겠습니까만 무지와 탐욕과 어리석음으로 끊임없이 윤회하는 것을 보면 불쌍해서 마음이 찢어질 것 같을 테지요. 그것이 비심悲心입니다. 그럼에도 불구하고 부처님은 진리로서의 웃음을, 백천만 년의 미소를 짓는 겁니다. 안락행은 그런 진정한 미소, 내심낙원內心樂園입니다. 가식의 웃음이 아닌 마음에서 웃어서 내 진아에서 웃어서 나오는 웃음, 그런 미소, 그 기쁨 그것이 안락행입니다. 그것은 속일 수가 없는 겁니다.

말세에 어떻게 설하면 이 법이 쉽게 전해질 것인가에 대해서 문수보살이 부처님께 질문을 했습니다. 보살들은 네 가지를 명심해야 한다고 했습니다. 네 가지의 태도와 네 가지의 마음 씀에 대해서 말씀하셨습니다. 보살은 당신이 부처라는 일불승의 영원한 승리자의 삶이요, 최후의 승리자의 삶입니다. 모든 욕심을 이기고, 모든 감정을 이기고, 모든 성냄과 모든 어리석음을 이기고, 모든 시기와 질투와 번민을 다 이기는 그런 진정한 영적⁷ 승리자의 삶을 살아가는 것을 대영웅이요, 보살이라 하는 겁니다.

보살은 첫째 인욕바라밀을 하라고 했습니다. 수행의 99%는 인욕행이

---

7 영적靈的의 의미는 부처님 법과 진리의 다른 표현이다

되어야 합니다. 모든 것이 참아질 때 내 마음이 단련되고, 내 진리가 온전해지고, 내 자비가 충만해지는 삶이 되는 것입니다. 인욕은 단순히 억울한 것을 참고, 분노를 참는 것이 아니라 인욕의 속성은 기쁨입니다.

내가 타인으로부터 업신여김을 받고 능멸을 받아도 내 마음에서 내 영혼은 밟을 수 없다는 것입니다. 누가 나를 업신여겨도 그것을 받아들이지 않고 발밑으로 받아 버리는 삶이 인욕입니다. 그것을 가슴으로 받으면 직격탄이 되어 쓰러집니다. 바라밀은 향상向上입니다. 기쁨으로 진리로서 앞으로 나아가는 것입니다. 열반과 성불의 삶으로 나아가는 것이 바라밀입니다.

누가 나를 짓밟아도 그 순간 나는 그것을 진리로 놓고 바라볼 수 있을 때 인욕바라밀이 되는 것이지요. 반면 내가 억울하고 분노가 치미는데 참는 것은 바라밀이 아니고 스스로를 망가뜨리고 원한을 가짐으로써 내 삶 전체가 잘못되는 결과를 초래하는 것입니다.

인욕바라밀을 실천하여 어떤 경우에도 부드럽고 화평하십시오. 항상 선한 마음과 부드러운 마음을 가지십시오. 온유하면 천하를 가질 수 있습니다. 그 사람을 이익되게 하고, 복되게 하고, 깨닫게 하기 위해서 보살행을 하는 것입니다. 그런 마음이 온유한 마음입니다. 이러한 사람은 가는 곳 마다 축복이 있고 환대가 있습니다. 어디를 가든 온유함으로써 하셔야 합니다.

강팍한 성품은 항상 자기 생각과 자기 욕심에 집착되어 있습니다. 그러다 보니 욕설과 폭력과 분노가 끊어지지 않습니다. 그런 사람은 천지의 모든 복이 다 끊어져 버리게 됩니다. 일체 사지가 영적으로 다 끊어지고 하는 일마다 절단나게 되는 겁니다. 법화행자法華行者는 언제 어느 때에도 인욕해야 합니다. 항상 온유한 마음을 가지고 어디서든 화목과 평화를 이루어야 합니다. 내가 숙이고 하심하면 됩니다. 나를 높이면 투쟁이 되고 원망을 사게 됩니다. 화평하고 또 화평하십시오.

어떤 일을 결정할 때 서두르지 마세요. 믿음에서 증장된 지혜로서 결정한 것이 아닌 것을 서둘렀을 때는 모든 것이 나를 해치게 되고 타인을 해치게 됩니다. 서두르지 말고 소의 걸음처럼 쉬지 말고 정진하십시오. 어떤 경우도 두려워하지 마세요. 두렵다는 것은 내 마음에 부처님이 없고, 부처님에 대한 믿음이 없을 때 두렵습니다.

믿음 없이 산다는 것은 위험한 일입니다. 남편과 아내는 서로 의지하고 사랑하는 대상이지 믿음의 대상이 아닙니다. 자식도 마찬가지입니다. 의지했다가는 원한이 맺히고 증오가 사무칩니다. 자식은 사랑으로 뒷바라지 할 뿐이지 의지한다든지 믿어서는 안 됩니다. 내 몸도 부모 형제도 의지해선 안 됩니다. 오직 삼보를 믿고 가는 것입니다. 삼보에 대한 믿음이 있으면 공포는 저절로 없어집니다. 항상 담대할 수 있습니다. 모든 일에 조바심내지 말고, 두려워하지 말며, 소리에 놀라지 않는 사자처럼 용맹스럽게 나아가십시오.

두려움은 여러분이 스스로를 포기할 때 부처님에 대한 믿음이 없을 때 생기는 것입니다. 자기 자신에 대해 두려워하면 그 때는 인생이 망가지는 겁니다. 그것이 불면증, 조울증 등 모든 심리적인 공황으로 나타나게 되는 것입니다.

내 안에 부처님이 하라는 대로 하세요. 가라는 대로 가고 말하라는 대로 하세요. 부처님을 믿는 사람은 담대해야 합니다. 아무리 외롭고 괴롭고 슬픈 길을 가더라도 시방세계에 불보살님이 충만하게 나를 이끌어 주신다는 그런 깊은 믿음과 가르침을 가지고 실천해 나가야 합니다. 이렇게 안락한 마음으로 마음에서 항상 기쁨을 가지라는 겁니다. 마음에서 항상 즐거움을 가지라는 겁니다.

고통 속에서도 내 마음은 즐겁다고 외쳐야 합니다. 어떤 경우도 안락함에서 떨어지면 안 됩니다. 매사에 감사와 즐거움이 있어야 합니다. 부처님을 믿는 자는 오락이나 잡기雜技를 멀리해야 합니다. 항상 일상에 있어서는 삼매에 들고 사람을 만났을 때는 법을 설하라는 것입니다. 항상 그 사람이 두려움과 외로움에서 벗어날 수 있도록 법을 설해서 그 사람을 평화롭고 안락하게 하라는 겁니다. 말법 시대 일수록 경전을 설하는 법사의 마음가짐이 중요합니다. 법사가 경전을 설할 때는 남의 허물을 말하지 말아야 합니다.

세상의 허물은 덮어지지 않습니다. 내가 들추어 내지 않아도 다 드러나게 되어 있습니다. 일부러 들출 필요 없습니다. 허물은 드러내서 해결되지 않습니다. 수행하는 집단에서 허물은 다 덮어야 합니다. 남의 허물을 듣고 싶어 하는 마음이 지옥 중생입니다. 남의 허물을 듣지 않는 것이 덕을 쌓는 것입니다

다른 사람의 허물은 덮고, 내 허물은 부처님께 맡기고, 오로지 법을 설

할 뿐입니다. 남의 허물을 말할 때는 내가 그 사람을 깊이 사랑한다는 것을 보여 주어야 합니다. 신뢰한다는 것을 보여 주어야 합니다.

타인의 허물을 볼 때는 내가 가장 사랑하는 사람의 허물을 보듯 보아야 합니다. 이 세상에 내 눈에 보이는 모든 허물은 내 허물입니다. 대승의 불자는 절대로 남의 허물을 탓하지 않고 오로지 자신의 허물로 돌립니다.

법사는 다른 법사를 업신여기고 비난하면 안 됩니다. 항상 긍정적인 말을 해야 하고 공경과 칭찬의 말을 해야지 비난하면 가피가 없습니다. 부처님은 세세생생 나의 허물을 덮어 줍니다. 상대방의 좋은 점은 거룩하다 여기고 칭찬하면 되고 상대방의 허물은 내 허물로 여기면 됩니다. 나의 잘난 점은 다른 사람의 공덕으로 돌리면 자동으로 원융회통圓融會通이 되는 것입니다

원망과 짜증하는 마음은 답이 없습니다. 세상에 어떤 뜻을 이루고 싶으면 내 원망을 다 감사하는 마음으로 돌려야 합니다. 미치도록 원망스러운 마음을 긍정으로 바꾸면 인생의 역전이 일어납니다. 인생 대박이 됩니다. 누군가를 미워하고 원망하고 증오하면서 잘 살고 싶다는 것은 해를 등지고 가는 것입니다. 비가 오는데 물 바가지를 엎어 놓은 것입니다. 바가지를 엎어 놓았으니 아무리 비가 많이 와도 한 방울도 바가지에 담기지 않는 겁니다. 엎어 놓고 열심히 하니 영원히 답이 없는 것이지요.

무슨 질문을 하든 대승에 맞게 하십시오. 그 사람이 마음을 온전히 열어서 참 생명으로 살아갈 수 있도록 해야 합니다. 수행을 함에 있어서

자기 자신이 정직하고 다른 사람에게도 정직할 수 있다면 수행은 끝난 겁니다. 교육에서 가장 중요한 것은 정직입니다. 자식을 바르게 기른다는 것은 정직하게 기르면 되는 겁니다. 마음이 정직하면 몸이 바릅니다. 모든 일에서 몸을 바르게 하고 마음을 바르게 하고 이것이 수행의 관건입니다. 마음이 바르면 태도가 자동적으로 바르게 됩니다. 마음이 바르지 않으면 태도도 바르지 않습니다. 항상 사람을 대할 때 바르게 보시고, 항상 바르게 들어야 합니다.

사람을 볼 때는 몸을 돌려서 보아야 합니다. 목을 돌리거나 눈을 돌려서 보면 안 됩니다. 뭐든 신실信實하면 됩니다. 정직하면 되는 겁니다. 남을 멸시하고 우습게 여기는 말을 해서는 안 됩니다. 우리가 하는 말이 나의 미래입니다. 여러분의 생각이 여러분의 사주팔자를 결정짓습니다. 내 사주를 바꾸려면 좋은 말을 하세요. 사랑한다고, 믿는다고 하세요. 존중하고, 공경하고 그 사람을 이익되게 말하세요. 내 마음, 내 생각, 내 말, 내 행동이 사주팔자입니다.

모든 사람에게 친절하고 항상 모든 사람을 부처로 섬겨야 합니다. 세상은 친절하고 정직하면 모든 사람이 모이게 되어 있습니다. 오악五惡은 탐내고, 분노하고, 어리석음과 게으름과 교만한 것입니다. 모든 공덕이 잿더미로 변합니다. 모든 중생이 나를 깨달음으로 인도하는 스승이라고 생각하시면 됩니다. 내 앞에 있는 사람이 부처요, 그 사람이 무슨 말을 하든 내가 반드시 들어야 하고 깨달아야 하고 받아들여야 하는 법문입니다. 싫든 좋든 같이 있는 사람은 나의 수행의 도반입니다. 최고의 도반은 가족입니다. 한 가족이 도반이 되면 시방세계는 다 불세계가 됩니다. 그러려면 내 일심이 불심이 되고 안락행이 되어야 합니다.

주부가 안락행을 하여야 남편과 자식이 그 에너지를 먹고 삽니다. 대한민국의 여인들은 진짜 보살입니다. 여러분이 안락하면 대한민국이 안락합니다. 부처님의 위대한 가르침을 믿고 법화행자로서 안락행을 하며 살기로 발심한다면 부처님이 여러분에게 대해탈의 관을 씌어 주실 것입니다.

13강
시비분별의 굳은 땅을 뚫고
연꽃을 피워라

제 십오. 종지용출품從地踊出品

〈종지용출품〉은 땅을 뚫고 하방의 무수한 보살들이 솟아서 나오는 것이 핵심 내용입니다. 어찌 보면 이러한 표현이 하나의 동화처럼 여겨질수도 있지만 부처님의 가르침은 우리의 위대한 마음의 비유입니다. 여기에는 심오하고 위대한 진리가 숨어 있습니다.

이때, 다른 국토에서 온 여러 보살마하살이 여덟 항하의 모래 수보다 더 많았다. 이들이 대중 가운데서 일어나 합장하며 예배하고 부처님께 여쭈었다. 세존이시여, 만약에 저희들이 부처님 멸도 후에, 사바세계에 있으면서 부지런히 정진하고 이 법화경을 받들어 가지고읽고, 외우고, 쓰고, 공양할 것을 허락하신다면 반드시 이 국토에서이 경을 널리 설하겠나이다.

그러자 부처님께서는 이미 중생을 교화할 대원을 가진 천만억 보살들을 다 교화해 놓았으니 걱정하지 말라고 말씀하셨습니다.

부처님께서 이런 말씀을 하실 때 사바세계 삼천대천국토의 땅이 다 진동하면서 열리더니 그 가운데로부터 한량없는 천만억 보살마하살이 동시에 솟아 올라왔다. 이 보살들의 몸은 모두 황금 색으로 삼십이 상을 갖추었으며 한량없는 밝은 광명이 있었으니, 이 보살들은 아득한 옛날부터 사바세계 아래 허공 가운데 머물러 있다가 석가모니불께서 설법하시는 음성을 듣고 아래로부터 솟아올라 온 것이다.

사바세계의 하방세계에서 무수한 보살들이 땅을 뚫고 용솟음쳐서 연꽃처럼 올라오는 것입니다. 이 보살들은 석가모니 부처님께서 다 교화를 했고, 이제 이 보살들이 무량 중생을 제도할 것이라고 말씀하신 것입니다.

이러한 장면을 보고 미륵보살과 팔천 항하의 모래수와 같은 여러 보살 대중들이 의아해 합니다. 그 이유는 '부처님께서 성불하신 지 이제 얼마 되지 않았는데 언제 저렇게나 많은 보살들을 교화하셨단 말인가?', '철저하게 현실적인 눈으로 보았을 때 어떻게 저런 것이 가능한가?' 하고 의심을 하게 된 것인데, 뒤에 이어지는 〈여래수량품〉에서 이 의문이 풀어집니다.

〈종지용출품〉에서 말하는 땅이 무엇입니까? 대지가 땅일까요? 착각하면 안 됩니다. 부처님은 그렇게 허망한 말씀을 하실 분이 아닙니다.

우리의 눈, 귀, 코, 입, 몸, 감정, 생각이 땅입니다. 우리 눈에 보이는 것을 뚫어 내는 것입니다. 우리 눈에 보이는 미운 사람, 싫은 사람, 그러한 분별심을 뚫어 내는 것입니다.

그것을 뚫고 백련 꽃을 피워 내지 못하면 여러분은 영원히 종지용출이 되지 못합니다. 내 마음에 위대한 보살이 있습니다. 우리 마음 속에는 시방세계의 위대한 제불보살이 꽉 차 있습니다. 문수보살, 보현보살, 관세음보살, 지장보살 등 일체의 제대보살님이 여러분의 눈을 뚫고 나올 때 여러분은 세상을 이길 수 있습니다.

모든 문제의 답은 우리의 마음에 있습니다. 남편이라는 땅, 부인이라는 땅, 자식이라는 땅을 뚫어 내지 못하면 안됩니다. 지혜와 자비와 용서와 이해로써 그 땅을 뚫어서 위대한 백련 꽃을 피워낼 수 없다면 여러분의 모든 기도는 헛기도가 됩니다.

우리는 마음이 강퍅하여 이기적이고, 욕심과 욕망으로 가득 차 있어서 마음에 불화와 미움이 생기는데, 그러한 마음이 지옥입니다. 자기만 생각하는 것이 아귀이고, 옳고 그름을 분별 못하니 축생이며, 항상 현실과 선과 악의 인간적인 갈등 속에서 시비 분별하는 것이 아수라 중생입니다. 인간 몸을 받아도 탐진치 삼독심에 빠져 복을 짓지 못해서 욕계를 벗어나지 못하고 윤회하는 것이 육도 중생입니다.

육도六道가 땅입니다. 이 땅이 갈라지는 것입니다. 지옥도 갈라져서 그 속에서 시방의 불보살님이 지옥 중생들을 다 제도하고 있습니다. 아귀

중생, 축생중생, 아수라중생, 인간, 천상까지 다 제도하고 있습니다.

육도 진동이 무엇입니까? 내 마음에 육도 중생이 다 있습니다. 그것이 완전히 깨져서 부서지는 겁니다. 그것을 못 부수면 종지용출은 안 되고 내 안의 불보살은 나오지 못합니다.

불교의 위대한 깨달음 중에서 집성제 하나만 깨달으면 다 깨닫는 것입니다. '모든 원인은 나에게 있다.' 여기서 출발하는 것이 위대한 주인공 '천상천하 유아독존'입니다. '모든 문제는 내가 푼다. 누가 나를 괴롭히든 짓밟든 내가 푼다. 다 용서하고 이해하며 내가 풀겠노라.' 이러한 진정한 지존심과 참된 자긍심을 가지고 풀어나가는 것이 종지용출입니다.

여러분은 현상을 보실 때 무엇으로 보십니까? 늘 내가 보는 사람이 내 눈에 거룩하게 보이지 않으면 내 마음에서 꽃이 피어나지 않습니다. 남의 허물이 자꾸 보이나요? 여러분 인생은 거꾸로 가고 있는 것입니다. 세상의 모든 문제는 밖에 있는 것처럼 보이지만 그렇게 보일 뿐입니다.

내 귀에 들려오는 모든 소리를 다 깰 수 있어야 합니다. 칭찬하는 소리도 다 깨 버리고, 나를 비난하는 소리도 다 뚫고 나가야 합니다. 칭찬하는 소리를 들어도 겸손하고 감사하게 들을 수 있어야 합니다. '마땅히 부처님이 공경 받고 찬탄 받아야 하는 것을 내가 대신 받는구나.' 하고 받으시면 됩니다. 비난의 소리는 '내가 마땅히 들어야 할 소리를 들어서 나의 업장이 소멸되는구나.' 하고 들어야만 종지용출이 되어 내 마음에서 생명의 꽃이 피는 것입니다.

부처님은 우리에게 위대한 법을 설하고 계십니다. 영원한 생명의 소리를 전하고 있는 겁니다. 여러분 귀에 어떤 소리가 들리든 내가 꼭 들어야 할 소리를 세상은 나에게 할 뿐입니다. 내가 눈을 감든, 눈을 뜨든, 세상의 모든 모습은 내가 보아야 할 것을 보게 할 뿐입니다.

많은 사람들은 재수가 없다거나 운이 없다는 소리를 종종합니다. 불자는 항상 재수가 있고 운이 있음을 알아야 합니다. 선원에서 법문 듣고 가다가 전봇대에 부딪혔다면 재수가 없는 걸까요? '다른 생각하지 마라. 앞을 똑바로 보고 가라.'는 뜻입니다. '감사합니다. 전봇대 부처님, 오늘 재수가 너무 좋습니다.' 이것이 진실입니다. 여러분이 욕심이 있으니까 재수 없다고 보는 것입니다.

모든 일은 다 합해서 이루어집니다. 사소한 일 하나하나에 일희일비하고, 생로병사에 울고불고하면 부처님 법을 영원히 알지 못합니다.

여러분 눈에 보이는 모든 모습은 부처님 뜻으로 깨닫게 하기 위함이든지, 복을 주시기 위함이든지 둘 중에 하나입니다. 인생에 불행은 없습니다. 죽으면 죽는 겁니다. 그게 복이니까요. 병이 들면 드는 것입니다. 그게 복이니까요. 어디에서 복을 찾을 겁니까? 내 마음의 땅과 내 눈으로 보는 모든 것을 여러분 마음에서 다 부수어 버리면 그대로가 다 법화法華의 세계요, 염화拈華의 세계입니다.

우리 눈에 보이는 꽃은 시간이 지나면 시듭니다. 육체가 전부라고 생각하는 중생을 위해서 저도 법문을 하고 법당에 이러한 꽃도 갖다 놓는 겁니다. 정말로 법안과 혜안과 불안과 천안을 가진 진정한 생명의 눈을 가진 사람은 시방세계의 일체가 다 꽃으로 보입니다. 부처님을 믿는 사람도, 기독교를 믿는 사람도 모두가 아름다운 꽃이요, 누구나 거룩한 존재로 보입니다.

우리는 눈에 가려진 흙덩어리를 치우지 않고 봅니다. 아무리 작은 한 알의 씨앗도 땅을 뚫고 싹을 틔웁니다. 우리의 생명인 법신불은 영원히 썩지도 않고, 줄지도 않고, 오지도 않고, 가지도 않습니다. 그 생명 자리에서 내가 보는 것이 종지용출입니다. 시방의 제불보살님들이 모든 땅으로부터 나오셨습니다.

향기로움에 대한 집착과 애착, 향기롭지 않은 것에 대한 거부감, 우리 마음의 시기, 질투, 교만, 게으름, 성냄, 자만 이러한 것들이 땅이 되어 나를 둘러싸고 있습니다. 그 두꺼운 벽을 못 깨고 있는 겁니다.

남편의 센 고집을 아내가 뚫지 못하고, 아내의 강퍅함을 남편이 뚫지 못하며, 시어머니의 자비롭지 못함을 며느리가 뚫지를 못합니다. 이것을 뚫어야만 종지용출이 되는 것입니다. 우리는 반드시 금생에 내 생명의 꽃을 피워야 합니다. 이것을 못 피우면 여러분은 한이 맺혀서 죽어도 죽지 못합니다. 이것을 풀고 가야 합니다.

어떤 사람은 돈이 땅입니다. 구두쇠처럼 아까워서 쓰지도 못합니다. 과감하게 그것을 뚫어야 합니다. 어떤 사람은 명예가 땅이고, 어떤 사람은 지식과 권세가 땅입니다. 우리의 삶은 땅으로 꽉 막혀 있어서 그것을 뚫고 들어갈 수가 없습니다. 내 마음을 보여 줄 수가 없습니다. 내 마음을 보이게 되면 더 창피하고, 더 괴로우니까 보이지 않으려고 마음의 문을 닫아 버리다 보니 소통이 안 됩니다.

먹고사는 문제는 충족되어도 마음은 항상 답답하고 불안하고 채워지지 않습니다. 왜 그렇습니까? 통하지 않기 때문입니다. 어느 보살님은 남편이 아무 곳에도 가지 못하게 해서 숨을 쉴 수가 없다고 합니다. 그것은 그 보살님이 지혜롭지 못하기 것입니다. 남편의 부정적이고 부당한 마음자리, 그것이 땅인데 그곳에 생명의 꽃을 집어넣지 못한 것입니다.

자비와 겸손과 온유와 인욕으로써 그 땅을 뚫어야 하는데 똑같이 받아치고 똑같이 화내고 같이 맞서 버리면 그 땅은 점점 벽이 두꺼워져 성이 되고, 그 성이 터널이 되는 것입니다. 결국은 지옥으로 변해 버립니다. 이제는 나올 수가 없습니다. 이렇게 가면 원효대사가 말씀하신 생멸문, 지옥문으로 가는 겁니다.

이 《묘법연화경》은 영원한 생명으로 가는 가르침입니다. 생명의 싹은 딱딱하면 못 뚫고 나옵니다. 부드러워야 뚫고 나올 수 있습니다. 여러분이 성내고 집착하면 계속 땅을 다지는 것이 되고 그러면 더 이상 생명의 싹이 자라지 못하는 겁니다. 땅을 뚫고 나오지 못하니 고해苦海의 삼악도 지옥·아귀·축생를 윤회하게 됩니다.

여러분이 맛보는 일체가 법미法味입니다. 맛있는 것에도 맛없는 것에도 집착하지 마세요. 주어진 대로 감사히 먹으면 됩니다. 겉으로는 건강해 보여도 숨쉬기 어려운 사람 참 많습니다. 마음의 병, 가슴 아픈 병은 아무리 사랑하는 가족도 풀어 주지 못합니다. 오로지 내 생명의 실상인 부처님만이 풀어 주실 수 있습니다.

아무도 풀어 주지 않고 풀어 줄 수도 없습니다. 육근으로 보고, 듣고, 냄새 맡고, 맛보고, 느끼고, 생각하는 이 삶 속에서 탐내고, 성내고, 질투하고, 교만하고, 분별하며 여러분 마음이 점점 강퍅해지고 있습니다. 점점 집착하고 점점 외골수로 가는 삶을 부수어 버리고 생명의 삶, 온유의 삶, 자비의 삶으로 나아가라는 것입니다.

우리 마음이 유리벽이 되면 안 되고, 유리 천장이 되어도 안 됩니다. 내 마음에 푸른 하늘이 있어야 합니다. 내 마음 속이 부처님 진리의 말씀이 자라는 푸른 동산이 되고, 내 마음 속이 부처님의 진리가 꽃 피는 화엄 동산이 되어야 합니다. 나도 모르게 부처님의 지혜와 자비광명이 스며들게 되는 것이 명훈 가피입니다. 스며들게 하려면 우리 마음이 부드럽고 자비심을 내어야 합니다.

저는 기도를 시킬 때 서로 미워하는 사람에게는 관세음보살, 지장보살을 염불하라고 하지 않습니다. 그런 사람들은 삼천 배, 삼만 배를 해도 깨닫지 못합니다. 그 사람에게는 오직 한 가지입니다. '당신 행복하세요. 건강하세요. 미안합니다. 사랑합니다.', '당신 원하는 것 하세요. 당신 행복하면 다 하세요.'라고 기도해야 합니다. 이것이 전부입니다. 그러면 그 남편, 그 부인, 그 자식은 바뀝니다.

내가 먼저 종지용출해서 아름다운 백련 꽃을 피워야 합니다. 상대는 절대로 연꽃을 피우지 않습니다. 불교는 우주 주인공에 대한 가르침입니다. 내가 연꽃을 피우는 겁니다. 석가모니 부처님은 당신 스스로가 연꽃으로 화했습니다. 누구도 도와주지 않았습니다. 스스로 피웠습니다. 여러분도 믿음으로 스스로 다 필 수 있어야 합니다. 내 한 마음이 참으로 꽃피는 것을 말합니다.

육체는 땅입니다. 흙으로 돌아갑니다. 없어지는 것입니다. 의지해서는 안 되는 허상입니다. 이 허상인 육체로 인해서 내 영혼을 꽃 피우지 못한다면 얼마나 한탄스럽겠습니까? 이것으로 인해서 내가 삶의 자유를 얻지 못한다면 얼마나 불행합니까?

어떤 보살님은 너무나 몸이 아파서 고통스러워하다가 저를 찾아왔습니다. 왜 자비하신 부처님께서 그 보살님의 온몸을 비틀어 놓았을까요? 부처님은 자비하십니다. 우리 몸을 비틀어서라도 반드시 깨닫게 하십니다. 내 창자를 다 끊어서라도 나를 깨닫게 하시니 부처님은 정말로 자비하십니다.

설령 쌀 한 톨 없어도 걱정하지 마세요. 부처님은 정말로 자비하셔서 내가 깨달음을 얻을 때까지 나를 죽이지 않습니다.

고통이 있습니까? 깨달으라는 뜻이에요. 이 세상에 비극은 없으니까요. 이 세상에 좌절은 없으니까요. 모든 고통은 오직 깨달으라는 뜻입니다. 아주 명쾌하게 부처님은 말씀하고 계십니다. 아직도 못 깨달아?

그러면 더 큰 고통을 줍니다. 밥은 먹고 살아도 못 깨달으면 가난하게 합니다. 깡통을 찼어도 깨달으면 밥 먹고 살게 합니다. 더 깨달으면 더 큰 부자되게 합니다. 더 깨달으면 성불시킵니다. 이것이 도道입니다.

여러분은 무엇을 위해 기도합니까? 마음에 걸리는 것이 있습니까? 마음에 누군가에 대한 미움이 있습니까? 마음에 와서 자꾸 걸리는 것이 있다면 그 걸리는 것이 석가모니 부처님입니다. 그것이 아미타부처님입니다. 그것이 지장보살, 관세음보살입니다. 걸리게 하는 사람은 진리로 보면 죄가 없습니다. 걸리는 사람의 잘못입니다. 걸리는 사람이 풀어야 할 몫입니다.

낚싯밥을 물은 물고기는 회가 되든지 매운탕거리가 되는 겁니다. 아무리 낚싯줄을 던져도 떡밥을 물지 않는 물고기는 죽지 않고, 제 생명대로 멋지게 살아 갑니다.

여러분도 떡밥을 물지 마세요. 잡지도 마세요. 잃어버린 땅을 가슴에 품고 살면 안 됩니다. 어느 보살님이 사기를 당해서 전 재산을 다 잃었습니다. 그 보살님은 화병이 들어서 간신히 숨을 쉬고 삽니다. 화가 온몸을 쳐서 온몸에 중병이 들었습니다. 그 보살님은 정말 복이 많은 사람입니다. 부처님은 자비로우셔서 그 보살님을 반드시 깨닫게 하시기 때문입니다. 천하를 잃어도 깨달음은 다 얻습니다. 억울해 하지 마시고 원망하지도 마세요. 그 재산 못 찾습니다. 더 큰 것을 주실테니 찾으려고 하지 마세요.

대신 오늘부터는 그 사기 친 사람에게 '잘 살아라. 잘 먹어라. 진심으로 건강하고 크게 이루어라.'하면 보살님은 다 이룹니다. 내 마음에서 사기당한 땅을 부처님께 바치세요. 그때는 그 땅이 지장보살, 관세음보살입니다. 그것이 종지용출입니다. 그 땅을 내 마음에서 빼내야 합니다. 나에게 사기 친 사람을 용서하는 것이 종지용출입니다. 나를 괴롭히는 사람을 자애심으로 보는 것이 종지용출입니다.

불행하게 죽은 자식을 가슴에 안고 날마다 우는 보살님이 계십니다. 이제는 울지 않기로 했습니다. 죽은 자식이 좋은 곳으로 가길 바란다면 울면 안 됩니다. 그렇다고 웃으라는 것이 아닙니다. 마음에서 부처님께 바치라는 것입니다. 죽은 아들을 부처님께 갖다 바치세요. 그러면 거룩한 연꽃으로 변합니다. 영원한 생명의 꽃으로 변합니다. 이것이 묘법의 위대한 진리입니다.

부처님 오신 날에 우리가 연등을 밝히고 봉축하는 이유가 무엇입니까? 그 석가모니 부처님이 누구입니까? 여러분을 힘들게 하는 분이 다 부처님입니다. 여러분을 도와주시는 분이 다 보살입니다. 그분을 저 수미산 상단 연꽃 연화대에 올려 놓고 절하세요. 그러면 여러분이 종지용출합니다.

그러면 이 세상의 탐욕의 땅, 성냄의 땅을 솟구쳐서 위대한 생명의 연꽃을 피웁니다. 탐욕은 보시의 꽃을 피우고, 어리석음은 지혜의 백련 꽃을 피우게 됩니다. 여러분이 이 연꽃을 피우라고 사바세계 하방의 무수한 부처님이 여러분의 발밑에 깔려 있습니다. 그것을 보여 주어야만 깨달을 수 있기 때문입니다.

삶은 내 마음에서 어떻게 열고, 어떻게 닫느냐가 전부입니다. 우리 마음의 땅은 부처님의 지혜, 자비, 인욕, 선정, 지혜로 충만해야 합니다. 그래야 뿌리는 대로 다 좋게 되고, 악한 것은 선하게 되며, 선한 것은 더 큰 공덕을 심어서 매순간 우리의 삶이 새로운 방향으로 나아가게 됩니다.

힘들게 살지 마세요. 물질적으로 힘들어도 웃으며 사세요. 여러분이 삼 일 동안만 온전히 감사할 수 있으면 모든 문제는 다 해결됩니다. 오로지 부처님께 다 바치고 진심으로 감사하면 정말 됩니다.

제발 마음을 콘크리트처럼 강팍하게 쓰지 마세요. 남편이 말하면 들으세요. 아내가 하는 말을 들으세요. 상대방의 말을 끝까지 듣는 것에 모든 도가 있습니다. 듣지 않는 사람은 내가 이미 강팍한 땅으로 굳어 있는 겁니다. 그 땅에 들어 있으면 다 죽습니다.

어떤 사람은 부인한테도 자식한테도 잘하고 싶은데 안된다고 합니다. 이 말은 내 본심과 내 생각이 맞지 않는다는 뜻입니다. 본심에서는 하고 싶은 얘기가 있고, 보여 주고 싶은 것이 있는데 못 보여 주는 겁니다. 하고 싶은 얘기를 하고 보여 주고 싶은 것을 보여 주어야만 내 생각대로 되는 것입니다. 그런데 그것을 보여 주면 더 시끄럽고 더 힘들어지는 거예요. 더 자존심 상하는 겁니다. 그렇게 살면 안 됩니다.

많은 보살님들이 저와 상담할 때는 자존심 상하지 않습니다. 스님이기 때문이 아니고 제가 끝까지 들어주고 이해하고 공감하기 때문에 자존심이 상하지 않는 겁니다. 그 뿐입니다. 이해하고 공감하며 들어주는 것, 그 안에 모든 답이 다 들어 있습니다. 사랑하는 자식과 남편과 부모님이 계셔도 아무도 들어주지 않습니다. 그러면 우리의 꽃은 피지 않습니다.

여러분도 그렇게 마음을 열어야 합니다. 내가 누군가와 소통하고 싶다는 것은 누군가도 나와 소통하고 싶다는 것입니다. 세상은 일방적인 것이 없습니다. 세상은 쌍방이고, 시방이고, 무한이기 때문에 누군가가 나에게 말하고 싶을 때, 이치에 맞든 안 맞든 괴롭든 즐겁든 끝까지 들을 때 그 속에서 모든 생명의 꽃이 핍니다.

우리는 누군가에게 강퍅한 땅이 되어서는 안 됩니다. 생명의 꽃을 피워서 그것을 뚫어야 합니다. 우리 안의 모든 벽을 지금 뚫으세요. 부처님 가르침을 끝까지 믿고 이 가르침대로 살아서 마음에 진정한 평화와 행복, 안락, 가정의 평화, 사회와 국가, 인류의 평화를 이 법화사상으로 이루지 못한다면 어디에도 이룰 수가 없습니다.

이 위대한 가르침이 우리 생명의 꽃이 되어야 합니다. 그러려면 이 순간부터 내 마음의 벽을 다 부수어 버려야 합니다. 강퍅한 마음, 부정적인 마음, 원망하는 마음, 미워하는 마음 등을 송두리째 버리시고 영원한 생명의 꽃을 피우는 거룩한 불자로서 살아가시기를 진심으로 축원합니다.

14강
석가모니는 방편의 모습일 뿐,
부처님의 생명은 영원하다

제 십육. 여래수량품如來壽量品

〈여래수량품〉은 부처님의 수명이 영원하다는 것입니다. 여러분이 신 앙생활에서 부처님이 살아 계시다고 생각하면 믿는 것이고, 부처님이 열 반에 드셨다고 생각하시면 안 믿는 것 입니다. 살아 계신 부처님을 믿을 때만 모든 것이 가능해지고 늙음도, 죽음도, 절망도, 실패도 없습니다.

〈종지용출품〉에서 미륵보살은 의문이 생겼습니다. '부처님께서 이 세 상에 오셔서 성도하시고, 45년 동안 설법하시면서 제도한 인연들이 천 이백오십 비구와 제자들뿐인데 부처님이 어느 세월에, 어떻게 무량한 보살들을 제도하셔서 그 많은 보살들이 땅에서 솟아 나올 수가 있단 말 인가?' 하는 의문을 제기한 것에 대한 부처님의 답변입니다.

'나는 이미 천지 이전, 우주 이전에 무량한 지혜와 공덕을 갖추어서 중생을 교화하고 제도하였느니라.'

이것이 미륵보살의 의문에 대한 답변의 핵심입니다. 석가모니 부처님은 호명보살로 계시면서 천상天上 중생을 제도하시다가 사바세계 중생을 제도하실 원을 가지고 이천오백 년 전에 이 땅에 오셔서 마야 부인이 석가모니 부처님을 낳으셨고, 출가하셔서, 고행하셨으며, 성도하신 후 중생을 교화하시고 열반에 드시는 이런 과정을 중생들에게 보여 주셨습니다. 이것은 중생을 교화하기 위한 방편이었습니다.

그 중간에 연등부처님으로부터 수기를 받았고, 열반에 들었다고 하셨는데, 이와 같은 것은 다 방편으로 분별하여 말씀하신 것입니다. 근기 낮은 범부 중생들을 위해서 방편으로써 수기를 받고 인욕행을 하며 공덕을 지어서 성불하는 모습을 보여 주신 것입니다. 이 모든 것은 방편이고 천지 이전에 시방세계 중생들을 이미 다 교화하셨습니다. 이미 여러분은 다 교화되었고 성불하였습니다.

부처님을 믿는 모든 인연 중생들은 이미 부처님의 이름만 들어도 다 성불했다는 것입니다. 영취산이 어디입니까? 지금 이곳이 영취산입니다. 모든 선원이 영취산이고, 텔레비전을 통해서 법문을 듣고 계신 여러분의 안방이 영취산입니다. 여러분이 지금 일하고 계신 그곳이 영취산입니다.

우리의 마음에 부처님을 모시고 있으면 지금 내가 있는 이곳이 바로 영취산입니다. 내 안의 부처님이 봅니다. 여러분은 보지 못합니다. 부처님만이 세계를 봅니다. 눈이 보는 것이 아니라 내 안의 생명이 보는 겁니다. 눈은 기관입니다. 거울과 같습니다.

내 안의 부처님이 듣습니다. 여러분은 들을 수 없습니다. 귀는 절대로 들을 수 없습니다. 내가 보는 것도, 듣는 것도, 맛보는 것도, 다 부처님께서 하신다는 것을 모르면 중생이고, 그것을 알면 깨달은 사람입니다. 그걸 알면 부처님을 믿고 가는 사람이고, 그걸 모르면 부처님을 모르고 가는 것입니다.

천상에서 볼 때 이 사바세계 인간 세상은 수렁입니다. 탐욕과 시기와 질투와 성냄이 넘치는 수렁이요, 늪이요, 고해입니다. 천상에서 인간 세상을 보면 쓰레기통입니다. 그것이 부처님의 도솔래의상兜率來儀相의 의미입니다. 도솔래의상이란 것은 탄생을 위해 도솔천을 떠나 흰 코끼리를 타고 북인도의 카필라 왕궁을 향하고 있는 모습입니다. 즉, 부처님은 모든 것을 포기하고 극락세계에서 오물통으로 오신 것입니다.

누군가 마음 아프고, 고통 속에 눈물 흘리는 사람한테 내 마음과 물질을 바쳐 정성으로 도움을 주어 향상으로 이끈다면 그것이 도솔래의상입니다. 부처님의 삶입니다.

이천오백 년 전에 석가모니 부처님이 오시지 않았다면 우리는 영원한 생지옥에서 살고 있을 것입니다. 누구를 의지해서 살아가겠습니까? 먹는 것, 입는 것, 즐기는 것 그 무엇도 행복하지 않습니다. 석가모니 부처님이 도솔천에서 사바세계 중생을 구제하기 위해서 내려온 이 모습은 부처님이 이미 성불해서 구원겁 전에 중생을 제도하고 계셨지만 천상 중생을 제도하시다가 사바세계 인연 중생을 제도하시기 위해 오셨는데, 실제는 오신 적도 없고, 가신 적도 없다는 것입니다.

우리가 늙고, 병들고, 죽는 모습은 실상實相이 아닙니다. 세상의 모든 흥망성쇠도 다 허상입니다. 이 몸뚱아리를 '나'라고 알고 있는 것이 범부 중생이고, 늙고 병들고 죽는 것이 '내 몸'이라고 알고 있는 것이 어리석음입니다. 우주 실상의 본래 자리에서는 내가 영원히 깨달아 있기 때문에 나에게는 생로병사가 없습니다.

내 삶에는 일체의 괴로움도 없고, 억울함도 없으며, 원한과 원통함이 없습니다. 그것은 이 몸과 세상적인 것을 내 것으로 알기 때문에 오는 것입니다.

이 세상은 오로지 지혜의 광명뿐입니다. 부처님은 빛으로 진리로 오신 것입니다. 석가모니 부처님이 이천오백 년 전에 오셨다가 돌아가신 것으로 안다면, 여러분은 부처님을 믿는 것이 아니고 환상을 믿는 것이요, 착각하는 것입니다.

부처님이 출가하셨다는 것은 겉모습을 보여 주는 것입니다. 이 세상의 어떤 것에도 걸리지 말라는 겁니다. 자식의 어떤 것에도, 남편의 어떤 모습에도, 부인의 어떤 모습에도, 세상의 어떤 말에도 걸리지 말라는 겁니다. 한 번 걸리게 되면 나오지 못합니다. 어떤 벽도, 어떤 장애도 세상에는 없습니다. 그것은 나에게 오로지 깨달음으로만 존재합니다.

이 세상에는 어떤 불행도 없다는 것을 《반야심경》에서 말씀하고 계십니다. 이 세상에는 어떤 늙음도, 어떤 죽음도, 어떤 태어남도 없습니다. 어떤 두려움, 어떤 공포도 없습니다. 이 세상엔 오로지 반야만 있습니다. 이 반야만이 영원 이전부터 영원 이후까지 영생하는 것입니다.

여러분이 세상의 벽을 뚫으세요. 먼저 내 마음의 부정적인 벽을 다 뚫어 내세요. 욕심이 있더라도 선한 욕심이어야 하고, 타인을 구원하는 서원이어야지 그 욕심이 내 뜻대로라는 생각을 갖게 되면, 일생의 도업道業을 이루지 못합니다.

우리는 나의 마음의 한계, 육체적 한계, 인간관계의 한계, 능력의 한계 등 한계를 느끼는데 부처님은 한계가 없습니다. 부처님은 무한입니다. 그러니 이 세상 어디에도 걸리지 말라는 것입니다. 이 세상에 모든 것은 나를 가둘 수 없습니다. 나는 영원한 자유인이고 대자유인으로 말하고 행동하여야 합니다.

부처님이 설산에서 수도하는 모습을 설산수도상雪山修道相이라고 말하는데, 부처님이 이 사바세계에 오셔서 당신이 일체중생의 과거, 현재, 미래의 고통을 다 받은 것이 설산수도상입니다.

여러분은 이제부터는 고통스럽게 수행하시면 안 됩니다. 깨닫기 위해서 수행하시면 안 됩니다. 아들의 뜻을 이루기 위해서 기도하시면 안 됩니다. 병을 낫기 위해서 기도하시면 안 되고, 가정의 화목을 위해서 기도하시면 안 됩니다. 이미 여러분 가정은 다 화목하고, 이미 여러분 병은 다 치료되었습니다. 이미 여러분 자식은 뜻을 다 이루었습니다. 이미 여러분은 깨달았습니다. 이미 여러분은 영생을 얻었습니다. 이것이 부처님 가르침의 핵심입니다.

여러분이 항상 기도할 때 무엇을 이루기 위해서 기도를 하니까 영원히 기도가 되지 않는 것입니다. 아무리 슬픈 일이 있어도 아무리 괴로운 일이 있어도 내 참생명의 실상 부처님은 기뻐야 되고 밝아야 합니다.

지금 힘듭니까? 그러면 기뻐하세요. 이미 힘들게 된 일은 못 돌이킵니다. 다시 출발하시면 됩니다. 부처님께서는 여러분의 일체 고통을 다 끌어안고 가셨습니다. 아무리 괴로운 일이 있어도 아무리 슬픈 일이 있어도 내 참생명의 실상 참마음은 기뻐야 하고 밝아야 합니다. 웃어야 합니다. 불자는 괴로워하면 안 됩니다. 그래야 부처님과 부처님의 진리를 깊이 사모하는 것입니다.

부처님이 보리수나무 아래서 마군魔軍의 항복을 받고 대오 각성하는 모습을 수하항마상樹下降魔相이라고 합니다. 여러분의 마군은 누구입니까? 재앙의 근원은 탐욕입니다. 성냄, 어리석음, 게으름, 시기, 질투입니다. 이 마군이 매 순간 올라옵니다. 부처님이 내 대신 수행하시고 깨달으셔서 내 생명이 되셨습니다. 내 대신 모든 마군을 다 항복 받았습니다.

여러분의 의지로는 욕심 버리려고 해도 절대로 못 버립니다. 아무리 수행해도 욕심을 억누르지 못합니다. 중생의 노력으로는 탐진치 삼독심과 시기 질투를 절대로 없애지 못합니다. '내가 부처님한테 내 모든 생명을 맡길테니 부처님이 말씀하시고, 생각하시고, 느끼시고, 모든 것을 하세요.' 하고 맡기면 모든 탐진치가 없어집니다.

살아계신 부처님을 믿으면 탐진치가 없어집니다. 우리 마음의 탐진치와 번뇌는 영원히 쉬어지지 않는데, 오로지 부처님이 나의 생명의 주인임을 믿음으로써 그 순간에 번뇌가 없어집니다. 그 순간 정말로 세상에 대한 시비심과 분별심이 없어집니다.

천지 이전부터 우주 생명의 부처님이 나와 한몸으로 계심을 믿는 순간 번뇌가 없어집니다. 법이 없으면 아무리 교양으로 무장을 해도 남이 잘되는 것을 보면 시기심이 생기고, 화가 나고, 탐냄이 생깁니다. 그것은 우리의 업습業習으로 세포에 켜켜이 박혀 있기에 어쩔 수 없는 것입니다.

그런데 천하의 어떤 것도 '부처님은 내 생명입니다.', '내 생명으로써 부처님이 말하세요.', '부처님이 보세요.' '생각하세요.' 하는 순간 어떤 탐진치도 한순간에 사라집니다. 자비롭고 지혜로우시고 공덕이 무량한 부처님을 진실로 내가 믿으면 그대로가 깨달음입니다. 머리 깎고 출가하는 이유는 한 가지밖에 없습니다.

《법화경》은 부처님 가르침의 정수입니다. 이미 모든 사람은 부처로 완성되어 있으니 수행해서 깨달으려고 하지 말라는 것입니다. 이것이 일불승입니다. 어느 세월에 도 닦아서 포교하겠습니까? 어느 세월에 깨달음을 얻어서 포교하겠습니까? 그렇게 해서는 영원히 깨달을 수 없습니다. 그냥 믿으면 그것이 깨달음입니다. 시방세계 일체중생이 이미 성불해 있는 것이 부처님이 보는 눈입니다.

부처님이 그렇게 보신다는 것은 '그래 나는 성불했어.' 하고 믿기만 하면 되는 것입니다. 내 마음에 정욕이 일어나고, 애욕이 일어나며, 저주와 살의가 일어납니다. 하지만 믿음이 있으면 저주는 없어집니다.

지금 눈에 보이는 형상들을 여러분이 눈으로 본다고 생각하면 영원히 부처님을 못 믿습니다. 지금 들리는 소리를 여러분의 귀로 듣는다고 생각하면 영원히 부처님을 못 믿습니다. 여러분 안에 계신 부처님이 보고 듣습니다.

이 부처님은 내가 죽어도 좋고 살아도 좋습니다. 우리 안에 부처님은 내가 흥해도 좋다 하십니다. 흥하면 베풀면 되니까요. 망해도 좋다 하십니다. 망하면 다시 시작하면 되니까요. 병들어도 좋다 하십니다. 몸이 병들면 깨닫거나 새로 몸 받으면 되니까요. 몸이 건강하면 세상 일 할 수 있으니 좋은 것입니다. 모든 것은 은혜입니다.

《법화경》을 듣는 사람은 깨닫기 위해 수행하고, 성불하기 위해 출가한다고 생각하면 다 잘못 알고 있는 것입니다. 내가 부처님 마음으로 말하면 됩니다.
'내가 미륵불이야'.
'내가 화신불이야.'
'내가 노사나불이야.'
'당신 사랑해요.'

'당신 하고 싶은 대로 하세요.'

'당신 믿습니다.', '당신이 부처입니다.'

이렇게 믿고 말하면 되는 것입니다.

왜 여러분이 현실의 어려움을 풀기 위해 무릎이 다 닳도록 절을 하고 혀가 마르도록 염불을 하십니까? 그렇게 해서는 안 이루어집니다. 이미 이루어졌습니다. 이미 현재의 고통 자체가 완성입니다. 그것으로 족합니다. 내 고통으로 족합니다. 뭘 더 바라시나요? 오늘 이 순간 이것이 내 복입니다. 내일은 백만 명을 놓고 법회를 하면 그것이 내 복이고, 모레는 한 명을 놓고 법회하면 그것이 내 복입니다. 나에게는 모든 것이 이루어져 있기 때문에 구할 것도 없고, 뺄 것도 없다는 것을 결정적으로 믿는 것입니다.

부처님이 수하항마樹下降魔했잖습니까? 우리의 마구니는 오로지 탐진치와 게으름과 교만입니다. 그것만 잡으면 되는데 영원히 잡을 수가 없습니다. 형상도 없는데 천만겁 전부터 나의 가짜 주인 노릇을 해 온 것입니다. 오로지 진짜 주인인 부처님이 들어와야 가짜인 객이 나가는 것입니다.

부처님은 사바세계에 업으로 오신 것이 아니고 화신化身으로 오셨습니다. 수하항마하시는 모습을 왜 보여주셨을까요? 부처님은 태생胎生으로 오실 필요가 없습니다. 설산에서 고행을 하실 필요도 없고, 깨달으실 필요도 없습니다. 이미 깨달으셨으니까요. 걸식하실 필요도 없습니다. 다만 중생을 제도하시려고 걸식을 하신 겁니다. 부처님이 걸식을 하지 않으시면 중생들이 절대로 복을 짓지 않기 때문입니다.

이제부터 우리가 부처로 살아야 합니다. 오늘 이 순간 내 앞에 있는 사람에게 부처로서 말하면 됩니다. 내 마음의 진여일심을 쓰면 됩니다. 《팔만대장경》을 비틀어 짜면 그 핵심은 《반야심경》인데, 그 《반야심경》을 또 짜고 짜면 반야입니다.

마음에 어떤 걸림도 없고 어떤 괴로움도, 공포도, 두려움도 없으며, 어떤 뒤바뀐 생각도 없어서 영원히 즐겁고 청정한 내 생명의 실상이 '여래수량如來壽量' 영원한 생명입니다. 나머지 이 육신은 무상한 것입니다. 이 육신은 병들고 늙고 죽어야 하기에 즐겁지 않습니다. 이것은 거짓이고 깨끗하지 않습니다.

여러분이 번뇌하고, 고민하고, 괴로워하는 것은 다 거짓입니다. 이 거짓은 인과로 왔는데 깨달으라고 온 것입니다. 병은 복을 주기 위해 온 것이고, 깨달으면 복을 줍니다. 그냥은 안 줍니다. 오로지 반야니까요.

이 세상에 불행은 없습니다. 어떤 고뇌도 괴로움도 없습니다. 그런데 여러분은 현실에서 만나기 싫은 사람하고 만나야 하고, 살기 싫은 사람하고 살아야 하고, 보기 싫은 사람하고 일해야 하고, 같이 있고 싶은 사람하고는 헤어져야 하는 이런 고통이 끝도 없잖습니까? 바람 잘 날이 없습니다. 여기에 끌려 다니면 한평생 하루살이 되었다 인생 끝나는 것입니다. 이 모든 것은 내가 만들었습니다. 이 세상 모든 것은 내가 지은 것이니 다 용서하고 베풀고 주면 끝납니다. 모든 것을 놓으면 그대로가 다 우주 참생명 극락세계입니다. 극락세계에서 살아갈 수 있도록 몸과 마음과 지혜로 세상에 덕을 쌓으라는 것입니다.

우리는 본래 부처이니 수행할 필요가 없습니다. 법에서는 수행이라는 것이 없습니다. 눈 떠서 보는 것이 수행이고, 귀로 듣는 것이 수행이며, 내가 일하는 것이 수행인데 무슨 수행을 따로 한단 말입니까? 내가 생각하는 것, 말하는 것, 보는 것, 꿈꾸는 것이 수행인데 무슨 수행을 합니까?

여러분이 살고 있는 곳이 원적산圓寂山이요, 영취산입니다. 영취산에 간다고 도道가 깨달아집니까? 우리가 지금 인간 몸 받았을 때 복덕을 쌓아야 합니다. 이 짧은 시간에 도道 깨달을 시간 없습니다. 내가 말하는 것이 그대로 도道 이어야 합니다. 알든 모르든 부처님 가르침대로 해야 합니다. 아무 생각없이 그대로 행하면 됩니다. 부처님한테 다 맡겼으니까 비가 오려면 오는 것이고, 바람이 불려면 부는 것입니다. 거기에 어떤 토도 달지 말아야 합니다.

부처님이 사라쌍수 아래에서 열반에 드시는 모습이 쌍림열반상雙林涅槃相인데 부처님은 열반에 드셨습니까? 부처님은 오신 적도 없고 가신 적도 없습니다. 우리 눈에 그렇게 보이는 겁니다. 부처님은 영겁 이전에 이미 이 우주에 주인으로 계셔서 항상 중생을 교화해 오셨습니다. 부처님은 형상도 없이 항상 내 생명으로 계십니다.

우리는 그 살아 있는 부처님을 믿어야 합니다. 죽은 부처님을 믿으니 헛된 망상으로 기도하고, 헛된 망상으로 출가를 하고, 헛된 망상으로 부처님을 구하게 됩니다. 이미 부처님은 내 생명이시고, 나의 전부이시며, 내 구원의 아버지이십니다.

그 부처님을 여러분은 믿습니까? 그 부처님께 나의 모든 것을 다 던지고 나아갈 때 여러분은 영원히 사는 구원의 여래수량을 얻게 되는 것입니다.

여러분은 죽지 않습니다. 부처님을 믿는 사람은 영원히 삽니다. 죽어도 살고 살아도 영원히 삽니다. 육신은 다 쇠퇴해서 멸합니다. 천하의 가진 모든 것도 다 흔적 없이 가져갑니다. 티끌하나 남김 없이 이 세상이 무상하게 흩어집니다. 오로지 생명의 실상인 부처님만이 여러분의 주인이요, 내 생명이요, 내 인생의 전부입니다.

일상의 모든 삶에 있어서 항상 부처님이 영취산에서 설법하시는 것을 들을 수 있습니다. 부처님은 나의 생명이시고, 나의 전부이시고, 내 구원의 아버지이십니다.
'부처님이시여, 영원 이전부터 나를 이끌어 주신 부처님! 지금도 나를 이끌어 주시는 부처님! 또 나를 영원히 이끌어주실 부처님! 저는 부처님을 믿습니다.'
이 믿음 하나로 모든 수행이 완성되고, 모든 출가가 완성되며, 여러분의 소원이 완성됩니다. 이 말 한마디로 시방세계의 일체 중생의 성불이 완성됩니다.

매일 아침 '영원히 살아계신 부처님 당신을 믿습니다.' '오늘도 나에게 지혜가 되고, 능력이 되고, 나의 원이 되셔서 내 눈이 되고 내 머리가 되어서 나를 이끌어주세요.'라고 기도하신다면 그것으로 성불입니다. 그것으로써 수행 완성입니다. 그것으로서 일체 공덕을 다 이룹니다.

15강

믿음의 공덕은
무량하다

제 십칠. 분별공덕품分別功德品

《법화경》에는 공덕에 관한 것이 〈분별공덕품〉 외에도 〈수회공덕품〉과 〈법사공덕품〉이 있습니다. 분별공덕은 믿음에 대한 공덕이고, 수회공덕은 인도하는 공덕입니다. 이웃을 인도하는 공덕과 자리를 양보하는 공덕이 수회공덕에 속하고, 법사공덕은 수지 독송해서 남을 위해 법을 설해 주는 공덕입니다.

법회에 모인 대중들은 부처님께서 한량없는 무량겁 전에 성불하여 부처님의 수명이 끝이 없다는 말씀을 듣고 전생과 내생에 대한 확신을 가짐으로써 큰 이익을 얻었습니다. 부처님은 우주 이전에 성불하셔서 영겁토록 열반에 들지 않으시고 항상 살아계셔서 상주 설법하신다는 것이 《법화경》의 핵심입니다. 무량겁 전부터 지금까지 그리고 앞으로도 영원

205

토록 설법하십니다.

부처님은 우리를 선호념善護念하시고, 선부촉善付囑하십니다. 부처님은 어디를 가든 우리를 항상 보호하십니다. 어두운 밤길을 가든, 사막을 걸어가든 늘 보호하시니 외롭지도 두렵지도 않다는 겁니다. '선부촉하신다'는 것은 매 순간 일깨워 주시는 것입니다. 눈으로 일깨워 주시고, 코로 일깨워 주시고, 맛으로, 느낌으로, 생각으로 계속해서 일깨워 주십니다. 일거수 일투족 매 순간 다 보고 다 알아서 우리를 이끌어 주십니다.

여러분은 믿음에 대해서 상당히 잘못 생각하는 부분이 많습니다. 부처님 진리의 말씀에서 믿음이라고 하면 절대적인 것을 가리키는 겁니다. 여러분의 신념이나 사상이나 이념은 상황이 변하면 얼마든지 바뀔 수 있지만 부처님 신앙의 세계에서 믿음은 절대적입니다.

이것은 내가 티끌만큼만 믿음이 있어도 다 깨닫습니다. 어떻게 깨닫느냐 하면 부처님의 수명이 한량없다는 이 말씀, 이 말씀을 듣고 믿는 사람은 바로 깨닫게 됩니다. 《금강경》에서도 부처님 말씀을 듣고 청정한 믿음을 내는 사람은 바로 깨닫는다고 했습니다.

경전에는 수행해야 깨닫는다는 말이 하나도 없습니다. 신앙생활에서 우리의 믿음이 얼마나 잘못되었냐 하면 신앙생활을 오래하고 기도도 많이 한 사람임에도 불구하고 마음이 아침, 저녁으로 바뀝니다. 믿음이 절대적으로 있다고 하면 기도할 필요가 없습니다. 믿음은 절대로 변하지 않아야 합니다.

우리 사회에 신실한 믿음이 있는 사람은 1%가 안 됩니다. 거의 없습니다. 믿음이 있으면 절대로 포기하지 않아요. 믿음이 있는 사람은 절대로 자신을 꺾지 않습니다. 믿음이 있으면 상대를 어떤 경우도 멸시하지 않습니다. 부처님이 우리를 무시하지 않듯이 내가 부처임을 믿는데 어떻게 다른 사람을 무시합니까? 불쌍히 여길 뿐입니다. 아주 불쌍히 여기는 것입니다.

여러분의 자식이 왜 꺾이는지 아십니까? 여러분이 자식에게 절대로 지존至尊과 자존自尊을 가르치지 않기 때문입니다. 아들과 딸을 차별하는 말, 자식의 능력을 의심하는 말, 낮추는 말, 멸시하는 말을 쓰는 순간에 그 아이는 좌절하고 포기하게 됩니다.

자기 자신이 재수가 없다고 생각하고, 스스로 능력이 없다고 생각하는 것은 꺾인 것입니다. 이미 깨진 유리이고 재 뿌린 밥입니다. 깨진 유리는 사용할 수 없고, 재 뿌린 밥은 먹을 수가 없습니다. 그 원인은 내가 내 안에 자성불을 절대로 믿을 수가 없는 것입니다. 내가 부처라는 것을 결코 믿을 수가 없는 것입니다. 내 생명이 영원함을 절대로 믿을 수 없다는 것입니다. 이것을 믿을 수 없기에 상처받을 수밖에 없고, 포기할 수밖에 없습니다.

자성불自性佛에 대한 절대적인 믿음이 있어야 합니다. 부처님이 영원한 생명으로서 천지 이전부터 항상 나를 이끌고 사랑하고 영원한 해탈로 이끌어 주심을 믿어야 합니다. 육신의 나를 이끌어가는 것이 아닙니다. 내 안의 본래 불성, 진여일심, 참나, 진짜 나에 대한 결정적인 믿음을 가져야 합니다. 자기 자신을 등불로 삼는 결정적인 믿음이 없으면 세상은 다 꺾이게 되어 있습니다.

여러분이 남편·아내에 대해서 결정적으로 믿어야 합니다. 남편·아내의 부족함과 허물이 아무리 많이 보여도 그 허물을 보고 그 부족함을 보는 순간 여러분은 무지의 중생심으로 가는 것입니다. 상대방의 부족함을 본다는 것은 진짜 믿음이 있는 사람이 아닙니다.

세상은 겉으로 보면 답이 없습니다. 내 아내, 내 남편, 내 자식, 내 친구, 그 누구도 바뀔 사람이 없습니다. 절대로 안 바뀝니다. 습관은 실체가 없습니다. 한 생각이 바뀌면 바로 바뀝니다.

내가 온 마음을 바쳐서 도움을 준 사람도 내가 힘들 때는 오지 않습니다. 반드시 와서 도와줄 것 같은 사람이 안 옵니다. 기대하지 마세요. 오지 않는 것이 우주의 법칙입니다. 오면 내가 깨닫지 못하기에 안 보내는 것입니다. 그러니 서운해 하지 마세요. 생명을 구해 주었어도 내가 깡통차고 소매에 눈물을 적실 때는 떠납니다. 이것이 공식입니다.

내가 은혜를 입었을 때도 마찬가지입니다. 나에게 은혜를 준 사람이 고통받고 있을 때 나도 가까이 안 갑니다. 왜 못 깨닫고 헤매고 다닙니까? 왜 믿음대로 살지 못할까요? 자기 자신이 부처로서의 절대적인 믿음이 없잖아요? 그러면 아무리 수행해도 못 깨닫습니다. 무량 아승지겁 동안 육바라밀을 닦은 공덕은 자성불에 대한 믿음의 공덕에 비하면 백천만 분의 일도 안된다는 겁니다.

《법화경》에서는 믿음을 빼면 아무것도 없습니다. 오로지 일불승에 대한 믿음입니다. 그냥 단순히 '내가 할 수 있다.'가 아닙니다. 이미 완성된 겁니다. 다 이루어진 것입니다. 울고불고 하면 안 이루어집니다. 매달려서 이루어지는 것이 아닙니다. 내게 믿음이 있으면 다 이루어집니다.

기도하면서 왜 마음이 왔다 갔다 합니까? 그런 기도는 안 받아들여집니다. 믿음은 천길 낭떠러지에서 뛰어내리는 것입니다. 그 다음은 내 소관이 아닙니다. 이것이 믿음의 속성입니다. 부처님 일에 간섭하지 마세요. 왜 여러분이 사량분별思量分別하고 판단합니까?

신앙 생활하면서 점점 힘들어졌습니까? 지금 자신의 신앙심을 한 번 점검해 보세요. 부처님에 대한 믿음이 신실합니까? 그러면 그것은 축복입니다. 부처님이 나를 완성시키기 위해서 계속 나에게 복을 주는 과정인 것입니다. 반면 내가 참 믿음이 없고 악한데 일이 잘 풀린다면 한꺼번에 다 망가뜨려서 흔적 없이 흩어지게 하기 위함이니 지금 잘되는 것은 재앙입니다.

어떤 것이 복인지 여러분은 잘 모르고 있습니다. 엊그제 자식을 잃은 보살님이 법당 개원 축하 화분을 보냈습니다. 저는 그 보살님의 신앙에 정말 감동했습니다. 자식의 관을 잡고도 '부처님 정말 감사합니다.'라고 할 수 있으면 신앙은 완성된 것입니다.

부처님은 내가 무엇으로 태어나든 세세생생 나를 사랑하는 아버지입니다. 믿음 하나로 모든 것을 끝낼 수 없으면 신앙을 가질 이유도 필요도 없습니다. 죽으면 죽으리라. 흥하면 흥하리라. 망하면 깨끗이 망하리라. 아프려면 아파라. 그것이 나에게는 복이니까. 그 위에 대복을 쌓으면 되니까.

여러분, 미래형으로 살지 말고 미래형으로 기도하지 마세요. 신앙은 오로지 지금뿐입니다. 지금 믿으면 사는 것이고 안 믿으면 죽는 것이지 미래는 없습니다.

재물을 구하는 기도이든, 자식의 성공을 구하는 기도이든, 남편의 온유함을 구하는 기도이든 그 기도를 한 번 시작했으면 끝까지 가야지 왜 꺾습니까? 이 세상에 제일 무서운 것이 될 때까지 하면 끝나는 겁니다.

보시를 하든, 지계를 하든, 정말로 믿고 하는가 입니다. 여러분이 보시를 함에 있어서 진실한 믿음으로 한 것이 얼마나 될까요? 마음에서 화나는 것 진실로 부처님에 대한 믿음으로 참은 것이 몇 번이나 되겠습니까? 일체의 인욕도, 보시도, 정진도, 애써서 절한 것도 신실한 믿음없이 한 것은 공덕이 하나도 없습니다.

내가 하는 모든 것이 부처님이 하는 것이어야 합니다. 그래야만 이것이 완성되고, 성취되고, 성불되고, 믿음대로 됩니다. 반드시 말대로 됩니다. 우리가 반드시 생각한 대로 됩니다. 대서원大誓願의 성취는 내 실력과 노력과는 상관없이 오로지 믿음으로 이루어지는 것입니다. 믿음으로

써 일체의 지혜와 공덕과 오안육통[8] 등 모든 것을 다 얻어 가졌다는 것입니다.

여러분도 눈을 뜨셔야 합니다. 항상 제자리인 신앙을 갖지 말아야 합니다. 자성불에 대한 믿음과 영원한 생명임을 믿지 않고 하는 기도는 아무런 공덕도 성취도 없습니다. 부처님 말씀이 영원한 생명의 생명수인 줄을 여러분이 모르는 겁니다. 그것이 감로수입니다. 말씀 그대로를 절대로 믿지 않는 겁니다. 많은 불자들이 이 말씀은 제쳐두고 염불하고 참선하고 보시합니다.

보배를 놓고 흙덩이 잡고 욕보는 것이 중생의 신앙입니다. 여러분 마음 속에서 여러분 입으로 '정말로 부처님 믿습니다.' 하고 한 마디 하는 순간부터 여러분 인생이 바뀝니다. 내가 부처님을 믿지 않고 하는 염불과 참선과 기도가 아무리 오랫동안 한들 무슨 공덕이 있겠습니까?

'내가 부처님을 진짜 믿습니다.' 라는 한 마디로 모든 것이 끝입니다. 다라니 끝입니다. 그런데 이 말을 못하는 겁니다. 여러분이 잘 된다고 믿습니까? 그러면 됩니다. 잘 모르겠습니까? 그러면 모릅니다. 안 될 것 같습니까? 그러면 안 됩니다. 이것이 우주법계의 진리입니다.

부처님을 믿는 사람들이 왜 경전을 무시하는지 이해할 수가 없습니

---

8 오안(五眼) : 육안(肉眼), 천안(天眼), 혜안(慧眼), 법안(法眼), 불안(佛眼)의 다섯가지 눈
육통(六通) : 부처님의 여섯 가지 신통력. 천안통(天眼通), 천이통(天耳通), 타심통(他心通), 숙명통(宿命通), 신족통(神足通), 누진통(漏盡通)

다. 왜 경전의 말씀을 안 믿는지 정말 이해가 안됩니다.

'부처님 제 생명을 다 던집니다.'

'오장 육부도 다 던질테니 부처님이 알아서 하십시오.'

'우리 딸 이것이 소원인데 부처님 믿고 우리 딸 바칩니다. 우리 딸 이 소원 이루어 주시고, 지혜와 능력 주시고, 세상에 필요한 아들 딸 되게 해 주십시오.'

그게 되면 영靈적인 문제는 한 마디만 하면 됩니다. '이 인연 공덕으로 고해에서 벗어나서 극락왕생 하소서!'라는 말 한 마디면 모든 인연들의 천도가 완료된 것입니다.

마음 꺾어 놓고, 마음에 탐진치와 시기, 질투, 이기심이 있으면서 아무리 천도한들 영원히 답이 없습니다. 된 것도 뒤집어집니다. 해 놓고 불신의 말을 한 마디만 던지면 지금껏 한 것이 원 위치입니다. 지금까지 거꾸로 했어도 내 믿음의 말 한 마디면 모든 것이 풀리게 됩니다.

이 순간부터 안 되면 부처님한테 따지세요. 이것이 진리이고 믿음입니다. 티끌만큼의 믿음만 있어도 이루어지는데, 그런 믿음이 없으니 모든 기도와 노력은 헛수고입니다.

석가모니 부처님의 모든 제자들이 겉으로는 염불과 수행을 했어도 그 중심의 중심에는 오로지 믿음 하나였습니다. 오로지 부처님 말씀에 대한 절대적인 믿음이었던 것입니다.

세상을 바꾸는 사람은 1%도 안되는데 그 사람은 진리에 대한 영원한 믿음이 있습니다. 그렇지 않으면 세상을 못 바꿉니다. 성공하는 사람은 3%이지만 세상을 바꾸는 사람은 1%가 안 됩니다. 세상을 바꾸는 사람은 신앙이 온전한 사람입니다.

어떻게 내 마음의 완전한 평화를 이룰 수 있을까요? 어떻게 가정의 평화를 진짜 이룰 수 있을까요? 어떻게 남북통일을 완전히 이룰 수 있습니까? 부처님의 대자대비에 대해 머리를 숙인다면 당신의 지혜와 자비로만 내가 살겠노라고 내가 선언하면, 내 마음 안에 완전한 평화를 이룰 수 있습니다.

믿음이면 어떤 아내도, 남편도, 자식도, 부모도 무릎 꿇게 되어 있습니다. 세상의 일은 진짜 아무 일도 아니에요. 그런데도 여러분은 목숨 걸고 싸웁니다. 왜냐하면 자기의 고집과 생각이 너무 강하여 절대로 내려놓지 않는 겁니다. 아무것도 아닌 것 가지고 끝까지 싸웁니다.

자성불에 대한 믿음이 너무나 없습니다. 부처님의 영원한 여래수량이 나의 참 생명임을 믿지 못함으로 인해서, 부처님 말씀을 믿지 못함으로 인해서 별것도 아님에도 목숨 걸고 싸웁니다. 아무것도 아닌 것 가지고 끝까지 싸웁니다.

자등명自燈明, 법등명法燈明이 축이 되어야 합니다. 이 세상의 모든 고의 문제는 우리의 믿음 하나로 끝입니다. 진심을 쓰는 것이 정법인데 마음을 쓸 때 말로 나오면 결정이 끝난 것입니다. 이것은 광명도 되고 재앙도 되는 것입니다. 내가 말을 할 때는 내 자신이 부처로서 말을 하면 됩니다.

자기 자신에 대한 자긍심이 충만해야 합니다. 자신을 사랑하고 믿을 수 없으면 여러분은 부처님 믿고 성불하지 못합니다. 시방세계 일체의 달과 별, 산천초목이 모두 나를 위해서 부처님께서 보여 주시는 것임을 여러분이 모르면 답이 없습니다.

일체의 공덕은 오로지 한 믿음에서 나오는 것입니다. 세상을 움직인 사람들은 신앙적 표현만 다를 뿐이지 자성불에 대한 결정적인 믿음이 완벽했습니다. 보통 사람들은 일생 동안 수고하고 헌신하고도 공덕이 제로인 사람이 너무나 많습니다. 이런 사람들은 절대적인 믿음을 가지고 한 것이 아니어서 그렇습니다. 자성불에 대한 믿음만 신실하다면 사찰에 두 번 올 필요도 없습니다. 한 번 들어서 끝이고 그 나머지는 진리로 법으로 오는 것입니다.

말 한마디로 세세생생 덕을 쌓아 보세요. 꽃 한 송이를 가지고 영생토록 받을 수 있는 복을 지어 보세요. '정말 부처님 믿습니다. 제 길을 열어 주세요.', '이 고통을 즐기겠습니다. 이 물질적인 고통, 육체적인 고통, 이 인연의 고통, 세상의 모든 저주를 감사히 여기겠습니다.', '천하의 대 복이 나에게 준비된 것으로 믿습니다.'라고 항상 염하고 거기에 추호도 의심을 가지면 안 됩니다. 부처님의 이름으로 기도한 것은 어떤 경우에도 의심하면 안 됩니다.

부처님에 대한 참된 믿음을 가지세요. 부처님은 나의 영원한 생명이시고, 삼계의 도사이시며, 사생의 자부요, 시아의 본사이시며, 항상 나를 지켜 주시고, 항상 나를 영원한 해탈의 길로 인도해 주시는 그런 영원한 부처님입니다. 이것을 결정코 믿을 때 여러분 가정의 평화, 개인의 평화, 남북통일, 시방세계 중생의 해탈은 이 믿음 한 마디로 다 완성됩니다.

앞으로는 덧없는 신앙생활 하지 마세요. 주저주저하는 신앙생활은 이제 끝내세요. 믿지 못하면서 죽도록 수행하는 골병드는 신앙생활은 하지 마세요. 부처님이 말씀하십니다. 제발 믿으라고. 내가 부처이고, 네가 부처이고, 저능아도 악인도 그 숨겨진 영원한 불성이 있음을 믿어서 항상 자비심으로 일체를 대해야 한다고.

남편도 자식도 모두를 사랑하고 자비심으로 불쌍하게 여겨야 합니다. 못된 짓 하는 남편이나 자식을 불쌍히 여겨서 나의 완전한 내심의 안락을 이루어야 합니다.

《묘법연화경》 말씀은 탐욕의 땅, 성냄의 콘크리트와 어리석음의 바위를 뚫고 백련 꽃을 피우라는 그런 참 말씀임을 굳게 믿고, 세상에 불가능이 하나도 없다는 것을 믿으시기 바랍니다. 부처님 말씀을 믿는 순간 나는 이미 부처입니다. 나와 여러분이 영원한 미륵불입니다.

모든 불자님들은 부를 구하지 마세요. 이미 부가 다 형성되어 있습니다. 병 낫기를 바라지 마세요. 이미 병은 다 나았습니다. 가정의 평화를 구하지 마세요. 이미 평화는 다 이루어졌습니다. 더 이상 어떤 것도 구하지 마세요. 이미 다 이루어졌습니다. 부처님을 믿고 그 부처님의 법 안에서 내가 마음으로 결정했다면 이미 모든 것은 이루어졌다는 것이 믿음의 완성입니다.

16강
부처님의 무량생명을 믿고
기뻐하는 이의 공덕은 한량이 없다

제 십팔. 수희공덕품隨喜功德品[9]

부처님 가르침에는 여러가지 공덕이 있는데 이 수희공덕은 업장을 소멸하고 덕을 쌓는 근본이 되는 공덕입니다.

부처님 가르침에서 깨달음의 일곱 가지 인자因子[9] 중에 경안각지輕安覺支와 희각지喜覺支가 있습니다. 몸과 마음이 항상 고요하고경안각지 내면에 미소를 머금는 삶희각지이 최고의 깨달음의 요소라고 말하고 있습니다. 부처님이 깨달아서 중생을 제도하는 모습은 항상 자비의 영원한 미소입니다.

---

9 깨달음에 이르기 위한 일곱가지의 수행요인. 일곱가지의 깨달음의 요소를 7각지(覺支)라 한다. 염각지(念覺支), 택법각지(擇法覺支), 정진각지(精進覺支), 희각지(喜覺支), 경안각지(輕安覺支), 정각지(定覺支), 사각지(捨覺支)이다.

수행생활하면서 어떤 상황에서도 어떤 조건, 어떤 경우라 할지라도 마음에서 부처님에 대한 깊은 진리의 기쁨, 믿음의 기쁨을 갖지 않는다면 여러분의 수행생활은 반드시 실패합니다. 부처님에 대한 믿음으로 기뻐할 수 있고, 부처님 말씀으로 기뻐할 수 있다면 반드시 승리할 수 있습니다.

〈수희공덕품〉은 내가 따라서 즐거워하는 것입니다. 부처님이시여, 《묘법연화경》 말씀을 듣고 기쁜 마음을 내어 다른 사람에게 전하는 사람은 어떤 공덕을 받습니까? 이 말씀에 대한 기쁨, 진리의 가르침에 대한 기쁨을 전하는 공덕이 얼마나 크냐고 묻는 장면입니다.

이 경을 받아 지니고 그 기쁨을 다른 사람에게 전하기 시작하여 오십 번째 사람이 듣고 기뻐하는 공덕이 어떤 사람이 사백만 억 아승지 동안 모든 일체중생에게 금은보화로 보시한 공덕보다 훨씬 더 크다는 것입니다. 부처님의 말씀을 듣고 기뻐하며 이 말씀을 전하게 되면 여러분은 세세생생 열반락을 얻게 됩니다. 부처님의 말씀은 기쁜 소식입니다.

우리는 이 진리의 말씀을 가지고 살아갈 수 있습니다. 세상의 가치로 부와 명예와 사랑과 모든 것을 다 이루어도 우리의 마음은 항상 허공과 같이 텅 빈 듯 허무가 있습니다. 그 공간은 오로지 진리, 부처님 말씀으로만 채워질 수 있는 것입니다.

그 허무를 채우지 않는다는 것은 본인이 의식하든 못하든 여러분은 위선과 가식과 허위로 살아간다는 것을 깨달아야 합니다. 이것을 채우지 않는 인생은 아무리 살아도, 아무리 즐겨도 만족이 없습니다. 세상의 가치는 만족되는 것이 아니니까요.

부처님은 영원한 생명의 진리로서 태초 이전부터 항상 깨달아서 중생들을 항상 일깨워 주시고, 항상 보호하시며, 항상 이끌어 가십니다. 부처님은 위대한 진리로서 나의 생명이요, 나의 일체라는 것을 내가 진정으로 깨달아서 이 말씀을 가지고 살면서 기뻐하고 즐거워할 때 여러분은 삶에서 진정한 열반락을 얻게 됩니다.

물질로 세상에 베푸는 것은 조그마한 공덕을 쌓는 것입니다. 육신을 다 바쳐서 하는 보시도 작은 공덕은 됩니다. 지적知的인 공덕이나 정신적인 공덕은 물질적인 것보다 훨씬 더 큽니다. 하지만 부처님의 진리를 깨달아서 전하는 공덕은 삼천대천 세계를 금은보화로 세세생생 보시하는 공덕보다 그 공덕이 무량합니다.

이런 법을 전하는 사람은 좋게 말하면 사명이지만 종교적으로 업으로 표현할 것 같으면 업이 태산같이 많은 것입니다. 법을 펴지 않으면 은혜를 갚을 수 없고 빚을 갚을 수 없기 때문입니다. 다른 것으로는 어떤 것으로도 죄업을 소멸할 수 없습니다.

제가 금은보화를 여러분들 집집마다 창고 가득 쌓아드려도 저의 업은 티끌만큼도 소멸되지 않는 업을 타고 난 것입니다. 제 목숨을 아무리 여러분한테 바쳐도 저의 업을 소멸할 수 없기 때문에 저는 법을 전하고 있습니다. 법을 전하는 사명을 가지고 태어난 것입니다.

이 사명을 알게 되면 한 번만 법문을 해도 다겁생의 저의 업이 다 소멸됩니다. 아주 간단합니다. 진짜 공덕을 쌓고 싶다면 이 법을 전하세요. 이 기쁨을 전하세요.

살아가면서 육체적인 고통이 있는 사람이 많습니다. 물질적인 고통, 인연의 고통도 너무 많습니다. 오늘날과 같이 불행하고 좌절하고 이런 인생에서 어떤 공덕을 짓고 어떻게 살아가기를 원하세요. 우리가 이 육신을 가지고 이 세상에 왔다는 것은 딱 한 가지 이유입니다. 덕을 쌓으라고 이 세상에 온 것입니다.

우리가 아무리 신한테 부처님한테 기도해도 업장이 소멸되지 않습니다. 내 앞에 있는 사람이 정말로 부처이기 때문에 원수이든, 친한이든, 남이든, 가족이든 그 사람에게 덕을 쌓지 않는 한, 우리의 인생은 조금도 나아지지 않습니다.

어떻게 덕을 쌓아야 합니까? 진리로써 '나'가 없는 마음으로 진정으로 미소를 머금고 그 사람을 위할 수 있다면 여러분의 모든 업장은 소멸되고 길이 열립니다.

왜 자동차 사고가 납니까? 왜 우리 아들만 시험에 떨어집니까? 왜 우리 가정만 불행합니까? 나에게 닥친 불행한 일은 반드시 내가 덕을 쌓아야 할 일이 있어서입니다. 여러분이 산행을 할 때는 건강을 위해서 좋은 마음으로 가는데 가는 길에 마음을 좋게 쓰지 않고 남을 험담하거나 하기에 다리를 삐고 다치는 일이 생깁니다. 그 말은 내가 반드시 덕을 쌓을 일이 있다는 것입니다.

여러분은 세상의 어떤 빚도 갚을 수 없다고 생각하십시오. 농사를 짓지 않고도 갖가지 곡식을 먹고 살고 있습니다. 농사짓는 사람은 천지의 은혜를 못 갚습니다. 땅이 있고, 바다가 있고, 태양이 있고, 산이 있어서 다 된 것이지 내 수고로 된 것은 극히 일부입니다. 우리는 천지의 은혜를 도저히 갚을 수가 없습니다. 생필품도 마찬가지입니다. 많은 사람들의 수고로 우리는 생활에 필요한 물품을 편리하게 사용하며 살고 있는 것입니다.

우리가 부처님의 은혜, 영원한 생명의 은혜를 어떻게 갚습니까? 영원토록 갚아지지 않는 속성이 있습니다. 이 은혜를 갚는 길은 단순 명료합니다. 오늘 부처님 가르침, 이 말씀을 듣고 진정으로 즐거움과 환희심을 내시면 됩니다. 이 기쁨은 육체적 쾌락과는 다릅니다. 세속의 쾌락은 나를 파멸시키지만 이 기쁨은 나를 영원한 즐거움으로 이끌어 갑니다. 그리고 이 기쁨은 반드시 타인도 기쁘고 복되게 합니다.

부처님은 일체중생이 대승심大乘心과 최상승심最上乘心을 갖기를 원합니다. '내가 일체중생을 다 제도하리라.'라는 마음 갖기를 원합니다. 남이 없고 원수도 없습니다. 친한 이, 미운 이가 따로 없습니다. 반드시 부처님과 같은 지혜와 자비를 갖추기를 원하는 것이 최상승심입니다. 한 중생을 제도하고 한 중생을 기쁘게 하면 한 생의 업장이 소멸됩니다. 두 사람을 제도하고 두 사람을 기쁘게 하면 두 생, 이렇게 백 생, 천 생의 업장이 소멸됩니다.

여러분은 지금까지 몇 사람이나 진리의 말씀으로 기쁘게 했습니까? 저는 금생에 한 명 아니면 두 명이라고 생각할 때가 많습니다. 그것도 부처님의 은혜입니다.

우리가 우리의 가정을 진리로써 평화롭게 못하고 내 가정을 온전히 믿음으로, 기쁨으로 온전한 가정을 만들 수 없다면 여러분은 다른 사람에게도 포교할 수 없습니다. 여러분이 진정으로 기쁘고 즐거움으로 진리의 즐거움과 환희가 없는 이상은 나의 변화도 있을 수 없고 남편, 자식의 변화도 절대로 있을 수 없습니다.

세상의 변화와 불국토 장엄은 오로지 내 마음의 수희공덕으로써 부처님 말씀 따라서 그대로 기쁨을 충만하게 가졌을 때 이루어지는 것입니다.

부처님은 공덕을 쌓는 제일인자입니다. 세상의 것으로 쌓은 복은 해서 나쁘진 않지만 우리의 업을 소멸시키는 데는 조금의 공덕 밖에 되지 못합니다. 바램이나 욕심으로 하는 것은 덕을 쌓는 것이 아니라 오히려 덕을 잃어버리게 됩니다. 오로지 믿음으로, 부처님 가르침으로 내가 없는 마음, 청정한 마음, 불심으로 했을 때만 덕이 쌓이는데 이제는 한 번만 해도 모든 다겁생의 업이 소멸되는 것입니다.

누구라도 이 법문을 듣고 진정으로 온 마음과 영혼으로 기뻐한다면 세세생생 악도에 들지 않고 성불합니다. 여러분은 무엇을 보고 가십니까? 오로지 부처님 말씀을 보고 가세요. 다른 것 보지 마세요.

어떤 사람은 참선해서 깨달았습니다. 그 사람은 그럴 수 있습니다. 어떤 사람은 염불해서 깨달았습니다. 그럴 수 있습니다. 여러분은 법문을 듣습니다. 법문을 들을 때 못 깨달으면 못 깨닫습니다. 저는 법문할 때 못 깨달으면 못 깨닫습니다.

아무 것에서도 깨달아지지 않습니다. 고통스런 사람은 고통을 통해서 깨닫고, 행복한 사람은 행복을 통해서 깨닫습니다. 고통스런 사람은 행복을 통해서는 못 깨닫고, 행복한 사람은 고통을 통해서는 못 깨닫습니다.

현재 여러분에게 일어나는 모든 일에 대해서 내가 진심으로 '부처님 감사합니다.' 하고 기쁘게 생각할 수 있다면 여러분은 거기에서 바로 발복이 됩니다. 그것이 큰 덕이 되고 큰 깨달음이 됩니다. 현실을 떠나서는 일점일획도 깨달아지지 않습니다. 현실 밖에서 깨달음을 얻었다면 그것은 허구이고 거짓말입니다.

삼보의 실체, 깨달음의 실체, 공덕의 실체가 어디 있습니까? 삼보의 실체는 내 앞에 있는 사람입니다. 그 사람이 하는 말이 삼보의 실체입니다. 내 앞에 있는 사람이 도반입니다. 오로지 지금 이 순간에 내 앞에 있는 사람이 부처입니다. 그 사람이 능멸하든 멸시하든 그가 하는 말이 법문입니다. 칭찬하든, 찬탄하든 그것이 법문이에요. 이걸 떠나서는 절대 깨달을 수 없습니다.

장사하는 사람은 참선해서 깨달으려고 하지 마세요. 매일 물건 사러 오는 손님이 부처이기 때문에 그 사람을 통해서 반드시 깨달아집니다. 그 손님한테 덕을 쌓으면 됩니다. 그 사람한테 내가 친절하게 하면 됩니다. 한 시간 동안 물건만 만지작거리다 그냥 가더라도 십 분에 한 번씩 감사하다고 절하세요. 깨달음은 밖에 있지 않습니다. 내 앞에 보이는 사람한테 있습니다.

힘들어졌습니까? 산에 가지 마세요. 절에 가지 마세요. 힘들게 한 그 사람한테 절하세요. 덕을 쌓으면 무조건 이루어집니다. 나한테 욕한 사람을 원망하지 마세요. 원망하면 덕을 잃습니다. 그 사람은 나한테 큰 덕을 쌓으라고 그렇게 악한 모습으로 나타난 것입니다. 큰 덕을 쌓으면 됩니다.

제가 법을 펴는데 장애가 오면 원을 더 크게 세우면 무조건 해결이 됩니다. 저에게도 힘든 일, 고통스러운 일, 어려운 일이 생깁니다. 그런 일이 생길 때마다 제가 원을 더 크게 세우라는 뜻이지 저에게 장애는 없습니다. 여러분에게 어떤 고통도 없다는 것만 명심하세요. 내가 원만 세우면 그 고통은 순간에 사라집니다.

어떤 보살님은 영靈적인 문제로 너무 고통스러워 합니다. 아주 간단합니다. '내가 일체중생을 다 제도하겠노라.' '나와 인연 있는 모든 중생에게 내가 덕을 쌓으리라.' '내 인연 중생을 위해서 향을 꽂으리라.' '촛불을 켜리라.' '내가 꽃을 공양하리라.' '내가 그 중생들을 부처님 이름으로 축복을 하리라.' 하면 그 즉시에 해탈합니다.

나에게 주는 고통은 고통이 아니고 기뻐하라는 뜻입니다. 잘 살고 싶어도 잘 안 되는 이유는 기쁜 마음으로 덕을 쌓지 않기 때문에 안 됩니다. 항상 진리의 기쁨으로 해야 합니다. 물질로 하는 어떤 보시도 기쁜 마음으로 진리의 말 한마디 하는 것의 백천만 분의 일의 공덕도 안 됨을 명심하십시오.

우리가 일생동안 부모 자식을 위해 물질로 부양하고 섬기었다 해도 그 공덕은 아주 미미하고 오히려 업을 쌓을 수도 있습니다. 하지만 진실로 부처님의 가르침으로 기쁨으로 다른 사람에게 차를 한 잔 사든지, 부처님의 덕으로써 진실한 말을 했을 때 그 공덕은 무량합니다.

물질로 덕을 쌓으려 하지 마세요. 그것은 형편대로 하시면 됩니다. 정법으로 할 수 있으면 하세요. 물질보다는 덕이 많습니다. 승려로서 법을 펴고 리더로서 살아간다는 것은 모든 업을 내가 다 끌어안은 사람이기 때문에 항상 말할 때마다 생각할 때마다 이익을 주지 않는 것은 하지 않아야 합니다.

여러분에게 불행이 없다는 말을 완전히 믿을 수 있어야만 불교를 완전히 믿고 갈 수 있습니다. 아무런 고통이 없는 사람은 고통이 없는 것이 오히려 고통입니다. 진리를 모르기 때문에 원도 없고 뜻도 없습니다. 그러니까 가치 창조가 안 됩니다. 삶의 이정표가 없습니다. 모든 것이 평화롭고 가정적으로나 물질적으로 다 내 뜻대로 됩니다. 하지만 그 사람은 영적으로 엄청난 고통이 누르고 있기에 사실은 가장 불쌍한 사람인데 본인이 자각하지 못하는 것입니다.

부처님 말씀을 기뻐하는 환희심, 그것이 내면에서, 저 깊은 우주 생명의 태초의 출발점에서 활화산처럼 우리들 마음에 타오르지 않으면 우리는 신앙심을 향상시킬 수 없고 믿음으로써 이 세상에서 승리할 수 없습니다.

병을 고칠 때 약이나 음식으로 고치려면 여러분은 죽습니다. 그것으로는 못 고칩니다. 여러분의 마음에서 병을 이겨 내야 합니다. 모든 일에 있어서 말이 전부 이어야 합니다. 항상 승리의 말을 써야 합니다. 항상 믿음의 말을 써야 합니다. 항상 온유한 말을 써야 합니다. 항상 평화의 말을 써야 합니다. 전쟁터에 나가는 전사라 할지라도 '내가 어떤 일이 있어도 살아서 돌아 올게.' '어떤 일이 있어도 나는 이룰거야.' 하면 반드시 죽을 일도 살아집니다.

말이 천지신명과 우주법계의 부처님께 전해졌기 때문에 무조건 연장시킵니다. 내가 죽을 일이 있어도 자비심으로 '모든 생명들이여 복되라.'라는 말 한마디로 그런 업이 다 소멸되고 길이 열립니다. 기적이 생깁니다. 여러분이 생각할 때마다, 말할 때마다 매 순간 기적이 일어납니다. 그런 줄을 아는 사람은 진정한 믿음 생활을 할 수 있습니다.

〈여래수량품〉부터는 온전히 믿음뿐입니다. 수행도, 염불도, 참선도 다 보조 식품이에요. 오로지 내 믿음으로써 말하면 그대로 됩니다. 이것이 정법입니다. 《법화경》을 듣는 불자들은 방편이 필요 없습니다. 반드시 말대로 됩니다. 생각대로 됩니다. 내가 기뻐하면 천하에 슬픈 일도 기쁜 일로 다 변합니다. '부처님 감사합니다.' 하면 천하의 재앙도 다 복으로 변합니다. 덕을 쌓는 일은 간단하고 쉽습니다. 그런데 이 덕을 쌓고 가는 사람이 극히 드뭅니다.

여러분이 진정한 불제자라면, 진짜 부처님을 믿는다면, 여러분이 진짜 부처님 말씀을 따라서 법등명으로 살아간다면 매일 이 부처님 말씀으로 기뻐하셔야 합니다. 그리고 만나는 사람마다 반드시 이 기쁨을 전해야 합니다.

우리 불자님들은 다 바뀌셔야 합니다. 현실의 삶은 우울할지 몰라도 어떤 고통이 있을지라도 여러분 내면에서는 정말 기쁨이 있어야 합니다. 그렇지 않으면 절대로 포교할 수 없고 덕을 쌓을 수 없습니다.

내가 힘들수록 괴로울수록 덕을 쌓을 수 있는 절대의 기회입니다. 지나고 나서 알면 안 됩니다. 죽어야 죽은 줄 아는 사람이면 슬픈 일입니다. 내 모든 것을 가지고도 다 잃었을 때의 슬픔을 알아야 하고, 건강하면서도 병듦의 고통, 죽음의 고통을 알 수 있어야 합니다. 믿음의 생활에서는 진정한 참 기쁨을 가지고 살아야 합니다. 조금도 우중충하거나 우울해서는 안 됩니다.

겉으로는 슬프고 힘들 수 있어도 내면에서는 진리의 기쁨이 도도히 강물처럼 흘러가야 합니다. 슬픔 가운데서도 기쁨이 있고, 고통 가운데서도 희열이 있으며, 한없이 어려운 가운데서도 용기와 담대함이 있다는 것을 여러분이 자각했을 때 여러분의 삶 전체에 희망이 넘칩니다.

그렇게 해서 여러분이 항상 덕을 쌓아야 합니다. 부처님 말씀으로 기뻐하는 공덕을 지으세요. '나는 나의 가족이 죽었음에도 불구하고, 내 모든 것을 잃었음에도 불구하고, 나는 믿음으로 진심으로 기쁘다.'라는 말을 진심으로 전할 때, 여러분은 새로운 삶을 살게 됩니다.

수회공덕이라는 것은 여러분의 마음에서 진심으로 법으로 즐거움을 갖는 것입니다. 이 즐거움은 여러분이 육신을 가졌을 때나 갖지 않았을 때나 내가 어디에 나거나 영원히 끊어지지 않는 기쁨입니다. 이것을 열반의 기쁨이라고 합니다. 열반의 기쁨은 기쁨이 없는 기쁨입니다. 열반의 기쁨은 만들어지거나 조건에 의해 생긴 것이 아닙니다.

열반의 기쁨은 존재 이전부터 영원히 나의 생명으로부터 오는 기쁨입니다. 열반의 기쁨은 참된 믿음에서 오는 기쁨입니다. 이런 참된 믿음에서 오는 기쁨을 가지고 우리가 살아갈 때, 내 자신도 완전한 변화가 일어나고, 내 안에 있는 일체의 병이 사라집니다. 내 안에 있는 일체의 업이 다 소멸됩니다.

그것이 남편에게, 아내에게, 자식에게, 부모에게, 이웃에게 다 전해질 때 그 기쁨의 공덕이 무량한 것입니다. 여러분이 어디서 덕을 쌓을 겁니까? 물질로 쌓는 공덕은 부처님 진리의 말씀에 대한 믿음을 가지고 이것을 이웃과 함께 하고 수회 찬탄하는 공덕에 비하면 오물과 같고 티끌과 같습니다. 우리가 진리의 참된 믿음으로써 이것을 이웃에게 전하고, 세상의 고통받는 사람들에게 이 법을 전했을 때 이것이 진정한 공덕입니다.

우리는 복이 없으면 못 삽니다. 부처님에 대한 진실한 믿음 하나로써 삼세의 업장을 소멸시키고, 다겁생의 일체 공덕을 다 완성시켜야 합니다. 업을 소멸시키는 단 한 가지 방법, 조상의 업장을 소멸시키는 방법 그리고 영원히 덕을 쌓는 방법은 '부처님 감사합니다. 정말 감사합니다. 부처님 믿고 기쁘게 살겠습니다.' '다 잃어도 감사하고, 지금 죽어도 감사하겠습니다.' '모든 것을 잃어도 항상 감사하고 부처님에 대한 믿음과 즐거움으로 살겠습니다.' 하면 여러분의 백천만 억 생의 업보가 이 순간에 다 소멸됩니다.

여러분의 업장소멸 다 이루고 일체 공덕을 다 이루는 유일한 길은 부처님 말씀을 따라서 기뻐하는 것입니다. 이것을 전하는 공덕 또한 무량합니다. 여러분도 오로지 부처님 말씀을 듣고 기뻐하고, 그 말씀을 새기고 또 새기면서 그 기쁨을 다른 사람에게 전할 수 있는 참생명의 불자가 되시기 바랍니다.

17강

법화경 포교의 공덕은
최고의 공덕이다

제 십구. 법사공덕품法師功德品

법사의 공덕은 법을 펴는 공덕입니다. 누구든지 《묘법연화경》을 수지 독송하고 다른 사람에게 이 법을 전한다면 눈으로 팔백 공덕, 귀로 천이 백 공덕, 코로 팔백 공덕, 입으로 천이백 공덕, 마음으로 뜻으로 천이백 공덕을 짓는다고 말씀하고 계십니다.

중생이 올바르게 일불승, 대승의 길로 들어가려면 처음 발심한 것과 깨달음이 동일해야 합니다. 처음 발심할 때 잘못 발심하면 성불이 안 됩니다. 내가 본래 부처임을 굳건히 믿고 수행을 해야 완전한 부처를 이루어 일체를 다 해탈하고 중생을 제도할 수 있는 공덕을 짓지 그렇지 않으면 절대로 성불할 수 없습니다.

벽돌은 아무리 갈아도 칼이 될 수 없습니다. 처음 수행할 적에 지장보살을 염송하고 경전을 읽어서 성불되는 것이 아니고, 결정적으로 내가 부처임을 굳건하게 믿고 보고, 듣고, 맛보고, 느끼고, 생각할 때 그 때 성불한다는 것을 알고 수행을 해야 합니다.

눈, 코, 귀, 입, 마음으로 보고, 듣고, 맡고, 맛보고, 느끼고, 생각하는 것은 헛되고 망령된 것인데, 이것이 망령된 것임을 모르면 절대로 눈으로 공덕을 쌓을 수 없고, 귀로 공덕을 쌓을 수 없으며, 코로, 혀로, 느낌으로 천이백 공덕, 팔백 공덕을 절대로 쌓을 수 없다는 뜻입니다.

왜냐하면 우리가 육신의 눈으로 보게 되면 거기에는 집착과 애착과 시비가 일어나게 됩니다. 눈으로 보고 좋은 것은 내 것을 만들려고 하고, 싫은 것은 밀어내서 거부하며, 좋은 소리는 듣고 싶어 하고, 나를 비난하는 소리는 듣기 싫어합니다. 이런 식으로 좋고 나쁨이 계속 생겨서 번뇌만 생기게 됩니다.

또 집착을 하고, 애착을 하고, 염착染着을 일으켜서 공덕을 다 까먹게 되기 때문에 '눈으로 보지 마라.' '귀로 듣지 마라.' '코로 맡지 마라.' '혀로 맛보지 마라.' '몸으로 느끼지 마라.' '마음으로 생각하지 마라.'는 것입니다. 오로지 내 안에 부처님이 보고, 부처님이 맛보고, 부처님이 하는 것만이 공덕을 짓는 것입니다.

부처님은 우리의 허물을 보시지 않습니다. 우리의 악행과 부족한 것을 보시지 않습니다. 중생은 자신의 기준으로 모든 것을 분별해서 업을 짓습니다. 육신의 눈으로, 세상의 눈으로, 성냄의 눈으로, 탐욕의 눈으로, 시기의 눈으로 항상 보고, 듣고, 먹고 마시기 때문에 영원히 깨닫지 못합니다. 본래 대광명이고 영원하면서 항상 청정한 진아의 참생명 자리에서 보고 들을 때만이 공덕이 생긴다는 뜻입니다.

팔백 공덕, 천이백 공덕은 여러분의 한 생각을 말하는 것입니다. 우리의 머리 끝부터 발 끝까지가 삼천 대천 세계입니다. 여기에서 모든 것이 이루어지는 것입니다. 이 안에서 일체가 이루어지는데 우리는 내 안의 불성이 본다는 것을 확실히 믿을 때만 이 공덕이 생깁니다. 그렇지 않으면 절대로 공덕이 생기지 않습니다.

여러분이 지금까지 본 것은 내가 부처로 본 것이 아니기 때문에 공덕이 하나도 생기지 않았습니다. 이제까지 들은 것도 일불승의 자리에서 듣지 않았기 때문에 모든 것에서 시비가 생겼습니다. 음식을 먹으면서도 짜다, 시다, 달다 하면서 이미 업이 생겼습니다. 느끼면서도, 생각하면서도 마찬가지로 업이 생긴 것입니다.

이제는 《법화경》을 읽음으로 인해서 다 공덕으로 변합니다. 이 공덕은 생긴 것이 아니고 본래 우리에게 구족되어 있는 것입니다. 내가 부처라는 것을 그대로 믿어 버리고 말을 하고, 보고, 듣고, 느끼면 모든 일에 있어서 다 공덕이 되는 것입니다.

오늘부터 무엇을 보든 일불승으로서 그것을 보세요. 일체는 다 거룩한 존재이고, 도반이고, 형제이고, 다 내 부모 형제요, 처자식입니다. 거기에는 어떤 허물도 없고, 무량한 공덕이 있을 뿐입니다. 이미 우리는 일체의 공덕이 성취되어 있는 것입니다. 공덕을 쌓아 나가는 것이 아니고 이미 성취되어 있습니다.

수행의 완성, 깨달음, 성불은 본래 구족되어 있는 내 완전한 공덕을 드러내는 것이지 쌓아서 이루는 것이 아닙니다. 이미 완성되어 있는 것을 드러내는 것입니다. 우리는 부처님 공덕으로, 부처님의 위신력으로, 이미 깨닫고, 이미 성불한 것입니다. 그것이 일불승 사상의 핵심입니다.

염불도 참선도 항상 일불승 자리에서 하십시오. 염불도 참선도 기도도 내가 부족한 존재로서 하는 것이 아니고 오직 부처 자리에서 하기에 하지 않는 것과 같은 것입니다. 이 《법화경》은 부처님 말씀의 정수精髓입니다.

우리의 모든 수행은 부처로서 완성된 것을 드러내는 수행이지 부족한 것을 완성시키는 수행이 아닙니다. 여러분은 이미 완전히 행복한 존재입니다. 어떤 물질적, 정신적, 영적, 깨달음이나 충족을 통해서 행복해지는 것이 아니고, 자식의 어떤 성공을 통해서 내가 행복해지는 것이 아니라 이미 나는 행복한 존재입니다.

행복한 존재로서 참자아를 드러내기 위한 삶을 위해 공부 하고, 기술을 연마하며, 열심히 생업에 종사하는 것이지 그 행복을 만들기 위해서 하는 것이 아닙니다.

이 육신은 죽으면 지수화풍地水火風으로 다 흩어집니다. 이것은 가짜로 잠시 인연을 지어서 모인 것으로 물과 같아서 내가 아무리 주먹을 쥐어도 내 손에 쥐어지지 않습니다. 그와 같이 육신이라는 것은 다 흘러가는 것입니다.

어떤 고통도, 어떤 재난도, 어떤 망념도, 어떤 걱정도 이미 다 흘러갔습니다. 앞으로도 다 흘러갑니다. 아무것도 걱정할 일이 없습니다. 걱정하는 사람은 이 법하고는 거리가 먼 사람입니다. 깨달음과 여러분의 행복과는 관계가 없습니다.

내일 천지가 무너진다 해도 준비하면 되는 것이지 걱정하면 안 됩니다. 여러분이 사십구재를 올리긴 하지만 이미 해탈된 것입니다. 우리는 덕을 쌓을 뿐입니다. 해탈시키기 위해서 염불하거나 해탈시키기 위해서 절을 하는 것은 아닙니다.

이미 영가님은 다 해탈되셨습니다. 여러분이 성불하셨듯이, 일체중생이 다 이미 성불하셨듯이, 이미 영가님은 다 해탈되셨습니다. 그렇게 믿고 내가 오늘을 살아가는 것이 진정한 재齋입니다. 그것이 저 언덕에 이르는 것입니다.

경전은 부처님의 몸입니다. 한 말씀이 한 부처입니다. 부처님과 부처님 가르침과 승가는 하나입니다. 떨어지지 않고 분리될 수도 없습니다. 분리되면 부처가 아니고, 부처님 가르침이 아니고 승가가 아닙니다.

우리가 《법화경》을 진심으로 읽고, 외우고, 쓴다는 것은 내가 부처님의 거룩한 상을 조성하는 것이나 마찬가지이고, 부처님을 거룩하게 그리는 것이나 마찬가지입니다. 내 모든 마음과 진실과 뜻을 다해서 사경하는 것입니다. 거기에는 항상 진여일심이 들어가야 됩니다.

신앙의 핵심은 듣고 보는 것입니다. 제가 여러분한테 법문을 하면 여러분은 손금 보듯이 보는 것입니다. 앞에 놓인 불상을 보듯이 마음에서 그대로 보여야 믿어지는 것입니다. 그것이 보이지 않는 사람은 못 믿습니다. 안 보이는 사람은 기도해도 안 이루어집니다.

병이 있는 사람은 본래의 법신불에서는 일체의 병이 없고, 나고 죽음도 없는 완전한 몸이라는 것, 영원한 생명의 몸임을 확신했을 때, 약을 먹든지 물을 마시든지 기도하면 병이 낫게 되는 겁니다. 낫기 위해서 기도하고, 낫기 위해서 약을 먹으면 낫지 않습니다.

신앙은 그렇다는 것입니다. 완전함으로부터, 성불로부터, 해탈된 것에서부터 출발하는 것이 일불승 사상의 핵심입니다.

《법화경》을 수지독송하고 사경할 때 마음을 다하고 뜻을 다하십시오. 이 한 자를 쓰면 내 조상이 천도되고, 내가 바로 성불하며, 내가 이 한 자를 거룩하게 공경하면 내 일체의 인연 중생이 성불한다는 결정적인 믿음이 있어야 합니다. 막연히 '법화경 사경하면 좋다더라.' 하는 식의 신앙은 아무런 의미가 없습니다.

《법화경》을 읽고 쓰는 사람은 다른 사람을 부처로 여깁니다. 《법화경》을 수지독송 사경하는 사람은 악행하는 사람을 보고 비난하는 것이 아니고 비심悲心을 일으킵니다. 《법화경》을 수지독송하고 남을 위해 설한다는 것은 이미 내가 부처님 마음을 가졌다는 것이고, 부처라는 뜻입니다.

지장보살을 염할 때는 내가 이미 지장보살입니다. 지장보살이 완전히 내 얼굴에 쓰여 있어야 합니다. 그렇지 않으면 지장보살 기도를 해서 절대로 병이 낫거나 해탈하거나 성불이 안 되는 겁니다. 내가 지장보살임을 결정코 믿고 지장보살을 부르면 즉득 해탈입니다. 지장보살을 믿고 그대로 기도하면 다 이루어집니다. 그런데 그런 믿음을 가지지 않고 기도하면 그 기도는 성취되지 않습니다. 부처님의 위신력과 가피와 신통력과 공덕과 원력과 서원과 복덕과 지혜와 자비가 무량하다고《법화경》에서 계속 말씀하고 계십니다.

영원히 사는 영생의 법을 얻었는데 나머지 것은 다 티끌만도 못한 것입니다. 그것이 믿어지면 끝입니다. 그것이 믿어지면 내가 말하는 모든 것이 축원입니다. 그것이 믿어지면 내 생각하는 모든 것이 다 법입니다. 내가 말할 때마다 다 법문하는 것이 됩니다. 내가 움직이는 것은 부처님이 움직이는 것입니다. 보는 모든 것은 지혜와 자비로 보는 것입니다. 새소리, 물소리, 싸움 소리, 시장에서 물건 파는 소리가 다 법문으로 들립니다.

《법화경》을 수지독송受持讀誦하고 남을 위해 설해 주면 누가 나를 비방하고 욕하는 소리도 다 법문으로 들리게 됩니다. 내 앞에 있는 개똥, 소똥도 다 찐빵으로 보입니다. 눈으로 보는 것마다 공덕을 짓게 되는 거지요. 꽃도 풀도 돌멩이도 다 아름답게 보입니다. 얼굴이 곱든 밉든 팔다리가 없든 아무 상관없이 다 거룩하게 보입니다. 나한테 보여 주는 모든 모습이 다 법문입니다. 개구리가 뛰는 것도 미꾸라지가 꿈틀거리는 것도 다 법문입니다. 우주 만상 만물은 다 거룩한 법신입니다.

일체 여러분들이 맡는 모든 냄새에서 다 공덕을 지으라는 뜻입니다. 그 냄새가 향기롭든, 고약하든 맡을 때마다 공덕을 지으라는 뜻입니다. 그 맛이 내 입에 쓰든, 달든, 맵든 공덕을 지으라는 것입니다. 모든 일에서 공덕을 지으라는 뜻입니다. 내가 있는 자리, 즉 우주 중심에서 눈, 코, 입, 귀, 몸, 생각으로 공덕을 지으라는 뜻입니다.

우리 눈이 본다고 생각하면 업을 짓습니다. 귀가 듣는다고 생각하고, 입이 맛본다고 생각하며, 코가 맡는다고 생각하면 다 업을 짓습니다. 몸이 느낀다고 생각해도 다 업을 짓는 것입니다.

음식을 앞에 놓고 '왜 이렇게 짜냐?', '왜 이렇게 싱겁냐?' 하는 사람은 복이 하나도 없습니다. 금생에는 밥을 먹고 살지만 다음 생에는 입도 없이 태어날 수 있습니다. 음식이 짜면 오늘은 '짠 부처님이 오셨구나.' 하고 먹으면 되고, 싱거우면 내 몸에 싱거운 것이 필요하니까 아내가 소금 치는 것을 잊어버린 거라고 긍정적으로 생각하라는 겁니다.

일체는 나한테 맞춤임을 알아야 합니다. 나한테 100% 맞추지 않은 것이 하나도 없습니다. 일점일획一點一劃의 오차 없이 맞아떨어지는 것이 법계의 진리입니다. 세상의 모든 것은 틀어질지 몰라도 인과와 천지의 이법理法은 백천만 겁이 지나도 조금도 틀어지지 않습니다.

부처님께서는 항상 온전하시고, 완전하시며, 일체를 다 구족하신 분이시니까 육근으로 항상 공덕을 짓지만, 범부 중생은 그러기가 어려운데 신실한 믿음을 가짐으로써 가능합니다. 부처님 말씀을 수지독송하고 전하면 혀가 일체의 감로수 혀로 변합니다.

법사가 법을 설하면 육도 중생이 기쁜 마음으로 부처님 품속으로 들어옵니다. 제가 오늘 이렇게 법문을 할 때 여러분의 인연중생들도 다 이 법당에 와서 법을 듣고 있습니다. 법사는 입으로만 설법을 하는 것이 아니고 눈, 코, 귀, 몸, 뜻으로도 설법을 합니다. 그래서 누구든지 법사의 눈빛만 보아도 참회가 되고, 발심을 하게 되며, 법사가 보아주고 들어주기만 해도 상대가 다 발심을 하게 되는 것입니다.

소통이 안 되는 이유는 여러분이 안 듣기 때문입니다. 여러분은 대화할 때 듣는 것이 아니고 자기가 하고 싶은 얘기만 처음부터 쏟아 내는 것입니다. 상대방의 얘기를 잘 들으면 지혜가 나오는데 듣지 않기 때문에 지혜롭지 않은 말이 나오게 됩니다.

부처님 말씀을 부지런히 전하는 일에 생명을 바치세요. 출가한 승려가 아니라 할지라도 재가 불자로서 이 말씀을 지혜롭게 전하기만 한다면 법을 들은 사람은 여러분을 세세생생 공경하게 됩니다. 악도에 있는 여러분의 인연 중생들이 다 해탈합니다. 《법화경》에는 그런 무량한 공덕이 있습니다.

《금강경》에서도 시방삼세 모든 중생에게 갠지스 강의 모래알만큼 많은 물질을 가지고 보시하더라도 이 말씀 한 구절을 전하는 공덕에 비하면 아무것도 아니라고 했습니다. 그 이유는 부처님 말씀은 영원한 생명을 얻게 하기 때문입니다. 부처님 진리의 말씀을 통해 일체의 윤회를 벗어나게 하고, 영원한 기쁨을 얻어서 참된 생명의 삶을 살게 하며, 무량공덕을 짓는 인연을 짓기 때문에 그런 것입니다.

물질적인 보시는 궁극에는 소멸되는 것이지만 부처님의 법을 전하는 것은 영원한 기쁨을 가져다 주고, 상락아정常樂我淨의 즐거움을 주는 것이기에, 그 공덕은 아무리 작아도 무량한 것이고, 물질적인 것은 아무리 커도 작은 것입니다. 법의 공덕은 이렇게 한량없이 큰 것입니다.

법사가 설법을 하면 부처님도 법사를 위해 설법을 하십니다. 법계의 진여의 자리에서 법사가 있는 곳을 향해서 설법을 하십니다. 부처님께서 법사에게 설법하는 가피로 법사는 대중을 향해 설법을 하게 됩니다. 법사가 자신이 지식으로 아는 것을 가지고 설법하면 아무도 듣지 않습니다. 아무런 감동도 주지 못합니다. 오로지 부처님의 가피로 설법을 해야 모두 듣습니다. 그래야 다 이해하고 다 깨닫습니다. 병도 치료하고 영가도 다 해탈합니다. 모든 일이 진심을 쓰면 다 이루어집니다. 법사의 법문을 들음으로써 모든 것이 다 이루어지는 것입니다.

항상 수지 독송하고 법을 전하는 자를 향하여 부처님께서 법을 설하시므로 법사는 부처님의 법을 능히 받아 지니게 됩니다. 제가 법을 설할 때마다 부처님이 법을 설하시기 때문에 모든 힘을 부처님이 주시는 것입니다.

법사에겐 부처님의 위대한 가피와 위신력이 있는 것입니다. 그러기에 이 자리에서 법문을 듣는 분이든, 텔레비전을 통해서 법을 듣는 분이든, 육도를 윤회하는 모든 인연들이든, 천신이든, 불보살이든 다 부처님이 법문하시는 것이기 때문에 다 듣고 공경, 공양하는 것입니다.

제가 법문하는 것이 아니고 모든 것을 부처님의 위신력으로 하는 것입니다. 천하의 대지혜자요, 신통자요, 복덕자요, 일체중생을 영적으로 먹여 살리는 위대한 존재이신 부처님이 후광으로 받쳐 주시기 때문에 걱정할 것이 아무것도 없습니다.

《법화경》에서는 재가 불자들이 이미 다 승가입니다. 여러분 한 분, 한 분이 위대한 보살입니다. 심지어는 돌도, 나무도, 달도, 별도, 허공도, 구름도 위대한 보살입니다. 여러분도 법사의 공덕을 지으십시오. 소승에서는 머리 깎고 출가한 사람만 승가이지만 《법화경》과 같은 대승법에서는 걸림이 없습니다. 누구나 다 부처님의 위대한 법사입니다.

이 《법화경》을 들으시고 위대한 법사가 되셔서 '부처님의 위신력으로 저에게 말을 하게 해 주세요.' '부처님의 가피로써 저에게 능력을 주세요.' '부처님의 가피력으로 이 법을 설하게 해주시고, 세상의 일체중생을 제도하는 능력을 주세요.'라고 기도하세요.

진심으로 어떤 이익을 바라지 않고, 자비심을 가지고 그 사람을 위하는 마음을 내니까 부처님의 가피를 받게 됩니다. 그럴 때는 그 사람이 하는 말이 그대로 부처님의 말씀입니다. 그 보살이 하는 말이 아니고 그대로 부처님의 말씀입니다.

'나무묘법연화경, 나무묘법연화경, 나무묘법연화경' 할 때 이미 여러분의 혀는 부처님의 혀로 변한 것입니다. '지장보살, 지장보살' 할 때 이미 내 혀는 지장보살로 변한 것입니다. '관세음보살, 관세음보살' 할 때 내 혀는 관세음보살이 되는 것이어서 세상의 모든 소리를 들을 수 있는 것입니다. 세상의 모든 고통도 이길 수 있는 겁니다. 일체 여러분의 삶은 선택입니다.

이 말씀을 듣고 지금 세세생생 무간지옥에 갈 그런 고통이 있더라도 여러분은 행복하셔야 합니다. 부처님은 그런 고통이 다 헛되고 진실하지 않다는 것입니다. 그것은 실제로 없는 것입니다. 영원한 상락아정 생명의 실상만이 여러분의 본체이지 나머지는 다 껍데기니까 눈으로 업 짓지 말고, 귀로 들어서 시비 걸지 말며, 코로 냄새 맡고 시비 걸지 말고, 맛보고 느끼면서 시비 걸지 말며, 분별하지 마십시오.

오로지 참 부처님의 지혜로써 사랑하고 불쌍히 여기세요. 볼 때마다 눈으로 한량없는 공덕을 짓고, 나를 칭찬하든 비방하든 들을 때마다 한량없는 공덕을 짓고, 향기로운 냄새든, 고약한 냄새든, 코로 항상 공덕을 짓고, 쓰든, 달든, 감촉이 좋든, 거칠든, 항상 공덕을 지으며, 내 마음에 맞든, 거슬리든, 항상 공덕을 지으라는 것입니다.

우리는 육근으로 철저히 공덕을 지어야 합니다. 그 핵심은 우리가 이 법을 수지독송하고 타인을 위해 설해 줄 때 이 육체를 가지고 한량없는 공덕을 지어서 다함께 성불하는 것입니다.

오늘 〈법사공덕품〉 법문을 들으시고 여러분 전체가 법사가 되어서 대한민국을 불국토로 만들고, 세계를 불국토로 만들며, 일체중생을 다 성불시키는 그런 인연 지어 가시길 바랍니다.

18강

보살은 모든 사람을
부처로 섬긴다

제 이십. 상불경보살품常不輕菩薩品

상불경에서 상은 항상 상常 자, 경은 가벼울경輕자 입니다. 즉 '항상 가벼이 여기지 않는다'는 뜻입니다. 상불경이란 항상 모든 존재를 가벼이 여기지 않고, 존중, 공경, 찬탄하며, 사랑하고 예배한다는 뜻입니다.

〈여래수량품〉과 〈상불경보살품〉은 《법화경》 전체에서 우리 몸으로 비유하면 눈에 해당합니다. 그만큼 〈상불경보살품〉에 대해서 명확하게 이해를 하셔야만 여러분이 불자로서 여한없는 신행생활을 마무리 지을 수 있습니다.

부처님께서 말씀하시기를 득대세보살이여, 이 경을 지니고 있는 비구나 비구니나 우바새 우바이를 어떤 사람이 욕하거나 비방하면 큰 죄를 받을 것이다. 이 경전을 받아 지니는 비구, 비구니나 우바새 우바이는 그 공덕으로 눈, 코, 귀, 혀, 몸, 뜻이 청정해 질 것이다.

출가자든 재가자든 이 경을 받아 지니고 행하고 전하는 자를 비방하면 엄청난 큰 죄, 영원한 무간지옥을 받는다고 되어 있습니다. 우리는 부처님이 우리의 존재를 영원한 생명의 실상의 존재로서 이미 말씀을 계속해 오셨고, 앞으로도 계속 하십니다.

인간뿐만 아니라 일체 모든 생명은 영원한 불성을 가졌다는 것이 부처님 가르침의 핵심입니다. 그 불성은 일체 시방세계를 창조하는 그런 불성이고, 모든 생명의 중심이 되고, 일체의 모든 존재를 가능하게 하며, 모든 인과에 있어서 필연이 있을 뿐 우연은 없다는 것을 깨닫게 하는 내용입니다.

부처님 가르침은 일불승—佛乘사상입니다. 여기서 승乘이라는 것은 부처라는 뜻입니다. 일체가 깨달은 거룩한 존재라는 뜻입니다. 우리 모두는 이미 깨달은 존재라는 것을 거듭해서 말씀하고 계십니다. 그것이 일불승 사상의 핵심입니다.

일상의 모든 삶에서 내 주변의 모든 사람들에게 그 사람을 부처로 섬기고 공경하고 공양하는 것이 일불승의 핵심 실천 사상입니다. 오늘부터는 원수든, 친한 이든, 고운 이든, 사기꾼이든 그 사람의 마음의 중심에서 존중하고, 공경하고, 찬탄하면 여러분은 상불경보살입니다. 모든 부처님 제자는 상불경보살이 되라는 뜻입니다. 이렇게 살면 법화행자이고 이렇게 살지 않으면 비불자요, 비법화행자입니다.

남편이든, 부인이든, 부모든, 자식이든 오늘부터는 상불경이 되셔야합니다. 조건이 없습니다. 경우가 없습니다. 어떤 경우, 어떤 상황에도 불구하고 항상 똑같이 존중해야 하는 것입니다. 나한테 잘할 때나, 못할 때나, 선할 때나, 악할 때나, 옳을 때나, 그를 때나 똑같이 공경할 때가 항상 상常, 상불경입니다.

일상에서 우리가 쓰는 마음은 육정肉情단심의 인심人心입니다. 모든 것을 감정과 생각에서 하는 겁니다. 일상에서 내 욕심, 욕망, 감정에서 말을 하는 것은 인심人心입니다. 그 마음은 실다운 마음이 아니고 모두가 탐진치에서 나온 것이기 때문에 헛된 마음입니다. 심지어 선한 마음까지도 실다운 마음이 아닙니다.

우리의 진여일심 불성은 부처님으로부터 받은 마음입니다. 이 마음은 우주 생명의 근원이요, 영원한 생명입니다. 이 생명을 부처님이 다른 경전에서는 인정하지 않았는데 《법화경》에서 가장 확실하게 영원한 생명으로 인정하십니다. 이제는 신앙생활 하는데 조금도 흔들리지 않아야합니다.

내가 무슨 몸을 받든지, 어디에 윤회를 하든지, 나의 불성은 축소되거나 늘어나지 않고, 더럽혀지거나 깨끗하지도 않고, 오거나 가지도 않습니다. 하지만 이 육신은 조만간 흩어져서 사라집니다. 이 육신의 생명은 지수화풍으로 다 돌아가기 때문에 이것은 영원한 생명이 아니고 일시적으로 인연에 의해서 생긴 생명입니다. 이 육신이 영원한 생명을 위해서 이번 생에서는 이렇게 도구로 존재하는 것입니다.

여러분 주위의 모든 존재가 다 영원한 생명입니다. 심지어는 지렁이, 파리, 모기, 거머리도 다 영원한 생명입니다. 세상에는 해충, 익충益蟲, 독초, 약초가 있습니다. 그것은 사람의 입장에서 분류한 것입니다. 우주의 입장에서는 그런 것이 따로 있지 않습니다. 모든 것은 우주 생명자리에서 보면 그대로 다 필요한 존재입니다. 다 거룩한 것이고 널리 보면 다 이익되는 것들입니다.

과일을 한 쪽 먹든, 쌀을 한 톨 먹든 다 땅에서 나옵니다. 땅에 사는 미물인 지렁이와 거머리가 불필요합니까? 그것이 없으면 흙이 옥토가 되지 못해서 생명이 자라지 못합니다. 그 땅에 사는 미물도 우리와 똑같은 일불승의 생명인 것입니다.

일불승 사상은 우주 만물 만상이 다 한 부처님의 몸이라는 뜻입니다. 이것은 천지창조입니다. 부처님은 우주 이전부터 우주 이후까지 영원한 생명으로서 우주의 주인이십니다. 우리는 그 주인의 아들이고 딸입니다. 또 죽으면 주인으로 돌아갑니다. 부처님 본래의 생명으로 돌아가는 것이죠. 그것이 아미타의 세계입니다. 그것이 열반입니다. 그것이 해탈이고 성불입니다.

누구나 그 세계로 돌아가게 되어 있고, 성불하게 되어 있다는 것이 《법화경》에서 가르치는 부처님의 핵심 사상입니다. 모두가 이미 성불되어 있기 때문에 일불승으로서 내가 부처로서 살아가는 것입니다. 끝까지 그렇게 살아가는 겁니다.

상불경보살은 누구든지 보면 '당신은 미래의 부처입니다'라고 했습니다. 그 말을 좀 더 직설적으로 표현하면 '당신은 미륵불이다.'입니다. 상불경보살은 누구든지 보면 미륵불이라고 합니다. 저도 덕일이라는 가짜 이름을 가진 실체는 미륵불입니다. 미륵불이 이 세상에 온 겁니다. 여러분도 미륵불로서 이 세상에 오신 겁니다. 여러분 한 분 한 분이 거룩한 미륵불이십니다. 장사를 하든, 사업을 하든, 무슨 일을 하시든 그 하는 일이 다 미륵부처님이 하시는 것입니다.

종교인은 아부하면 안 됩니다. 종교인이 세상의 권위나 권력에 아부하면 그것이 멸할 때 같이 멸해 버립니다. 생명력이 없어집니다. 모든 존재의 실상이 영원한 생명이라는 것이 신앙의 근본입니다. 모든 불자는 내가 바로 부처라는 것을 결정코 믿을 때만이 절대 부동명왕, 금강명왕, 절대 부동심으로써 확실하게 꽂혀 있을 때만이 상불경보살로서 살아갈 수 있습니다.

남을 섬기지 못하는 사람은 불자가 아닙니다. 악을 섬기고 관용하라는 뜻이 아닙니다. 어떤 악인도 그 본성은 참된 부처님의 거룩한 모습입니다. 거기에 대한 결정적인 믿음을 말하는 것이 상불경보살입니다.

남편으로 인해, 부인으로 인해, 자식으로 인해, 사회적 인간관계로 인해 고통스러워하는 사람이 무척 많습니다. 이러한 관계에서 내 탐욕과 성냄과 내 어리석음과 시기와 질투와 원망으로 모든 것을 본다면 영원히 어둠으로 가는 것입니다. 계속 밑으로 가는 것입니다. 남이 아무리 저주하고 멸시하더라도 그 사람의 불성을 끝까지 믿어야 합니다.

여러분 마음에 '향상심向上心'이 있어야 합니다. 그 마음이 무너지는 순간 일체 모든 공덕은 다 사라지는 것입니다. 사오십 년 희생하고 봉사해도 한 번 성내면 그 공덕은 다 없어집니다. 어제까지 내 모든 것을 다 바쳤더라도 오늘 한 번 분노심을 냈으면 백천 생을 그 사람에게 빚을 갚아야 합니다. 공덕이 다 없어지고 내가 공덕 지은 만큼 빚이 됩니다. 한 번 분노를 일으키게 되면 얼마나 큰 업을 쌓게 되고 공덕을 다 없애는지를 알 수 있어야 합니다.

무슨 일을 도모할 때 내가 욕심을 부렸거나 내 마음에 탐욕이 있으면 아무리 열심히 해도 그 일은 잘못됩니다. 물이 가득 찬 컵에는 다른 것이 들어가지 못하고 넘쳐 버리듯이 탐욕으로 하는 모든 일은 아무것도 이루어지지 않습니다. 성낸 것은 일체의 공덕을 다 없애고, 어리석음을 가진 채 천년만년 도를 닦아도 내 삶이 조금도 지혜로워지지 않습니다.

수행의 근본은 타인에 대한 공경과 공양과 찬탄입니다. 결국 우리는 도 닦아서 남 주는 것이고, 공부해서 남 주는 것입니다. 돈 벌고, 기술 배워서 남 주는 것입니다. 공부해서 남 주는 것이 도입니다. 열심히 공부해야 세상에 이익되는 일을 할 수 있기 때문입니다. 그래야 내가 행복해지고 돈도 벌어서 원하는 것을 이룰 수 있습니다. 사람만 좋고 배움도 없고 지식도 없으면 그 사람은 세상에 무용지물입니다.

신앙생활의 본질은 건강해서 남 주는 것이고, 행복해서 남 주는 것이며, 돈 벌어서 남 주는 것이 상불경보살의 사상입니다. 나만 잘 살기 위해서 돈 벌면 세세생생 가난합니다. 항상 행복하지 않습니다. 아무 것도 갖지 않고도 행복할 수 있어야 합니다.

조건 없이 항상 행복한 것이 법락法樂입니다. 어떤 조건도 없이 내 마음에 기쁨이 있으면 법락입니다. 조건이 있어서 행복한 것은 그 조건이 없어지면 행복이 없어지기 때문에 법락이 아닙니다. 인연락은 중생락에 속합니다. 마음속에서 본질적으로 내가 부처이고, 부처님이 날 사랑하고 끝까지 이끌어 주고 일깨워 주시며, 부처님이 나를 지켜 주신다는 것을 명백하게 이해하고 있으면 여러분은 법락을 느끼는 사람입니다.

어떤 일도 근심하고 걱정하면 내 모든 일이 틀어집니다. 근심이 많아도 걱정하지 말아야 합니다. 오늘까지 살고 나에게 내일은 없습니다. 내일은 또 오늘입니다.

자식을 걱정하면 자식이 안됩니다. 남편을 걱정하면 남편이 안됩니다. 사업을 걱정하면 사업이 안됩니다. 세상적으로는 걱정하는 것이 인정이고 도리인데, 불법에서는 절대로 걱정하면 안됩니다. 항상 위하는 마음으로 기도하고 자비를 베풀고 그 사랑을 베풀 뿐이지 걱정이라는 단어가 없습니다. 궁극적으로 불교는 조건 없는 사랑이고 자비입니다. 끝없이 내 몸과 마음을 주는 것입니다.

복은 내 이 마음이 부처님하고 일치가 되었을 때, 쓰는 모든 마음은 복이 됩니다. 우리가 오고가는 모습을 매일 보지만 거기에는 진짜 모습이 없습니다. 항상 떨어져 있어도 항상 같이 있고, 같이 있어도 떨어져 있는 것이 우리의 참 모습입니다.

상불경보살은 누구든지 모든 사람을 볼 때 항상 합장을 하고 '당신이 미래의 부처님입니다.' 하고 합장하고 공경하면서 말을 했습니다. 그런 말을 한다고 멸시를 해도 상불경보살은 인욕하며 수행을 했습니다. 내가 만약 길에서 만나는 사람한테 '당신은 미래의 부처요.' 하면 그 말을 들은 모든 사람은 나를 미친 사람이라고 생각할 것입니다. 하지만 아무리 미친 사람 취급을 받더라도 마음속으로는 진실로 '당신은 부처님입니다.' 하고 외칠 수 있어야 합니다.

부처님 당시에 상불경보살은 언제 어디서든 계속해서 '당신은 부처요.'라고 얘기했습니다. 상불경보살은 온 몸이 피투성이가 되는 고통을 당하면서도 '당신이 부처요.'라고 외쳤습니다.

상불경보살은 바로 석가모니 부처님의 전생입니다. 그 분이 미래의 미륵 부처님입니다. 도솔천 내원궁이 어디입니까? 이 사바세계가 도솔천 내원궁입니다. 여러분이 '당신이 미래의 부처다.'라고 믿고 있으면 그곳이 바로 도솔천 내원궁입니다.

선근공덕의 핵심은 예불, 공경, 공양, 찬탄, 참회입니다. 모든 일에 있어서 공덕을 쌓는 것입니다. 공덕을 쌓는 가장 근본은 '당신은 부처이다.'라는 것을 진심으로 말하는 것입니다. 풀 한 포기에게도 '풀님이

시여 당신의 생명성은 부처요.' 초목을 보고도 '당신은 부처요.'라고 말하고, 가재나 거머리나 다슬기보고도 '당신의 생명은 부처요.'라고 외칠 수 있어야 합니다.

일체 우주 생명이 한 생명임을 꿰뚫어서 매일같이 '당신이 부처요.'라는 것이 염불이 되면 일불승이 되시는 것입니다. 일불승은 청정 법신 비로자나 부처님이시고 영원한 생명 그 자체를 가리키는 것입니다. 우리는 이 자리에서 몸이 다 없어져도 절대로 죽지 않습니다. 영원히 부처입니다.

사람이 사람을 무시하는 것이 가장 큰 죄입니다. 죄 중에 가장 큰 죄가 사람을 무시하는 것입니다. 사람을 멸시하고 업신여기는 것이 큰 죄입니다. 그것도 권력이나 재물, 지식, 권위, 가문을 통해서 멸시하면 그 죄보가 무량백천만억 겁입니다. 어떤 경우도 그 사람의 인격을 떠나고, 선악 미추美醜를 떠나서 진리로써 공경할 수 있어야 합니다.

〈상불경보살품〉을 제대로 이해하면 사실상은 더 이상 더 들을 것이 없다고 할 수 있을 만큼 〈상불경보살품〉에 부처님말씀의 핵심 사상이 다 들어 있습니다. 내가 누군가를 항상 부처로 섬길 수 있나 하는 문제입니다. 심지어 미물마저도 부처로 섬기라는 것입니다.

사람은 영적으로 가장 진화된 존재입니다. 사람 몸 받았을 때 마지막으로 다 성불하는 것입니다. 여러분이 부처로서 오신 겁니다. 모든 승가와 생업에 종사하시는 분들이 부처로서 존중되어야 합니다. 절대로 죄가 많다는 생각에 얽매이지 마세요. 내가 죄가 많다는 것을 아는 것은 깨달음이지만 그것을 뒤집어 써 버리면 업이 되는 겁니다. 죄가 태산같이 많아도 허공보다 더 많아도 일심으로 '나무불' 하면 다 없어집니다. 내가 지심으로 부처님께 예배, 공경, 공양하면 다 없어집니다.

부처님이 누구입니까? 내 앞에 계신 분입니다. 이천오백 년 전에 오신 석가모니 부처님은 내 앞에 있는 사람이 부처라고 말하려고 오신 것이지 당신을 부처로 섬기라고 오신 분이 아닙니다.

여러분이 법당에 모신 부처님 존상을 부처님으로 안다면 거꾸로 믿고 있는 겁니다. 부처님 존상은 내 앞에 있는 사람이 부처라는 것을 말하고 있습니다. 해인사에 있는 팔만대장경은 내 앞에 있는 사람이 법문하고 있음을 일깨워주는 것입니다. 그 곳에서 천년을 있어도 깨닫지 못 합니다.

삼보의 실체가 〈상불경보살품〉에서 나옵니다. 내 앞에 있는 사람이 부처라는 것이 삼보의 실체입니다. 이 말은 미륵부처님의 말씀이고, 상불경보살 즉 부처님의 말씀입니다.

우리가 한 중생을 진리로 살리면 백천만억 채의 절을 지은 것과 같습니다. 한 중생에게 용기를 주고 희망을 주면 삼 아승지 겁 동안 수행한 공덕과 같습니다. 무엇을 더 구하겠습니까?

요즘 세대를 막론하고 정신적으로 무너지는 이유는 무시 때문입니다. 그 무시하는 사람은 시방세계 제불보살을 무시한 것입니다. 사람을 무시하면 그 집안은 영원히 대대로 멸망합니다. 어떤 경우라도 사람을 무시해서는 안 됩니다. 어떤 경우에도 부모가 자녀를 무시하는 것은 있을 수 없습니다. 자녀들이 친구와 동료를 사랑하고 존중할 수 있게 키워야 합니다. 그것만이 모든 것을 치유할 수 있는 길입니다.

부부간에 왜 서로 무시할까요? 왜 노인들이 자살하고 젊은이는 왜 자살할까요? 사랑받지 못하고 존중받지 못하기에 인정받지 못하기에 자살합니다. 자살의 근본이 무엇입니까? 용기를 잃는 이유가 무엇입니까? 실패는 백 번 해도 일어설 수 있지만 타인으로부터 인정받지 못하고 존중받지 못하면 쓰러집니다.

영적으로 영원한 부처님이 나를 사랑하고 있습니다. 내가 이 법을 다 펼 때까지, 세상 끝날 때까지 저를 이끌어줍니다. 저는 매일 서원합니다. 저는 세세생생 오로지 법만 펼 테니까 저를 만난 모든 인연들이 다 깨닫고 성불하라고 기도합니다. 모든 사람들의 병을 다 낳게 해달라고 기도합니다.

자식이 자주, 자립, 자조하려면 부모, 친구, 교사로부터 사랑받고 인정받았을 때 가능해집니다. 인정받지 못하면 자립심이 없어집니다. 스스로 서지 못합니다. 자존심 없이는 세상을 살아가지 못하듯이 지존심至尊心 없이는 신앙생활을 못합니다. 이것은 '내가 최고다.'라는 교만이 아닙니다. 내가 부처님으로부터 최고로 사랑받는 존재임을 결정코 믿어야 합니다. 그랬을 때 자존自尊과 지존至尊을 무너뜨리지 않고 신앙생활을 끝까지 할 수 있는 겁니다.

여러분이 자녀에게 자존심 상하는 말을 했다고 하면 그 자체가 바로 지옥입니다. 그것을 반복했다고 하면 그 아이는 이 세상에서 완전히 필요없는 아이가 됩니다. 항상 어떤 경우라도 '사랑한다, 너 때문에 행복하다. 너 때문에 기쁘다. 너 때문에 살 의미가 있고 가치가 있다. 나는 너 때문에 항상 열심히 살고 행복하다.'라고 항상 말할 수 있어야 합니다. 그 아이가 비록 저능아라 할지라도, 어떤 결함이 있는 아이라 할지라도 내가 그 본성자리에서 그 자식을 부처로 그대로 섬기면 우리의 삶은 그대로 해탈입니다.

어떤 경우라도 상대방을 진리심으로 존중하고 공경하고 공양해야 합니다. 잘못된 일은 사랑과 자비로 엄격하게 가르치면 됩니다. 사랑과 자비가 깔려 있지 않은 교육과 충고는 있을 수 없습니다. 충고는 깊은 사랑과 진리적인 믿음으로써만 통하는 것이지 그냥 충고하면 친구 간에도 살인을 부르는 위험한 세상입니다.

우리가 누구한테 충고할 때는 내 사랑과 생명을 던지는 말이어야 통합니다. 그렇지 않은 상태에서 충고를 하면 상대를 멸시하고 무시하는 것이 됩니다. 타인의 충고를 받아들일 수 있는 사람은 극소수입니다. 보통 사람은 충고를 받으면 자존심이 상해서 못 삽니다.

여러분이 존중받고 사랑받지 못하면 세상살이가 재미없습니다. 사랑받고 인정받지 못하면 내가 왜 사는지, 무슨 일을 하는지 회의감이 듭니다. 이것이 인간입니다. 누구나 사랑받고 존중받을 때 그 사람의 능력이 무한대로 나오는 겁니다.

우리가 부처님을 믿었을 때는 나의 능력이 무한대로 확장됩니다. 상대방의 불성을 이끌어 내서 상대가 지존심을 가지고 세상의 모든 어려움을 이기고 승리자로 살아갈 수 있게 하려면 그 사람을 공경하고 공양해야 합니다.

남편과 부인과 자녀와 부모 직장 동료를 공경 공양하세요. 아무리 원수처럼 미워도 진정으로 공경공양恭敬供養하세요. 그래야 천복을 받습니다.

나한테 잘하는 사람한테 잘하는 것은 복이 아니고 빚 갚음에 불과합니다. 나한테 악하게 하는 사람한테 잘했을 때, 그것이 복덕이 되고 해탈이 되어 열반이 됩니다.

부처님을 믿는다는 것은 진리로서 바보가 되는 것입니다. 이래도 좋고, 저래도 좋은 속없는 사람처럼 보이지만 칼날 같은 지혜로서 다 쪼개어 자비심을 일으켜야 합니다.

상불경보살은 이 시대의 화두입니다. 이 세상에 누가 멸시를 받아가며 '당신은 부처요.'라고 외치고 다닐 수 있겠습니까? 상불경보살은 지금 이 순간에도 그렇게 말하고 있습니다. 그런 분을 우리는 섬겨야 하고, 그런 분을 공경해야 합니다.

조용히 앉아서 차 마시는 것이 잘 사는 것이 아닙니다. 시장 속에서 치열하게 사는 것이 최고입니다. 그 이상의 대승은 없습니다. 최고의 대승은 유마거사와 승만부인입니다. 결혼해서 자식 낳고 세상에서 구두 닦고 장사하고 자식 키우는 것이 진정한 이 시대의 대승입니다. 그 속에서 부처님을 믿고 내가 만중생을 제도하리라는 서원을 세워서 내가 하는 일이 중생에게 이익되는 일이고 복된 일이라고 생각하고 나아가면 그 사람이 진짜 대승입니다.

저는 그런 분에게 매일같이 마음의 삼배를 올립니다. 이 어려운 시대에 남 잘되는 것을 조금도 보지 못하는 이런 세상에서 살아갈 수 있는 유일한 길이 상불경보살의 정신입니다.

오늘부터 가정에서 진짜로 상불경보살이 되어 보십시오. 당신은 부처입니다. 미륵불입니다. 아들 미륵불, 딸 미륵불, 아내 미륵불, 남편 미륵불, 시어머니 미륵불이 있습니다. 원수 미륵불이 있고, 돈 받아야 할 미륵불이 있습니다.

오늘부터는 화내지 않고, 미워하지 않으며, 질투하지 않고, 교만하지 않으며, 지존으로서 다른 사람을 공경하십시오. 단, 내가 낮은 자로서 상대방을 공경하면 성불이 안됩니다. 내가 부처로서 지존심을 가지고 공경해야 합니다.

자신을 부족한 인간으로 낮추면 비굴함이고 밑으로 내려가게 하는 것입니다. 내가 부처로서 상대를 '부처님이다'라고 공경할 수 있으면 여러분 가정은 완전한 평화가 이루어지고, 대한민국은 불국토가 됩니다. 원효 스님이 말하는 진정한 원융회통이 됩니다. 진정한 일불승 사상이 이 시대에 도래하게 됩니다.

오늘부터는 영원히 누구도 무시하지 않고 그 사람의 귀천을 떠나서 항상 공경공양하십시오. 모든 사람을 부처로 항상 섬기면서 세세생생 상불경보살의 후신으로서 살아갈 수 있는 그런 대원을 세우시길 바랍니다.

19강
부처님의 위신력은
무한하다

제 이십일. 여래신력품如來神力品

〈여래신력품〉은 부처님의 신통력에 대한 말씀입니다. 여래라는 뜻은 진리 그대로 오신 분으로 해석을 합니다. 여래는 시방세계의 우주 만상 만물의 근원입니다. 그 생명력은 영원하고, 모든 것을 가능하게 하며, 모든 것을 이루어 내는 일체 존재의 근원입니다. 그 근원으로부터 오는 신통력입니다.

우리 중생은 무정물까지도 여래의 분신이고 화신입니다. 부처님은 불가능이 없는 영원한 생명입니다. 우리들 개개인에게는 부처님의 영원한 생명력이 다 들어 있습니다. 아무리 부족해 보이는 사람일지라도 그 사람에게도 여래의 신통한 능력이 다 구족되어 있습니다.

부처님을 표현할 때 무량한 신통력을 가진 분으로 경에서 설명하고 있는데 그것을 한 마디로 말하면 불가능이 없는 영원한 생명이라는 뜻입니다. 우리가 육안으로 보았을 때는 모든 것이 불가능해 보이고 한계가 있어 보이지만 부처님이 보았을 때는 이 세상에는 한계가 없습니다. 무한하고 영원한 것입니다. 우리 눈에 보이는 절망과 고통은 육안으로 보는 것일 뿐 진여불성의 자리에서 보면 절망도 고통도 아닌 것입니다.

20대 젊은 나이의 자식이 죽어서 아파하는 부부가 있습니다. 부처님이 나의 영원한 주인이고 생명이라고 굳건히 믿고 자신이 비로자나 부처님의 분신이라고 확신한다면 아들은 죽은 것이 아닙니다. 육신을 버리고 법신으로 돌아갔음을 확신하고 엄숙하게 받아들일 수 있어야 합니다. 일찍 죽는 것도, 망하고 흥하는 것도, 천하고 귀한 것도 이 세상에 모든 것은 다 뜻이 있습니다.

자식이 일찍 죽었다면 부모가 그 뜻을 깨달으라고 그렇게 된 것이니 그 뜻을 깨달으면 그 자식은 영원히 삽니다. 그 뜻은 자타일시 성불도이니 내가 금생에 죽은 아들을 위해서 어떻게 살 것인지, 어떻게 인생을 마무리 지을 것인지, 어떻게 세상에 베풀 것인지, 어떻게 세상에 공덕을 쌓을 것인지만 깨달으세요. 그러면 그 자식은 절대로 죽은 것이 아닙니다.

불교에서는 무지가 큰 죄입니다. 일체의 죄악이 해탈의 근원입니다. 내가 어떤 죄를 지었더라도 그 죄를 통해서 크게 깨닫고, 크게 참회하고, 큰 덕을 쌓는다면 이 세상의 어떤 죄도 나에겐 복전이고 해탈이지 나에게 죄가 없습니다.

나는 무한한 존재라는 것을 깨닫고, 내 존재가 그대로 무량광이라는 것을 깨달음으로 인해서 일체 내 마음속의 탐심과 성냄과 어리석음이 다 소멸된다면, 이제까지 다겁생에 몸과 입과 뜻으로 지은 살생, 투도, 사음, 망어, 기어, 양설, 악구와 탐욕과 성냄이 그대로 무량공덕이 됩니다.

부처님의 신력은 여러분 안에서 뚜렷이 나타납니다顯現. 부처님의 특징은 일체가 다 광명뿐입니다. 그 광명은 태양광과 같은 광명이 아니고 대지혜의 광명입니다. 그래서 무량광입니다. 우리가 육신의 껍질을 벗어 버리는 순간 부처님과 우리는 영원히 하나가 되는 것입니다.

지금은 몸을 가지고 부처님의 심부름꾼 역할을 하는 것입니다. 심부름은 어떻게 하는 겁니까? 대승으로서 모든 중생을 모든 고통에서 벗어나게 하고, 열반락에 들어가도록 하는 그런 심부름을 열심히 하다가 부처님의 대아미타 세계, 대광명 세계로 돌아갑니다. 다시 올 때는 더 큰 원력을 가지고 또 이 몸을 받아서 오는 것입니다.

우리는 과거 다겁생에 징기스칸도 되고, 나폴레옹도 되고, 양귀비도 되고, 안되어 본 것이 없습니다만, 다 헛되고 헛되어서 나는 여러분 앞에서 설법하고, 여러분은 법문을 듣고 있는 것입니다. 그러니 마음 비우세요. 오로지 부처님의 영원한 생명의 자리에서 여러분이 일체중생을 제도하기 위해서 이 자리에 앉으신 줄을 믿으세요.

우주의 중심이 부처님의 한마음입니다. 여러분의 한마음이 부처님의 중심이에요. 선재동자가 오십삼 선지식을 만나 구법해서 영원한 해탈의 세계로 들어가는 것도 부처님의 신통력과 위신력과 가피력입니다.

선재동자가 누구입니까? 석가모니 부처님입니다. 여러분입니다. 여러분이 석가모니 부처님의 화신입니다. 여러분이 미륵불입니다. 미륵 부처님은 이미 오셨습니다. 기다리지 마세요. 여러분으로 이미 와 있습니다. 항상 내 앞에 매순간 나타나시고 보여 주시고 들려 주십니다. 부처님의 위대한 신통력은 네 가지로 현실 상황에서 드러납니다. 자慈비悲 희喜사捨의 네 가지 한량없는 마음이 부처님의 거룩한 신통력입니다.

첫째는 '자慈'입니다. 모든 생명을 내 생명으로 여기고 섬기고 받들고 사랑하는 것이 자慈입니다. 모든 생명을 사랑의 대상으로 보는 것이 부처님의 첫 번째 신통력입니다. 어떤 경우라도 거룩하고 진실하게 자기 자신을 위하고, 이웃을 위하며, 세상을 위하고, 만중생을 위해서 열심히 해 나가면 부처님은 한량없이 우리를 사랑하는 마음으로 항상 함께하십니다.

아무리 수행을 하더라도 사랑하는 마음이 생기지 않는다면 그 수행은 의미가 없습니다. 부처님의 신통력은 내가 타인을 사랑하는 마음으로 표현됩니다. 육신의 나는 이기적이기 때문에 이타적인 사랑이 불가능합니다. 내 안의 불성이 있기 때문에 모든 생명을 사랑할 수 있는 것입니다. 무정물까지도 사랑하고 섬길 수 있는 마음이 생기게 됩니다. 이것이 부처님의 신통력입니다.

'비심悲心'은 모든 중생을 불쌍히 여기는 마음입니다. 부처님은 중생을 불쌍히 여겨서 사바세계에 오신 것입니다. 무지와 탐욕과 성냄으로 인하여 끊임없이 고통 속에서 헤매며 그 굴레에서 벗어나지 못하고 있는 중생들을 불쌍히 여기시는 것입니다.

설사 남편, 자식, 동료, 형제들이 항상 악한 행동을 하고 잘못된 삶을 살고 있어도 우리는 철저히 비심으로 그것을 보고 보듬을 수 있어야 합니다. 그것이 부처님의 위대한 신통력입니다. 내가 비심으로 보면 부처님이 비심을 끊임없이 공급해 주십니다.

마음속에서 일어나는 자심과 비심, 이 두 마음이 우리 삶의 이유입니다. 오직 자심과 비심을 가지고 살아가라하십니다. 내가 무슨 일을 하든지 세상을 사랑하는 겁니다. 이것이 부처님의 위대한 신통력입니다.

다겁생의 업습에 의해 자아가 형성된 상태에서 중생은 부처님의 한량없는 신통력의 가피를 입어야만 자비심이 발현됩니다. 사랑하는 것이 쉬운 일이 아닙니다. 내 권속이 잘하는 것은 박수를 칠 수 있지만 형제지간에도 잘하는 것을 보고 기쁘게 박수 치기가 쉽지 않은 것이 실제적인 중생심입니다.

내가 잘하는 것을 시기하지 않고 기쁘게 박수 쳐 줄 수 있는 사람은 오로지 부모님과 부처님뿐입니다. 형제 간에도 시기 질투하고, 부부 간에도 내가 너무 잘되면 시기 질투합니다. 오로지 나를 낳아 주신 부모님과 영원한 나의 생명의 부모인 부처님만이 나를 분별없이 온전하게 사랑하십니다.

세상에는 사랑 타령이 난무하지만 정말로 불쌍히 여기는 사랑을 하고 그 사람이 훌륭해서 사랑하는 그런 마음은 많지 않습니다. 그 사람이 나의 권속이든, 동료든, 원수이든 동일하게 자심과 비심을 적용하는 것이 부처님의 위대한 신통력입니다.

그 사람이 선하고 진실되고 열심히 했을 때는 사랑하는 마음과 공경하는 마음으로써 끝없는 자심을 내야 합니다. 시방세계에 충만하게 어떤 조건도 섞지 않고 자심과 비심을 일으켜야 합니다.

우리의 삶이 어디에서 바뀝니까? 내가 누군가를 사랑할 때, 누군가가 나를 사랑해 줄 때 삶이 바뀝니다. 내가 힘들고 고통스러울 때, 내가 악의 수렁에 있을 때, 절망에 빠져 있을 때, 누군가가 내게 연민의 정을 가지고 진실로 불쌍히 여겨서 사랑하는 마음을 가져 주었을 때 삶에 대한 용기와 희망과 꿈을 가지고 살아갈 수 있습니다.

불교에서 지혜와 자비는 칼날과 손잡이와 같습니다. 지혜는 본질적인 것인데 칼에 비유합니다. 칼은 요리를 하고 잘못된 부분을 도려 내듯이 지혜는 우리의 무지와 탐욕과 성냄과 어리석음과 시기와 질투의 부분을 다 도려 내서 온전히 살아가게 합니다.

칼의 역할의 본질이 자심입니다. 우리는 자비심을 먹고 살아가는 존재입니다. 진정으로 누군가가 나를 사랑하고, 인정하고, 존중하고, 격려해 줄 때 살아갈 수 있는 힘이 납니다. 반면 이 세상에서 나를 아무도 사랑해 주지 않음으로 인해 자존감을 잃고 힘들어지는 것입니다.

부처님은 자비 이 두 가지 힘으로 우리를 키워 나갑니다. 내가 어디를 가든지 무슨 일을 하든지 내가 악행을 할 때는 피눈물을 흘리면서 나를 사랑하시고, 내가 선행을 할 때는 기뻐하면서 나를 사랑하십니다. 그것이 자비입니다.

자식이 부모의 뜻을 거역하고 세상을 거역하며 힘들게 할 때도 부모는 가슴이 찢어지는 마음으로 자식을 사랑하고, 자식이 잘 할 때는 마음에서 흡족하고 즐거운 마음으로 사랑하지 않습니까?

세 번째는 '희喜'입니다. 기쁠 희喜 자입니다. 희심喜心은 항상 다른 사람이 열심히 하고 잘되고 행복해 하고 기뻐하는 것을 보고 기뻐하고, 다른 사람의 성취를 진심으로 기뻐하는 것입니다. 늘 기뻐하는 마음, 여기에서 신통력이 나옵니다.

다른 사람이 잘 되었을 때, 늘 박수 칠 수 있는 사람한테는 신통이 나옵니다. 다른 사람이 잘 되었을 때 내가 기뻐할 수 없다면 나에게는 어떤 기쁜 일도 생기지 않는 것이 도입니다. 다른 사람이 땅 열 평 산 것을 기뻐하면 나에게는 백 평 살 일이 생깁니다. 그런 에너지와 신통력을 부처님이 주십니다. 반드시 그런 일이 일어나게 만듭니다.

다른 자식이 성공했을 때 기뻐하고 박수를 치면 여러분 자식은 그런 자식의 리더가 될 수 있는 자식으로 만들어줍니다. 자녀가 원하는 대학에 진학한 부모를 자신의 자녀는 비록 떨어졌지만 진심으로 축하해 줄 수 있으면 그 사람의 자녀는 그 자녀보다 훨씬 더 잘됩니다. 그런 마음을 가질 수 있는 사람은 큰사람입니다. 그런 사람에게는 부처님께서 큰사람으로 쓰기 위해 신통을 주시는 겁니다.

어떤 경우에도 다른 사람의 경사에 박수 쳐 줄 수 있고, 남의 행복에 진정으로 기뻐해 준다면, 여러분은 지금은 비록 쪽방에 살아도 앞으로 궁궐 같은 집에서 살게 될 복을 받게 됩니다. 다른 사람이 열심히 사는 모습에 박수 칠 수 있다면 여러분 삶은 무한한 신통이 열립니다. 우리가 한량없는 자심과 비심과 희심을 가질 때 부처님의 신통을 느끼게 됩니다.

반면 다른 사람 잘못되는 것을 고소해 하고, 뒤에서 박수 치고 있다면 여러분 삶은 점점 핍박逼迫하게 됩니다. 그 사람보다 더 불행하게 되는 것이 불법입니다. 다른 사람이 남을 비난하는 소리를 내가 들으면 그 비난의 소리를 들은 내가 그 과보를 다 받아야 합니다.

오늘부터 휴지를 줍는 사람을 보면 그 사람에게 박수를 칠 수 있고, 성공한 사람에게도 박수 칠 수 있으며, 모든 사람의 성취를 진심으로 기뻐할 수 있다면 부처님의 무한한 신통이 여러분에게 작용하기 시작합니다.

네 번째는 '사심捨心'입니다. 일체가 평등한 마음, 다 베푸는 마음입니다. 천하에 높은 사람이든 낮은 사람이든 누구를 만나든 내 마음을 동일하게 쓰는 것입니다. 그것이 사捨입니다. 잘난 사람이든 못난 사람이든 빈부, 귀천, 남녀, 노소에 절대 평등한 마음으로 대하는 것입니다.

일체 마음 씀에 있어서 공평한 마음으로 내 마음을 써 나가면 부처님의 위대한 신통력이 내 안에서 일어납니다. 자비희사는 부처님 마음의 골수이고, 부처님의 신통력의 근원입니다. 부처님은 모든 것을 다 알고, 다 보고, 모든 것을 다 이루어 주십니다. 그러한 능력의 근원이 '자비희사' 이 네 가지 마음입니다.

우리 마음에 병이 있는 것은 이 네 가지 마음이 없거나 부족하기 때문에 생기는 것입니다. 육신의 병이든, 영가의 병이든, 마음의 병이든 그 원인은 마음의 탐진치로 인해서 원한을 맺어 분노와 저주와 원망심 때문에 생긴 것이기에 이 네 가지 마음으로만 이것을 풀어 낼 수 있습니다.

항상 다른 사람을 조건 없이 사랑하고 불쌍히 여기는 마음을 가져야 합니다. 상대가 나보다 훌륭할 때는 사랑하는 마음을 갖고, 나보다 열심히 할 때는 존중하는 마음을 갖는 것입니다.

상대가 나보다 부족한 사람이면 비심을 가지고 내가 무엇을 도와주어야 할지, 함께 해줄 일이 무엇인지를 생각하는 것입니다. 그렇게 하는 과정에서 내 마음의 모든 응어리가 풀어짐으로 인해서 장님이 눈을 뜨고 귀머거리가 듣게 되는 것입니다. 자기의 능력이 무한히 펼쳐지게 됩니다.

우리는 원하는 것을 다 이루고자 합니다. 가난한 자는 부자가 되기를 원하고, 병든 자는 병이 낫기를 원하며, 모든 부모는 자식이 성공하기를 바랍니다. 또 어떤 사람은 부처님과 같이 완전한 깨달음을 이루어서 일체중생을 제도하기를 원합니다. 이 원을 이루려면 이 자비희사의 네 가지 마음을 가져야 합니다.

이러한 원을 이루기 위해선 상대가 잘하면 상대가 누구이든 칭찬하면 됩니다. 그 사람이 원수냐, 친한 이냐, 내 자식이냐, 남의 자식이냐 상관없이 박수 치면 됩니다. 그러면 그 원수의 아들이 받은 복의 백천만 배를 내가 받습니다. 이것이 부처님의 신통입니다.

이 세상의 모든 신통의 근원은 자비희사[10]입니다. 부부간에도, 부모자식간에도 자비희사가 안 되고 있습니다. 가정이 행복해야 가족이 건강하고, 물질적으로도 풍요로울 수 있으며, 여러분의 뜻을 다 이룰 수 있습니다.

자비희사의 덕을 갖춘 사람은 한량없는 신통력을 갖추게 됩니다. 어떤 경우에도 사랑하는 마음을 가질 수 있습니까? 내 눈에 눈물 나게 하고 나에게 끊임없는 고통을 주며 내 모든 일에 역행하는 사람에게 내가 어떻게 사랑하는 마음을 가질 수 있습니까? 그러나 그러한 사람에게도 부처님의 위대한 신통력과 비심悲心으로써 사랑할 수 있어야 합니다. 불쌍히 여기는 것 외에는 어떤 답도 없다는 것을 깨달으시기 바랍니다.

자식이 아무리 잘못을 해도 불쌍히 여기는 마음으로 사랑해야 하고, 남편이 아무리 악행을 해도 불쌍히 여기는 마음으로 사랑해야 합니다.

---

10 자비희사(慈悲喜捨) : 네 가지의 한량이 없는 마음을 사무량심이라 한다. 사무량심(四無量心)이란 모든 중생에게 즐거움을 주고 괴로움과 미혹을 없애기 위해 보살이 가지는 네 가지 광대한 마음이다.

이혼을 하느냐 안 하느냐는 의미가 없습니다. 내가 사랑하느냐, 사랑하지 않느냐가 중요합니다.

대부분의 사람은 자심慈心을 내기가 쉽지 않습니다. 왜냐하면 술 먹고 괴롭히고 폭언만 일삼는 남편을 어떻게 아내가 기쁨으로 사랑할 수 있습니까? 그것은 부처님도 불가능합니다. 다만 비심悲心으로 사랑하는 것입니다.

여기에 위대한 신통력이 있고, 화합이 있으며, 해탈이 있습니다. 팔해탈과 십력과 십팔불공법이 여기에 있습니다. 모든 세상 사람은 그렇게 할 수가 없는데 부처님을 믿는 자만은 자비심에 의해서 한량없는 신통력이 나옵니다. 죽을 병이 낫고, 가난한 사람이 부유해지며, 실패할 일도 성공하고, 자식이 길이길이 창성합니다. 모든 불가능이 가능해지는 것입니다.

자비희사慈悲喜捨 이 네 가지 마음밖에 쓸 것이 없습니다. 우리가 목숨 걸고 수행하고 목숨 걸고 돈을 버는 이유는 오로지 이 마음을 쓰기 위해서입니다. 세상을 사랑하기 위해서 쓰는 겁니다. 세상에는 사랑할 수 없는 것이 너무나 많으니까 울면서 사랑하는 것이 비심입니다.

부처님은 백천만억 겁 동안 윤회하는 우리를 불쌍히 여겨서 사바세계에 인간의 몸으로 오셨습니다. 오셔서 당신도 똑같이 생로병사의 고통을 겪으면서 처절하게 수행을 하시어 열반에 드셨습니다. 당신이 어떤 고통 속에서도 중생에 대한 자심과 비심을 조금도 놓지 않으셨습니다.

우리가 어떤 약을 먹어서 이 몸의 병과 마음의 병을 고칠 수 있습니까? 부처님의 자비의 약을 드세요. 부처님의 위대한 신통력은 자비심에서 나옵니다. 부처님은 영원히 나를 최고의 아들로 여기며 사랑한다는 것을 잊으시면 안 됩니다.

여러분에게는 모든 신통력을 다 주셨습니다. 저의 혀에도 육신통을 주셔서 이 법문을 듣는 자마다 모든 사람이 용기를 갖고 살아갈 수 있도록 신통력을 주셨습니다. 제가 말한 대로 모든 것이 이루어지도록 저에게 신통력을 이미 주셨습니다. 그것을 믿느냐 믿지 않느냐 뿐이지 저에게 일체의 지혜를 부처님은 다 주셨습니다.

제가 믿으면 제 말이 지혜의 말이 되고, 그것을 믿지 않으면 다 어리석음이 될 뿐입니다. 부처님은 위대한 의사요, 천하의 부자입니다. 물질을 원하면 물질을 구하세요. 병의 치료를 원하면 진짜 치료 받기를 구하세요. 영원한 생명력을 달라고 하세요.

저는 설법할 때 위대한 지혜의 혀를 달라고 기도합니다. 제 말씀을 듣는 모든 사람이 축복받고 해탈하게 해 달라고 기도합니다. 그러면 생각대로 그대로 됩니다. 제가 생각하는 것은 부처님이 생각하는 것이고, 제가 말하는 것은 부처님이 말씀하시는 것입니다. 제가 움직이는 것은 부처님이 움직이는 것입니다.

여러분은 부처님이 누군지를 아직도 못 깨닫는 사람이 많습니다. 부처님한테 진실로 무엇인가를 구하세요. 자식에 대한 원을 진실로 구하고, 물질의 복을 진실로 구하세요. 용서가 안 되는 사람은 정말로 자비심을 달라고 기도하세요. 그러면 정말로 줍니다. 건강하지 않은 사람은 건강을 달라고 기도하세요.

그러면 반드시 주십니다. 제가 구하면 구하는 대로 되는 것이 법이고, 내가 구하지 않으면 안 되는 것이 법입니다. 내가 원하는 것을 부처님께 믿음으로 구하면 다 이루어지는데 스스로 믿지 않기 때문에 어떤 것도 되지 않는 것입니다. 일체가 원하는 대로 다 되는 것이 부처님의 신통입니다.

부처님은 항상 말씀하십니다. 나는 영원한 생명력이라고. 우주 법신은 나와 동일한 존재입니다. 어떠한 신도 나보다 더 높을 수가 없습니다.

우리 모두에게는 위대한 신성神性이 있습니다. 그러므로 어떤 경우에도 타인을 무시하거나 경멸해서는 안 됩니다. 그것은 신성을 모독하는 것입니다. 집안에서 설거지를 하십니까? 그러면 부처님의 위대한 신이 설거지를 하는 겁니다. 공장에서 열심히 일하십니까? 부처님의 위대한 화신이 일하는 겁니다. 어떤 경우에도 박수 치는 마음, 절대 긍정하는 마음을 가지고 살아가세요. 그것만이 나를 영원히 살게 하고 부처님의 위대한 신통력이 나랑 함께 하는 길입니다.

내 업이 두터워서 자식이 죽었다느니, 내가 업이 많아 가난하다느니 이것처럼 바보같은 생각은 없습니다. 부처님 법에는 본래 이 세상엔 죄가 없고 업이 없습니다.

내가 이대로 부처님의 화신이고, 부처님의 지혜자며, 부처님의 복을 다 받은 자라고 그렇게 결정코 믿으세요. 그렇게 믿고 모든 일을 하세요. 물질적, 정신적, 영적으로 여러분이 원하는 것이 다 이루어진다는 것이 부처님 가르침의 핵심입니다.

부처님은 여러분 마음속에서 지금 이 순간에도 여러분이 원하는 것을 백배, 천배 이루기 위해서 한 순간도 쉴 새 없이 노력한다는 것을 깊이 명심하세요. 시방세계의 일체의 불자들이 부처님의 위대한 신통력을 믿고 '내 안의 부처님은 모든 것을 이룬다.' '세상에 불가능은 절대 없다.'라고 생각하시고, 절대 신념과 절대 믿음과 부처님의 지혜로써 시방세계 모든 중생을 다 제도하는 그런 위대한 삶을 살아가시길 축원합니다.

20강

일불승 대승법을 널리 알려 이롭게 할 것을
보살들에게 유언하시다

제 이십이. 촉루품囑累品

〈촉루품〉은 부처님이 시방세계 일체중생에게 부탁하는 것입니다. 즉 부처님의 유언입니다. 부처님이 열반에 드시기 직전에 아난존자에게 세상은 무상하니 부지런히 정진하라고 하셨습니다. 아난존자가 누구를 의지해서 살아야 하냐고 했을 때 '자등명自燈明·법등명法燈明' 즉, 오로지 부처님 말씀에 의지하고, 자기 자신의 참 자성에 의지하라고 하셨습니다.

진짜 나는 항상 즐거운 존재입니다. 여러분이 '즐겁게 살아라. 행복하게 살아라.'는 것이 부처님의 유언입니다. 상락아정常樂我淨이라고 하지요. 신앙의 최종 목표지점은 행복, 기쁨, 즐거움, 환희입니다.

세상적 쾌락은 우리를 고통으로 몰아 넣지만 법락과 진리의 즐거움은 우리를 영원히 기쁘게 하는 것입니다. 마음만 기뻐서 되는 것이 아니고 몸도 기뻐야 합니다. 몸도 하나의 영체입니다. 우리 눈에는 육신이지만 부처님이 보셨을 때는 이 몸 이대로가 광명입니다.

부처님의 지혜로 생각하고, 지혜로 말하고, 지혜로 행하는 것이 진정한 붓다의 삶이고, 진리의 삶이고, 영적인 삶이고, 그것이 법신불의 삶입니다. 불교를 바로 믿는다는 것은 나의 본래의 자성을 확실히 보는 것이고, 이 세상의 본질과 인과의 본질을 역력하게 아는 것이 불교적 지혜의 근본 속성입니다.

우리의 몸과 마음이 항상 즐겁고 환희롭게 살아가라는 것이 부처님의 가르침의 결말입니다. 그런데 그렇게 살아가지 못하는 이유는 항상 육심肉心으로 생각하기 때문입니다. 진리를 가지고 살아야 하는데 육심을 가지고 살기 때문에 어떤 것을 해도 어둡습니다. 선행을 해도, 효도를 해도, 남에게 덕을 베풀어도, 육심으로 하기 때문에 나의 상처가 되고 원망이 되어서 고뇌로 들어가는 길이 되어 버립니다.

진정한 일불승으로서 생각하고 말할 때에는 모든 것이 항상 밝음으로 가는 것입니다. 즐거움으로 가는 겁니다. 기쁨으로 가는 겁니다. 무슨 일을 하든 내가 이것을 영靈으로 진리로 하는 것인지 육肉으로 하는 것인지 잘 분별하세요.

육肉으로 하는 것은 내 욕심에 바탕으로 두고, 내 이익에 바탕에 두며, 내 자랑거리를 만들기 위해 하는 것입니다. 진리로 영으로 하는 것은 내가 하는 것이 아니고 부처님이 하는 것이기 때문에 이미 그 자체가 즐거움이고 행하는 결과도 즐거움입니다.

육으로 하는 것은 선한 욕심으로 하는 것입니다. 선하기는 하되 욕심이기 때문에 중간에 괴롭게 됩니다. 선한 마음으로 했지만 효도하고, 충성하고, 헌신하고, 희생했지만 그 결말은 반드시 괴롭습니다.

마음에서 미운 사람, 원망스러운 사람이 있으면 증오심이 일어나게 되는데, 그때가 영원한 생명 진리의 길로 가느냐, 악도의 길로 가느냐의 분기점입니다. 내가 원망하고 탓하는 마음은 육심입니다. 내 욕심과 이기심을 중심에 놓고 하는 것이기 때문에 그것은 반드시 나를 고통과 멸망으로 끌어 내리지만, 불심에서는 그 사람을 용서하고 사랑하며 불쌍히 여기는 마음으로 돌림으로 인해서 영원히 살아가는 것입니다.

항상 이 두 마음이 한마음인데 매일 즐겁게, 감사하게, 기쁘게 살아가느냐, 아니면 똑같은 조건에서 불행하게, 슬프게, 원망하며 사느냐는 우리가 불심佛心을 쓰느냐, 육심肉心 중생심을 쓰느냐에 따라서 결정이 됩니다.

사실과 진실을 어떻게 생각하느냐에 따라서 신앙이 갈라진다고 생각합니다. 사실은 여러분이 눈으로 보고 듣는 것입니다. 진실은 눈으로 보고 들려지지는 않습니다. 하지만 부처와 중생이 둘이 아니듯이 사실과 진실은 둘이 아닙니다. 둘은 아닌데 사실과 진실은 반대의 입장에 있습니다. 부처님의 전체 가르침은 사실이면서 진실입니다.

현재에 내가 고통스러운 것은 사실입니다. 이것은 피할 수 없습니다.

그런데 진실로는 그것이 나에게 즐거움입니다. 그것은 내게 감사한 일이고 부처님이 나한테 하는 법문입니다.

그것이 나를 영원히 살게 하는 사실입니다. 사실 뒤에는 항상 진실이 숨어 있는데, 진실을 믿으면 일불승 대승으로 살아가는 것이고, 사실만 눈에 들어오면 여러분은 절대로 신앙생활로 나아갈 수 없습니다.

사실만 보면 현실은 너무 괴롭습니다. 희망도 꿈도 없습니다. 전후좌우 어디를 보아도 길이 전혀 보이지 않습니다. 그런 상황에 있는 사람이 의외로 많은데 그렇게만 보는 것은 차원이 아주 낮은 것입니다. 왜냐하면 그런 상황은 여러분에게 고통을 주기 위해서 그런 상항을 주는 것이 아니고, 천지이법天地理法은 법신불로서 인격적이기 때문에 나를 죽이기 위해서 병들게 하거나, 나를 힘들게 하기 위해서 망하게 하지 않습니다.

오로지 나를 완전하게 하고, 나를 진짜 기쁘게 하고, 내 원하는 것을 다 이루게 하기 위해서 내 앞에서 그런 일이 벌어지는 것이고 그런 사실이 나에게 있는 것이지 그런 사실 자체가 고통이 아니라는 것을 여러분이 볼 수 있으면 '고통은 고통이 아니고 이름이 고통이다.'라는 말을 이해하게 됩니다.

부처님은 항상 진실을 말씀하십니다. 그러나 조금도 현실을 떠나지도 않습니다. 여러분이 당하는 일체의 고통이 다 나에게 기쁨의 씨앗입니다. 해탈의 근원이고 성불의 근원입니다. 여러분이 오늘 아무리 원통하고 억울하고 길이 안 보이는 낙심밖에 없는 상황이라 할지라도 그 정도

되었다고 하면 여러분에게는 내면에 위대한 성취가 있다는 것입니다.

사실로 보면 항상 절망뿐이고 조금도 길이 없습니다. 그러나 진리로는 완전한 기쁨과 완전한 해탈뿐입니다. 이것은 부처님의 말씀을 믿을 때 얻을 수 있습니다. 부처님이 살아계셔서 항상 나를 지혜와 자비로 이끌어 주신다는 것과 부처님은 사생의 자부로서 나의 아버지라는 것을 결정적으로 믿을 수 있어야 합니다. 부처님은 참나를 영원히 이끌어 주시는 스승임을 여러분이 결정코 믿는다면 원망과 고통과 좌절은 나에게 영원한 희망이고, 영원한 즐거움이며, 나의 깨달음의 재료입니다.

이것이 모든 고통을 뽑아 버리고 일체의 즐거움을 주는 삶입니다. 부처님의 유언은 부처님의 말씀을 전하라는 것입니다.

그때 석가모니 부처님께서 법상에서 일어나 오른손을 들어 보살들의 이마에 얹으시면서 세 번이나 거듭 말씀하셨다. 내가 백천만억 아승지겁 동안 피나는 수행 정진 끝에 성취한 위없는 바른 깨달음을 이제 너희들에게 부촉하니 너희들은 지극 정성으로 이 법을 연설하여 사바세계에서 대승법이 끊어지지 않도록 하여라.

계속해서 거듭 말씀하시기를 여래의 지혜와 자비는 끝이 없어서 모든 중생들에게 주고도 남는다. 그러므로 너희들도 여래의 법을 다른 사람들에게 베푸는 것에 인색하지 마라. 오는 세상에 어떤 사람이 있어 불법을 믿고 따르면 이 《묘법연화경》을 설하여 위없는 바른 깨달음에 이르도록 마음을 내게 할 것이다.

불법을 믿지 않는 사람을 만나면 그 사람에게 바른 삶의 모범을 보여 불법을 바로 알게 하고 기쁜 마음으로 믿게 하라. 그렇게 하는 것이 부처님 은혜에 천만분의 일이라도 보답하는 것이 되는 것이다. 여러 보살들이 자리에서 일어나 합장하며 부처님이시여, 말씀대로 받들어 불법을 널리 전파하겠습니다.

부처님이 최종적으로, 궁극적으로 하신 말씀은 부처님 말씀을 전하라는 것입니다. 깨달음은 부처님의 말씀입니다. 진실한 일승도 부처님의 말씀입니다. 산하대지가 부처님의 말씀입니다. 부처님 말씀은 부처님의 마음입니다. 마음이 없으면 말이 없지요. 말은 생명이고 모든 것을 창조합니다. 시방세계 일체가 다 부처님의 말씀입니다. 여러분이 보고 있는 하나의 꽃도 전부 부처님 말씀입니다.

원수든 사랑하는 사람이든 모두가 다 부처님 말씀으로 된 사람입니다. 그것을 모르면 중생이고 그것을 알면 부처입니다. 여러분이 마음을 쓸 때, 내가 부처이고 상대가 부처인 줄 절대 모르기 때문에 마음을 잘못 쓰는 것입니다. 그러니 40년을 살고도 부인한테 함부로 말하고 남편한데 함부로 말합니다.

모든 존재의 근원이 부처님의 진리의 말씀이라는 것을 여러분이 명쾌하게 이해했을 때 법을 전할 수 있습니다. 아무리 참선하고 아무리 절해도 절대로 못 깨닫습니다. 단 한순간이라도 부처님의 말씀을 전하면 깨달아집니다.

사홍서원이 있으면 불자이고, 사홍서원이 없으면 비불자입니다. 부처님의 최종적인 유언은 사홍서원이라고 생각합니다. 왜냐하면 모든 중생을 다 제도하겠다고 했습니다. 번뇌를 다 끊고, 법문을 다 배우며, 불도를 이루는 것은 부수적인 것입니다. 법을 전하겠다고 하면 저절로 번뇌가 없어집니다. 자동적으로 공부가 되어 지고, 자동적으로 내 불도가 완성됩니다.

자성중생서원도自性衆生誓願道, 자성번뇌서원단自性煩惱誓願斷 으로 돌린 것인데 여러분은 무엇으로 성불하시겠습니까? 매일 백팔배를 해서, 참선을 통해서, 독경을 해서 성불하시겠습니까? 가능성은 있지만 이 모든 것은 부처님 말씀을 전하기 위한 수단이요, 방편입니다. 성불하기 위해선 부처님 말씀을 전해야 합니다.

이것을 전하지 않으면 어떤 번뇌도 없어지지 않습니다. 말씀을 전할 때, 모든 번뇌는 다 없어집니다. 여러분의 몸은 제 몸입니다. 그렇기 때문에 제가 말하는 대로 그대로 알아듣고 그대로 깨닫습니다. 제일 먼저 내 몸이 알아들어서 깨닫습니다.

제가 몸이 아플 때는 법문을 하면 아프지 않습니다. 몸이 고통스러울 때는 몸에게 법을 설하면 고통스럽지 않습니다. 진실로 몸한테 말하면 됩니다.
'사랑한다, 미안해, 완쾌해.'
부처님 말씀이 법이니까요. 여러분이 진실하면 그것이 법이고, 진실한 마음이면 그것이 부처님입니다. 진실한 마음과 직심直心이면 부처님이고, 그것이 청정심이면 부처님입니다. 그것을 말하면 그것이 부처님 법입니다. 그 상태에서 말하면 됩니다.

이 몸 하나하나가 다 부처님 몸이듯 칠십 억 인구가 다 내 몸입니다. 시방세계 일체중생이 부처님의 몸입니다. 축생도 산천초목도 다 부처님의 몸입니다. 그래서 당신이 자비심을 내어서 끊임없이 교화하시는 겁니다.

포교를 할 때는 자성중생성불도, 즉 나 자신한테 법문을 할 수 있어야만 중생무변서원도가 됩니다. 항상 이 모든 법문은 나한테 하는 법문입니다. 나한테 법문을 하는 것이 기도의 핵심입니다. 참선과 염불이 다 나한테 하는 법문입니다. 그때 모든 법문은 다 나한테 함으로써 내 몸 세포 하나하나가 다 알아듣습니다. 그러면 그 말을 통해 포교하러 가면 됩니다.

번뇌는 영원히 끊어지지 않습니다. 그런데 내가 불법을 전하겠다는 사명을 갖게 되면 반드시 번뇌가 없어집니다. 그리고 자동으로 스스로 법문이 다 배워지게 됩니다. 말씀을 전하면 반드시 가피가 생기기 때문에 그렇습니다. 말씀을 전하지 않으면 절대로 가피가 생기지 않습니다. 염불하고 참선해서 생기는 가피는 진정한 가피가 아닙니다. 진짜 가피는 법을 전할 때 생기는 것입니다. 기도해서 가피를 받는 것은 법을 펴게 하는 가피입니다.

여러분이 마음에서 어떤 원을 세우고 사는지 모르겠지만 네 가지 원은 한 가지 원으로서 다 끝나는 것입니다. 중생을 다 건지겠다고 하면 번뇌가 저절로 없어지고, 공부가 다 완성되며, 저절로 부처가 됩니다. 그런데 여러분은 많이 알아서 많이 배워서 대단해진 후에 법을 펴려고 합니다. 그렇게 하면 영원히 못 합니다.

제가 승려로서 법을 전하지 않으면 저는 중생으로 가는 것입니다. 법을 펴면 부처가 되는 것이고 안 펴면 중생입니다. 부처님은 길에서 태어나서 길에서 정진하시고 길에서 깨달으셔서 한 평생을 길에서 전법하시다가 가셨습니다. 부처님은 처음도 설법이요, 중간도 마지막도 중생을 교화하기 위한 설법을 하시다 가셨습니다.

여러분은 부처님이 조용히 앉아 계신 분으로 생각하지요. 부처님은 한 번도 조용한 적이 없었고, 한 번도 앉아 계신 적이 없었습니다. 부처님은 세세생생 주야육시[11]로 내 귀가 찢어지도록 항상 법을 설하고 계십니다. 다만 내가 귀멀고 눈멀어서 못 보고 못들을 뿐입니다.

부처님께서는 한순간도 설법을 멈춘 적이 없으셨음을 깊이 깨닫고 명심하셔야 합니다. 한국 불교가 퇴보한 이유도 법을 전하지 않기 때문입니다.

《법화경》을 들었으면 일주일에 한 번은 반드시 불법을 전하세요. 그렇지 않으면 여러분은 반드시 지옥고를 받는다고 확신합니다. 부처님 말씀을 여러분이 받았으면 반드시 이 말씀을 전하세요.

---

11 주야육시晝夜六時 : 하루 주야 24시간 동안 여섯 때(時)에 예배 찬탄하는 것.

단, 이 말을 전할 때는 각오는 해야 합니다. '너나 잘해라.' 하는 욕을 반드시 먹게 됩니다. 돌팔매를 맞게 되어 있습니다. 저주를 받거나 죽을 수도 있습니다. 그 때는 크게 감사하면 됩니다. 그것은 부처님이 주시는 특별한 은혜입니다. 그것은 일생일대의 순교할 수 있는 최대의 기회이니 기쁘게 받아들이면 됩니다.

전법傳法의 길은 오로지 가시밭길입니다. 이 길은 너무나 쓰리고 아픈 길입니다. 이 전법의 길은 처음부터 끝까지 피를 흘리는 길입니다. 영광의 길이 아니에요. 여러분이 부처님 말씀이 살아계심을 정말로 믿지 않으면 절대로 법을 펼 수가 없습니다.

세상은 피도 눈물도 없이 냉혹합니다. 그럴수록 우리는 더 자비로워야 하고 더 베풀어야 합니다. 더 헌신해야 하고, 더 봉사해야 하며, 더 베풀어야 합니다. 그런 삶이 불자의 삶입니다.

죽어도 용서 못 할 사람을 사랑하면 모든 것이 이루어졌다고 확신하세요. 세상을 육심으로 생각하면 무조건 죽습니다. 여러분이 진실을 믿을 때만 법을 전할 수 있습니다. 부처님 말씀은 진실입니다. 그것은 참된 것이고, 실다운 것이고, 그대로 진리를 말하는 것입니다.

현실은 진리 위에 뜬 거품입니다. 현실은 엄청나게 고통스럽고 괴로울 수 있습니다. 그렇지만 진실은 내가 끝까지 깨달을 때까지 그 상황을 풀어 주지 않습니다.

부처님 마지막 말씀은 '상락아정'입니다. 즐겁게 살아가라는 것이니다. 오늘 선언하세요.

'나는 부처님 이름으로 즐겁습니다.'

'나는 부처님 이름으로 행복합니다.'

'나는 부처님 이름으로 모든 것을 성공합니다.'

'나는 가장 아름다운 사람이 되고, 최고의 능력자가 됩니다.'

이 선언을 결정적으로 믿으십시오. 그것이 진리입니다.

현실에서 나는 아무 능력도 없습니다. 현실에서 나는 되는 일이 하나도 없습니다. 그렇지만 현실은 다 무상한 것입니다. 낙동강 물은 흘러서 바다로 내려가고 한강 물도 흘러서 서해 바다로 갑니다. 이렇듯 현실은 다 흘러가지만 진실은 변하지 않고 그대로 내게 남습니다. 진실은 나를 항상 행복하게 하고, 진실은 여러분의 모든 소원을 다 이루게 합니다.

《법화경》은 처음부터 끝까지 내가 부처라고 말합니다. 부처님의 일대사 인연이 무엇입니까? 내가 부처라는 것입니다. 여러분은 어떻게 포교하시겠습니까? '당신이 부처요. 당신은 거룩합니다. 당신은 미래의 부처요.'라고 해야 합니다. 진실로 보면 그 사람은 사랑받아야 하고 흥해야 합니다. 그 사람을 이해하고 공경해야 합니다. 상불경 보살은 어떤 사람이 지나가더라도 그 사람에게 '당신은 미래의 부처요.' 하고 수기를 하셨습니다.

자식이 마음에 들지 않고 여러분을 고통스럽게 합니까? 하지만 그 아들은 진실로 여러분의 부처입니다. 사실과 진실은 둘이 아닙니다. 부처님은 진실을 통해서 믿음을 확보하고 이 믿음 속에서 내 혀가 뽑히는 한

이 있더라도, 사대육신이 흩어지는 한이 있더라도, 이 법을 당당하게 전하고 가겠노라는 그런 서원을 하면 여러분에게 법화경의 가피가 충만하리라고 확신합니다.

《유마경》의 유마거사와 《승만경》의 승만부인은 대승 불교의 꽃이고 핵심입니다. 일상의 모든 주부들의 삶이 승만부인이고, 각자의 일터에서 몸과 마음과 뜻을 다 바쳐서 열심히 일하는 그런 사람이 오늘날 유마거사입니다. 부처님께서는 '유마거사처럼 살아라. 승만부인처럼 살아라.'고 하셨습니다.

누구나 결혼해서 남편 처자식을 두고, 누구나 장사를 하고, 농사를 지으며 진정한 대승보살로서 살아가라는 것이 부처님의 대승 가르침의 핵심입니다.

승만부인은 열 가지 원을 세웠습니다.

저는 오늘부터 받아 지닌 부처님 말씀을 어떤 경우도 어기지 않겠습니다. 세존이시어, 저는 오늘부터 깨달음에 이를 때까지 스승과 어른께 교만한 마음을 절대로 일으키지 않겠습니다. 저는 오늘부터 깨달음에 이를 때까지 모든 중생에게 화를 내지 않겠습니다.

아주 중요한 부분입니다. 어떤 경우라도 일을 할 때 화내거나 짜증내면 그 일은 이미 망한 것입니다. 처음부터 다시 해야 합니다. 기도를 할 때도 절대로 진실할 것, 화내지 말 것, 나만을 위하지 말 것, 이 세 가지가 맞지 않으면 어떤 기도도 이루어지지 않습니다. 기도를 꼭 이루고 싶다면 어떤 경우도 화내지 않아야 합니다. 진실해야 하고, 반드시 다른 사람을 위한 것이어야 합니다. 어떤 경우에도 화를 내면 일체의 공덕을 다 무너뜨리는 것이 아니고, 오히려 내가 이제까지 한 공덕 앞에 마이너스 부호를 붙인 것입니다.

세존이시여, 저는 먹을 것이 모자라도 아까워하는 마음을 일으키지 않고 항상 보시하겠습니다. 세존이시여, 저는 오늘부터 깨달음에 이를 때까지 자신을 위해 재물을 쌓지 않고 가난하고 고통스런 중생을 위해 다 쓰겠습니다.

은혜나 보답을 바라지 않고 보시, 애어, 이행, 동사의 사섭법12으로서 항상 베풀고 사랑하는 말을 하고, 다른 사람에게 반드시 이익되는 행동을 하며, 그 사람의 입장과 마음에서 모든 것을 이해하고 자비심으로 사랑하겠습니다.

이 원을 다시 세 가지로 마무리 짓는데 세 가지 대원이라고 합니다.

저의 선근으로 태어날 때마다 정법을 아는 지혜를 갖고자 항상 세세생생 올바른 진리를 알기를 원합니다. 태어날 때마다 정법을 아는 지

---

12 사섭법(四攝法)
승만 부인이 승만경에서 밝힌 열 가지 서원 중 하나이다. 사섭법이란 보시(布施), 애어(愛語), 이행(利行), 동사(同事) 이 네 가지를 말한다. 즉 사람들에게 이익을 주는 일을 하되 자기의 이익을 위해서는 하지 않겠으며 중생과 고락을 같이하겠다는 승만 부인의 서원 이다.

혜를 얻은 뒤에 중생을 위해서 싫증을 내지 않고 연설해 주고자 원합니다.

우리가 법을 전하지 않으면 절대로 회향이 되지 않습니다. 여러분이 모든 것을 다 바쳐도 그것으로는 부처님 은혜를 갚지 못합니다. 오로지 포교하는 것만이 부처님 은혜를 갚는 길입니다. 포교를 해서 한 사람이 포교가 되면 여러분은 성불입니다. 그 한 사람이 일체중생이기 때문에 그렇습니다.

제가 여러분을 포교하면 삼대, 사대에 걸쳐서 세계 포교가 다 이루어집니다. 여러분이 진심으로 신앙심이 생기고 대원력이 서면 한 사람을 포교해도 삼생을 거쳐서 그 사람을 포교한 공덕으로 일체중생이 다 제도가 되는 것입니다.

내가 한 중생을 제도하면 내 한 생의 업이 소멸되고, 두 사람을 불법으로 이끌면 전생의 업이 소멸되며, 세 사람을 이끌면 전전생의 업이 다 소멸됩니다.

자식 잘되길 원한다면 한 사람을 포교하면 됩니다. 두 사람을 포교하면 손자가 잘됩니다. 삼대가 업장을 소멸하고 창성하길 원하면 반드시 세 사람을 포교하세요. 오대가 업장을 소멸하고 창성昌盛하길 바라면 다섯 사람을 포교하면 됩니다. 십생 백생이 창성하길 원하면 열 사람 백 사람을 포교하세요. 그러면 여러분의 십대 백대 후손이 창성해서 시방세계를 복되게 만듭니다. 다른 어떤 것으로도 부처님 은혜를 갚지 못하고 오로지 부처님 말씀을 전하는 것만이 부처님 은혜를 갚습니다.

여러분이 마음으로 아는 것은 아는 것이 아닙니다. 몸이 알아야 아는 것입니다. 여러분이 생각으로 아는 것은 이해가 아니에요. 머리로 이해하는 것은 지식입니다. 몸으로 체득된 것만이 깨달음입니다.

여러분이 몸으로 듣고 이 말씀을 전하겠다고 생각을 정하면 여러분의 몸이 알은 것입니다. 여러분의 몸이 깨달으면 여러분의 일체의 현실의 일이 완성된 것입니다. 생각으로는 다 아는데 현실에서 행이 안되는 사람이 많습니다. 그런 사람은 땀을 흘리지 않아서 그렇습니다. 육체를 움직이지 않아서 그렇습니다. 육체를 수고할 줄 몰라서 그렇습니다. 이 육체가 땀을 흘리고 고통스러운 과정을 겪어야만 완전히 내 것으로 됩니다.

부처님의 가르침은 살아 움직이는 가르침입니다. 앉아서 생각하고 관념적으로 믿고 관념적으로 포교하는 것이 아닙니다. 관념적으로 세상을 이기는 것이 아닙니다. 부처님은 구체적으로 진실을 가지고 현실을 이기는 것입니다. 현실에서 반드시 승리하여 잘 사는 것입니다. 반드시 말을 해야 하고, 발로 걸어야 하며, 손을 움직여야 합니다. 포교는 앉아서 되는 것이 아닙니다.

부처님은 진리로는 움직이지 않지만 몸으로는 분신이 되어서 시방세계에서 법을 전하고 계십니다. 대한민국에 이 대승법이 전해져야 합니다. 그래서 이 땅에 신라 불교가 다시 일어나서 남북통일이 이루어지고 세계 평화가 이루어져야 합니다.

이 좋은 불법 가지고 왜 세상이 어지럽습니까? 이 거룩한 부처님의 가르침 가지고 왜 행복하지 않습니까? 그것은 부처님 가르침을 모르고 깨닫지 못한 것입니다. 여러분이 부처님 가르침을 통해서 단 한순간이라도 마음의 평화가 있었다면 "부처님 믿으세요. 부처님은 살아 계십니다. 부처님은 모든 것을 이루어 주시는 분이고 모든 것을 성취하는 분입니다. 부처님은 나를 사랑하는 어버이요, 위대한 스승입니다." 하는 이 말씀을 전할 수 있어야 합니다. 그러면 여러분은 영원한 생명을 얻은 것이요, 여러분 가정의 모든 원은 다 이루어집니다.

이 말씀을 전하는 순간 지금 현실의 고통은 다 없어집니다. 저도 이 법을 전하는 순간 모든 번뇌와 고통이 다 없어지고 저의 모든 원이 다 이루어집니다. 이미 다 이루어졌습니다. 진실로는 다 이루어졌는데 시간은 차이가 있을 수도 있습니다. 이미 이루어졌기 때문에 저는 모든 것을 할 뿐입니다. 대한민국의 모든 불자가 뛰고 또 뛰어서 부처님의 법을 이 우주 끝까지 전하라는 것이 부처님의 당부이십니다.

21강
약왕보살의 일불승 보살행을 밝히시다

제 이십 삼. 약왕보살본사품藥王菩薩本師品

궁극적으로 우리는 약왕보살처럼 소신공양, 이 몸을 불살라서 부처님께 바치는 공양을 해야 합니다. 이것이 진짜 보시이고 정진입니다. 이것이 진짜 반야이고 지혜라고 말씀하고 계십니다.

소신공양과 똑같은 공덕은 《법화경》의 한 말씀, 한 게송이라도 말씀대로 믿고 행하고 타인에게 그대로 전하는 것입니다. 이것이 진짜 소신공양이라는 것입니다.

선근공덕이라 함은 선한 근본 뿌리가 되는 공덕을 말하는데, 그것은 부처님을 예불, 공양, 공경, 찬탄, 참회하는 것입니다. 백천만억 겁 동안 선근공덕을 쌓아서 성불하는 것이 부처님입니다. 그러니 부처님은 공덕의 무더기인 것이지요. 이 허공을 다 채우고도 남는 것이 부처님의 공덕입니다. 일체중생이 원대로 뜻대로 다 퍼 가도 하나도 줄지 않는 것이 부처님 공덕이라는 것입니다.

수왕화보살이 부처님께 여쭙기를

세존이시여, 약왕보살은 어찌하여 사바세계에 다니시나이까? 세존이시여, 이 약왕보살은 얼마만 한 백천만억 나유타의 어려운 고행을 하였습니까?

약왕보살이 어떠한 수행정진으로 약왕보살이 되었는지를 부처님께 여쭙는 것입니다.

'본사'라고 하는 것은 과거의 공덕행을 말하는 것입니다. 〈석가모니 부처님 본사품〉이라고 하면 석가모니 부처님이 과거에 다겁생 동안 몸을 바꾸면서 끊임없이 보살행을 한 것을 기록해 놓은 것이 본사품입니다.

약왕보살이 일월정명덕부처님 아래에서 일체중생희견보살로서 수행을 하고 있었습니다. 그 때 일월정명덕여래께서《묘법연화경》을 설하실 적에 일체중생희견보살이 고행을 즐겨 익히고 일월정명덕 부처님의 법 가운데서 부지런히 닦고 행하여 일심으로 부처님 되기를 원하여 일만 이천 년을 지낸 뒤에 온갖 중생의 모습을 뜻대로 나타낼 수 있는 현일체색신 삼매를 이루게 되었습니다.

그 공덕에 기뻐서 약왕보살이 부처님께 향과 꽃으로 공양을 올립니다. 그렇게 공양을 올려도 부처님의 은혜와 가피 받음에 비하면 너무 부족하게 느껴집니다. 부처님 은혜를 생각할 때는 너무나 작게 느껴진 것입니다. 그래서 일체중생희견보살은 삼매에 들어서 이 육신을 온전하게 공양 올리는 것이 진실한 공양이 되겠다 싶어서 소신공양에 대한 원을 세웁니다.

이렇게 약왕보살께서 당신 몸을 불살라서 부처님을 위해서 공양 올리기를 원합니다. 일만 이천억 년 동안 화광삼매에 들어서 자신의 몸을 그대로 공양을 올려서 백천만 억 보살과 성문연각과 중생이 그 소신공양의 공덕으로 다 발심을 해서 성불하는 인연을 짓게 한 것입니다.

단순히 신체를 훼손하고 손을 태우고 몸을 태우는 것은 소신공양이 아닙니다. 항상 삼매에서 하라는 것입니다. 완전한 삼매에서 기쁘게 이 몸을 공양하는 것입니다. 고통을 참아가면서 하는 것은 진정한 공양도 보시도 정진도 아닙니다. 삼매 상태에서는 오로지 기쁨과 환희와 충만뿐입니다.

일상생활에서도 얼마든지 소신공양을 할 수가 있습니다. 우리가 무엇을 하든 일념으로 몸과 마음을 다해서 부처님을 위해서 생업에 종사하면 그 자체가 소신공양입니다. 따로 몸을 불에 태우는 것이 아니고, 일상의 삶에서 모든 일에 생각과 말과 뜻과 행동에 있어서 항상 부처님의 은혜를 생각하고 공경하고 공양하는 마음으로 일상생활에 일심으로 전념한다면 그 자체가 소신공양이 되는 것입니다.

삶의 한 부분이 아닌 우리의 인생 전체를 불사르는 것입니다. 삶 전체를 통째로 부처님께 바치는 삶이 소신공양이지 몸을 태우는 것이 소신공양燒身供養이 아닙니다.

우리가 하는 모든 일이 불사佛事가 되어야 합니다. 큰 일이든, 작은 일이든, 일상의 삶 전체를 불사로 생각해야 합니다. 내 가정이 법도량法道場이라고 생각하고 부처님께 공양 올리는 마음으로 쓸고, 닦고, 밥을 지으면 그 자체가 소신공양입니다.

가정이 가장 중요하고 핵심적인 도량입니다. 가정 안에서 우리가 복을 짓지 못하면 어디에서도 복을 지을 수 없습니다. 남편한데 복을 짓지 못하면서 누구한테 복을 짓고, 부인을 존경과 섬김으로 아끼지 못하는데 무슨 복을 짓습니까?

우리는 물건한테도, 나무한테도 공덕을 지을 수는 있지만 최고의 공덕은 사람한테 짓는 공덕입니다. 인연을 만났을 때 공덕을 지으면 불사가 되는 것이고, 공덕을 짓지 못하면 악행이 되는 것입니다. 부모든 자식이든 며느리든 시어머니든 원수든 친한 이를 떠나서 모든 일을 일념으로 내 마음과 뜻을 불심으로 불 태우면 이 전체가 소신공양입니다.

오늘 날 약왕보살이 여러분에게 하는 말은 무엇입니까? 우리가 무슨 일을 하든 부처님을 섬기듯 몸을 바쳐서 하라는 것입니다. 세상에 어떤 일도 작지 않고 어떤 일도 큰 일이 없습니다. 모든 일에 내 마음과 뜻을 다하는 것이 약왕보살의 뜻입니다.

병의 원인이 무엇입니까? 우리 몸과 마음의 병은 마음에서 항상 불화하고, 고집부리고, 탐심 부리고, 성내고, 시기 질투해서 생기는 것입니다. 마음에서 기가 흐르지 않기에 생기는 것이 병病입니다. 오장육부가 상하고, 교통사고가 나고, 싸움을 하는 등 사고가 일어납니다. 왜냐하면 마음이 다른 곳에 가 있으니까요.

제일 큰 병은 죽고 싶은 병입니다. 사기당하고, 배신당하고 이렇게 한 많은 세상을 살고 싶지가 않은 것입니다. 가장 큰 병입니다. 세상은 나를 속이지 않습니다. 내가 속을 뿐이지요. 여러분이 생각을 바꾸셔야 합니다.

우리에겐 본래 병이 없습니다. 여러분이 병을 치료하려고 하면 죽습니다. 병은 저절로 낫는 것입니다. 병도 없고, 늙음도 없고, 죽음도 없는 것이 부처님의 영원한 생명의 진리입니다.

마음의 상처가 커서 죽음의 병에 이르게 됩니다. 말로써 마음의 상처를 준 것은 결코 없어지지 않습니다. 말은 때로는 상대를 크게 다치게 하고 크게 고통스럽게 하고 상대를 절망과 악으로 몰아 넣게 됩니다.

나에게 상처 주는 말을 하는 것은 내가 그 말을 들어야만 깨달을 일이 있고 복을 지을 일이 있기 때문에 나한테 누군가가 와서 그렇게 마음 아픈 얘기를 하게 되는 것입니다. 그 사람은 다른 사람한테 가서는 하지 않습니다. 꼭 나한테 와서 합니다. 왜냐하면 나를 성불하게 하기 위해서입니다.

나에게 상처 주는 사람은 어찌할 수 없다 하더라도 상처를 받는 입장에서는 결코 그 말을 상처로 받아들이면 안됩니다. 마음에 상처를 내지 말고 오히려 내 마음을 더 강건하게 하고 부드럽게 하고 다 수용함으로 인해서 오히려 내 마음의 일체 공덕이 역逆으로 생기게 되는 것입니다.

오로지 사랑하는 마음과 불쌍히 여기는 마음으로만 내 마음의 모든 상처를 치료할 수 있습니다. 나를 고통스럽게 하고, 괴롭게 하고, 원망하게 하고, 한탄스럽게 하는 것, 정말 저주스럽게 하는 행위는 나에게 철저히 비심을 내라는 뜻입니다. 오로지 불쌍히 여기는 마음으로 돌림으로써 내 영혼을 치료할 수 있고 내 마음의 상처를 치료할 수 있습니다.

약왕보살은 백천만 년 동안 온갖 난행과 고행을 다해서 일체중생이 당신의 이름만 부르면 모든 병이 낫도록 하였습니다. 육신의 병은 병도 아닙니다. 마음의 병이 정말 병입니다. 부처님은 대 의왕醫王이십니다. 모든 마음의 병을 다 낫게 하시기에 대 의왕이라고 합니다.

마음은 본체요, 육체는 그림자입니다. 우리 주변에는 육체가 병들어 있는 사람이 많습니다. 약도 매일 먹는 사람이 먹고, 교통사고도 자주 내는 사람이 내며, 싸움도 하는 사람이 매일 합니다.

《유마경》에 보면 유마거사는 중생의 고통이 자기자신의 헤아려져서 비심悲心으로 아프고, 중생은 내 욕심대로 안 되는 것 때문에 아픈 것입니다.

여러분은 무엇 때문에 아프십니까? 여러분이 아픈 것은 내 욕심대로, 내 감정대로 안되기 때문에 아픈 것입니다. 일이 내 뜻대로 안되는 것은 우리의 마음이 틀어져 있기 때문입니다.

세상의 모든 진리는 내 마음만 바로 서면 다 되도록 되어있는 것이 정법正法입니다. 정법은 일심법입니다. 한마음이고, 옳은 것이면 다 되도록 되어 있는 것이 정법입니다. 내 마음이 비틀어져 있고, 몸이 병들어 있는 것은 내가 일심을 쓰지 않기에 오는 병입니다.

경에서 말씀하시기를 한 마음이 청정하면, 한 몸이 청정하고, 한 세계가 청정하며, 한 세계가 청정하면 시방세계가 다 청정하다고 합니다. 육체적으로 있는 어떤 큰 병도 우리들 마음의 미움과 원망과 시기와 질투가 없다면 우리의 병은 약 먹는 대로, 치료받는 대로 무조건 낫습니다.

몸에 병이 들었습니까? 제일 먼저 내 마음에 미움과 원망을 없애세요. 고집불통이라고 하지요. 몸에 기가 흐르지 않으면 병이 생깁니다. 고집을 부리게 되면 기가 통하지 않게 되고 사람들과도 통하지 않게 됩니다. 불로장생不老長生의 비결은 이웃과 더불어 사랑하는 것입니다.

한 번 웃으면 한 번 젊어지고, 한 번 화내면 한 번 늙는다고 하지요. 웃으면 웃을수록 젊고 활력있는 삶이 되고, 화내면 화낼수록 얼굴이 찌그러지고 늙어 버리게 됩니다.

한때 암으로 고통받는 사람들을 많이 상담했었습니다. 저는 첫 마디에 병은 의학적 치료로는 완치할 수 없다고 말합니다. 치료는 안 됩니다. 병은 저절로 나아야 합니다. 자신의 마음에서 고치면 병은 99% 나은 것입니다. 음식이나 운동이나 약을 먹어서 치료되는 것은 1%도 안됩니다.

마음에서 미운 사람이 용서가 되어야 병이 낫게 됩니다. 병 낫고 싶으면 원망하지 말고 고집부리지도 말고 무조건 용서하세요. 절대로 짜증이나 신경질 내지 마세요. 절대로 안 낫습니다. 불자가 약을 먹어서 병을 고친다고 하면 산에서 물고기를 잡는 것과 같습니다. 답이 안 나옵니다. 병의 근원은 고집불통임을 명심하세요.

불교에서는 아픈 것도 도道입니다. 건강도 도입니다. 오로지 수행일 뿐입니다. 내가 아프다는 것은 내가 삶을 잘못 살았음을 육체를 통해 보여 줄 뿐입니다. 내가 병들었다는 것은 상대가 원인을 제공했고 안 했고는 아무 상관이 없습니다.

만약 어떤 사람이 혈압이 있다면 성질 내지 말라는 뜻이고, 당뇨병이 있다는 것은 먹는 것에 집착하지 말라는 얘기입니다. 다 욕심입니다. 요즘의 병은 다 많이 먹어서 생기는 병입니다.

못 먹어서 생기는 병은 먹으면 고치는데, 먹어서 생기는 병은 안 먹어야 고칩니다. 약으로는 못 고칩니다. 현대병의 특징은 실컷 먹고 많이 마셔서 생긴 것입니다.

마음이 뒤틀려 있기에 많이 먹고 많이 마십시다. 모든 병은 마음이 뒤틀려서 생긴 것입니다. 육체의 병은 무조건 고치게 되어 있는데 마음이 뒤틀려 있는 사람은 아무리 약을 먹어도 고쳐지지 않습니다.

우리는 인생 살면서 생로병사의 고통을 항상 겪고 있습니다. 생로병사를 거꾸로 하면 '상락아정常樂我淨'입니다. 영원한 행복입니다. 우리가 인생을 살면서 내 마음에 응어리가 없는 상태, 내 마음에 회한이 없는 상태, 이 상태가 병이 없는 상태입니다.

많이 가졌는데 아프십니까? 많이 베풀면 그 병은 없어집니다. 내가 아프다는 것은 삶의 방식을 반대로 바꾸라는 것입니다. 안 바꾸면 죽게 하겠다는 뜻입니다. 바꾸면 됩니다.

내가 사람들에게 불친절한 성격이라면 이제부터는 내가 가진 것을 분수에 맞게 진심으로 베풀고 친절하게 대하면 업이 소멸되기에 병이 낫습니다. 내 앞에 있는 사람한테 잘하면 병이 낫습니다. 그런데 병든 사람이 화내고 짜증내면 결코 병이 낫지 않습니다. 세상의 어떤 약으로도 못 고칩니다.

병든 사람한테는 위로하는 게 아닙니다. 그리고 30%만 간호하면 됩니다. 병든 그 사람은 반드시 깨달아야 할 일이 있습니다. 주변 인연한테 잘해야 할 일이 있고, 참회해야 할 일이 있으며, 반드시 용서할 일이 있고, 반드시 베풀어야 할 일이 있습니다. 이것이 공식이기에 그 원인을 찾지 못하면 병이 낫지 않습니다.

누구나 약왕보살을 부르면 약왕보살의 공덕으로 병이 낫게 되는데 그 이름을 부른다는 것은 내가 부처님을 공경하고, 공양하며, 찬탄하고, 참회하는 것입니다.

부처님은 누구입니까? 남편에겐 아내가, 아내에겐 남편이 부처입니다. 부모에겐 자식이, 자식에겐 부모가 부처입니다. 원수가 부처입니다. 내 앞에 있는 사람이 부처입니다.

그 사람한테 내가 모든 것을 참회하고, 공양하며, 공경하면 병이 다 낫습니다. 내 앞에 있는 사람이 약왕보살이라고 확신하세요. 누군가에게 복수를 해야 되고, 그 사람이 잘못되는 것을 보아야 할 만큼 미운 사람이 있다면 그 사람한테 사랑과 용서의 마음을 전해야 합니다. 그 사람 때문에 내 병이 안 낫고, 내 인생이 거꾸로 가는 것입니다. 남 탓하는 사람 옆에 있으면 같이 밑으로 내려가고, 남 칭찬하는 사람 옆에 있으면 같이 바라밀다가 되고 공덕을 쌓게 됩니다.

영적인 현상의 병도 있습니다. 우리는 나와 인연 있는 권속들이 삼악도에 있게 되면 삼대까지는 직접적으로 영향을 받습니다. 총 맞아 죽은 권속이 있으면 총 맞은 곳이 아프고, 위암 걸려 죽었으면 위가 아프며, 얼어 죽은 권속이 있으면 떨리는 고통이 있게 됩니다. 이 뜻은 그런 인연과 육도중생을 위해서 덕을 쌓으라는 것입니다. 귀신은 옷 달라 떡 달라 하지 않습니다.

시방세계 허공에 꽉 차 있는 것이 귀신이기에 마음이 탁하고 바르지 않으면 빙의 현상이 옵니다. 내가 공덕을 지으면 빙의는 없어집니다. 바르게 진리로써 염불해서 법공양을 올리고 진심으로 소신공양을 올리면 다 해탈합니다. 초 한 번, 향 한 번만 올리더라도 여러분이 소신공양만 하면 다 해탈됩니다.

소신공양은 내 몸통을 촛대로 여기고, 내 머리를 초 심지로 여기며 불을 붙여서 공양을 올리는 것입니다. 이 몸이 다 타서 흔적도 없을 때 까지. 그것이 약왕보살의 서원입니다. 그렇게 살아가라는 것입니다.

영적인 빙의 현상으로 다른 귀신이 들어와서 사는 사람이 엄청나게 많습니다. 왜 이런 현상이 옵니까? 이 세상은 누구 망가뜨리기 위해서 생기는 일은 하나도 없습니다. 본인이나 그것을 보는 가족이 깨달으라는 뜻입니다. 그럴 때는 무슨 덕을 쌓아야 하는지를 빨리 알아야 합니다.

간혹은 태어날 때부터 불구이거나 병을 가지고 태어나는 경우도 있는데 그것은 바로 보고 깨달으라는 뜻입니다. 업보가 아닙니다. 인과는 있지만 나쁜 업보는 없습니다. 나에게 오는 모든 고통도 나에게는 유익한 것입니다.

전생에 무슨 죄를 지어서 저런 자식을 낳았냐고 하지요. 죄를 지어서가 아니고 공덕을 지으라고 그런 자식을 선물로 주신 겁니다. 그 뜻을 모르고 그 자식을 주었는데 또 죄를 지으니까 재산을 다 날리고 불행하게 되는 겁니다. 그런 자식을 준 것은 여러분에게 큰 복을 주겠다는 뜻입니다.

큰 병이 있으신 분은 명심하세요. 부처님은 여러분을 절대로 죽이지도 고통스럽게도 하지 않습니다. 반드시 공덕을 지으라는 뜻입니다. 그런데 여러분은 원망하고, 저주하며, 분노합니다. 그러면 아무리 좋은 의사를 만나고 좋은 약을 먹어도 급속도로 밑으로 가게 됩니다. 산삼을 먹어도 절대로 약이 되지 않습니다.

약은 반드시 영약이 되어야 합니다. 영약은 마음의 약입니다. 마음으로 그 사람을 편안하고 기쁘게 해야 합니다. 마음으로 그 사람의 고통을 소멸시켜야 합니다. 약을 주면서 '용서해.' 그러면 병이 다 낫습니다. 그러면 소화제를 주어도 다 낫습니다. 이 세상의 어떤 약도 다 좋은데 영약이 되어야 합니다. 마음에서 약이 되어야 한다는 것입니다. 그런 마음으로 살아가시면 됩니다.

자폐, 치매 이런 병은 어떻게 해결하시겠습니까? 이런 병도 선천적이든 후천적이든 불행이 아니고 축복입니다. 이것은 진실입니다. 이것이 축복임을 깨달으면 일체의 병이 다 없어집니다. 자폐아 때문에 고생하는 사람이 너무 많습니다. 하나는 부처님 섭리로 오고, 하나는 깨닫게 하기 위해서 옵니다.

에디슨, 아인슈타인 등도 일종의 자폐증 환자였습니다. 그들은 인류 역사에 업적을 남긴 긍정적인 자폐증이었지요. 반면 고통을 주는 자폐증 환자도 있습니다. 이러한 자폐증의 경우는 그 환자가 있는 가정이 공덕을 지으라는 뜻입니다. 신앙을 떠나서 깊이 기도를 하면 그 환자는 반드시 좋아집니다. 생업, 가정불화 등의 이유로 사랑으로 돌보지 않고 방치하거나 내팽개쳐서 생긴 병입니다. 뜻만 알면 모든 것이 다 해결되는데 뜻을 모르는 겁니다.

이 세상에 병은 없습니다. 오로지 마음에서 탐내고, 성내고, 시기하고, 고집 부린 것입니다. 그런데 여러분은 있다고 생각하는 것입니다. 못 깨달으니까요. 깨달음이 무엇입니까? 깨달음은 참선이나 염불해서 얻는 것이 아닙니다. 여러분 앞에 있는 사람한테 모든 것을 포기하고 잘하면 다 깨달아집니다.

오늘부터 부부 간에, 부모 자식 간에, 미워하지 않고 불화하지 않으면 일체의 병이 다 낫습니다. 낫지 않으면 약왕보살이 안 계시는 것입니다. 약왕보살을 부르지 않아도 병이 다 낫습니다.

병은 없습니다. 병이 왜 없습니까? 저도 육체적으로 건강한 사람이 아닙니다만, 저는 제가 가진 병이 병이 아니고 정진하라는 뜻이고, 겸손하라는 뜻이며, 마음을 낮추라는 뜻으로 받아들입니다. 아무 의미도 없습니다.

교통사고는 왜 발생합니까? 설사 다른 사람이 중앙선을 침범해서 사고가 났다고 해도 내가 그때 달렸을 뿐입니다. 세상의 모든 질병과 액난과 재난은 다 내가 불러들이는 것입니다. 내 마음에서 약왕보살의 대 광명, 당신 몸을 불사르는 그런 진실한 공양을 올리겠다는 한마음으로 살아간다면 천하의 어떤 병도 다 태워 없어져서 광명으로 변하고 어떤 재앙도 다 공덕으로 변합니다.

어떤 질병이 오고 어떤 어려움이 오더라도 추호도 절망하지 마세요. 나한테 큰 복을 주기 위한, 큰 깨달음을 주기 위한 사절단입니다. 어떤 병도, 어떤 재앙도 나의 길을 막지 못합니다. 약왕보살과 같이 이 생명을 다 불살라서 부처님을 공양하고 공경하겠다는 이 한 마음만 갖는다면 일체의 질병이 다 소멸될 것입니다. 머리 끝부터 발 끝까지 모든 세포가 생명 세포로 변해서 살아도 영원히 살고 죽어도 영원히 사는 영생의 법을 얻게 됩니다.

약왕보살, 지장보살, 관세음보살을 한 번만 일심으로 불러도 여러분의 병은 다 낫습니다. 부처님은 위대한 의왕입니다. 모든 병을 다 치료합니다. 영적으로, 정신적으로, 육체적으로 모든 질병을 치유하시는 분입니다. 그런 영원한 생명을 가지신 부처님의 말씀을 항상 외우고, 항상 염불하며, 정진하는 진실한 마음으로 살아가는 것이 약왕보살의 사명입니다.

보는 것마다, 듣는 것마다, 느끼고 생각하는 것마다, 오로지 일념으로 내가 부처님을 위하고, 이웃을 위하며, 세상을 위하겠다는 신실한 마음을 가지면 일체의 병이 다 낫고 여러분은 영원한 생명의 몸을 얻게 됩니다. 그것이 〈약왕보살본사품〉의 핵심이요, 부처님 가르침의 본질입니다.

22강
일념으로 관세음보살을 부르면
모든 것이 성취된다

제 이십오. 관세음보살보문품觀世音菩薩普門品

〈관세음보살보문품〉은 따로 하나의 경으로 유포가 되고 있습니다. 특히 우리나라는 관음신앙이 크고 깊어서 많은 분들이 〈관세음보살보문품〉을 수지 독송합니다. 그만큼 관세음보살은 우리의 삶과 밀접해 있습니다.

그때 무진의 보살이 자리에서 일어나 오른쪽 어깨를 드러내고 합장하면서 부처님께 여쭈었다.

"부처님이시여, 관세음보살은 어떤 인연으로 관세음이라 합니까."

무진의여, 어떤 사람이 피로움을 받고 있을 때 관세음보살의 이름을 일념으로 부르면 관세음보살이 지극한 정성에 감응하여 관세음보살을 부르는 소리를 듣고 위신력을 발휘하여서 그 피로움으로부터 벗

301

어나게 해 준다. 관세음보살의 이름을 일념으로 부르면 설사 불 속에 들어가더라도 불이 그를 태우지 못한다. 갑자기 큰 비가 내려 떠내려 가더라도 관세음보살의 이름을 일념으로 부르면 얕은 곳에 이르게 되느니라. 이와 같이 위급함을 당했을 때 관세음보살의 이름을 일념 으로 부르면 위급함으로부터 구해 주는 인연으로 관세음이라 이름하 느니라.

관세음보살을 왜 관세음이라 부르는가에 대한 물음과 답입니다. 이름 은 아주 중요합니다. 한 번 이름을 지어서 평생 그 이름을 부르는데 사 람들은 주어진 이름 따라서 살아가게 됩니다. 그렇기 때문에 이름을 지 을 때는 그 사람이 뜻을 펼치고, 믿음과 지혜로 충만해 질 수 있도록 이 름을 지어 주어야 합니다. 이름은 부르기 좋고 그 성품에 맞게 그 사람 의 꿈에 맞게 지어져야 합니다.

관세음보살은 왜 관세음이라 하는가? 누구든지 힘들거나 고통스러울 때 관세음보살의 이름을 일심으로 부르면 관세음보살이 여러가지 모습 으로 나투어서 다 해결해 준다는 것입니다. 그래서 관세음인 것입니다. 그 뜻에 따라서 이름이 붙여진 것입니다.

인간이 이 세상에 온 것은 자기의 뜻을 펼치기 위해서 온 것입니다. 아무리 부족해 보이는 사람도 이 뜻을 펼치지 못하면 한이 맺히게 됩니 다. 세상에 존재하는 모든 사람은 자신에게 주어진 사명을 펼치기 위해 서 존재한다는 것을 알았을 때 우리의 삶은 완전히 달라지는 것입니다.

어떤 기도를 하더라도 반드시 일념으로 해야 합니다. 만일 관음기도를 하신다면 일념으로 관세음을 부르세요. 내 마음을 다하고 뜻을 다하는 것이 일념입니다. 기도하는 시간을 꼭 지켜서 하고, 반드시 타인을 위해서 해야 하며, 진실해야 합니다. 또 기도 중에 화를 내서는 안 되고, 부처님께 바치는 기도를 해야 합니다. 무엇이든 일념으로 기도하면 천지가 감응하고, 시방세계 불보살이 감응하게 되어 있습니다.

십 년 동안 《법화경》을 사경하고, 《신묘장구대다라니》를 하루에 백번 읽는데도 여전히 너무 힘들고 뜻이 이루어지지 않으니 제 기도가 옳으냐고 묻는 이가 있습니다. 부처님이 거짓말 할 일도 없는데 왜 기도가 이루어지지 않을까요? 몸이 알지 못하면 나의 기도는 이루어지지 않습니다.

몸이 안다는 뜻이 무엇입니까? 여러분이 행이 되지 않으면 내 마음이 바쳐지지 않고, 내 마음이 일념이 되지 않으며, 내 몸이 보시, 지계, 인욕, 정진이 안 되면 부지런히 기도했지만 되는 것은 하나도 없습니다.

마치 농사짓는 분이 볍씨를 주머니에 넣고 논에 뿌리지도 않고 빈 논에 가서 벼가 잘 자라기를 바라는 것과 같습니다. 벼를 자라게 하기 위해서는 볍씨를 뿌린 후 김을 메고 병충해를 없애는 수고가 끊임없이 있어야 합니다.

운동선수들도 몸이 알아야 된다는 말을 많이 합니다. 생각으로는 다 알고 정리가 되어 있다고 하더라도 내가 그것을 실천하지 않으면 아무

소용이 없습니다. 진수성찬도 내가 먹지 않으면 배부르지 않은 것과 같습니다. 산 정상에 보배가 있어도 내가 그 산을 오르지 않으면 그 보배를 구할 수 없는 것처럼 일상생활에서 내가 마음을 바르게 쓰고, 항상 자비 희사의 마음을 쓰는 것이 중요합니다.

사랑하는 마음, 불쌍히 여기는 마음, 기뻐하는 마음, 어떤 곳에도 치우치지 않는 마음을 갖추어서 일상에서 직접 말과 몸과 행동으로 행하지 않는다면 우리의 기도는 이루어지지 않습니다.

단순히 사경하고 염불하는 것에 목표를 두는 것이 아니고 내가 관세음보살을 부름으로 인해서 내 자신이 관세음으로 변합니다. 관세음보살님은 모든 소리를 듣는 부처님입니다. 지장보살도 관세음보살이고, 문수보살도 관세음보살이며, 시방세계 모든 불보살님이 관세음보살님입니다.

부처님은 내 몸의 소리, 마음의 소리, 영의 소리, 일체의 모든 소리를 다 들으시는 분입니다. 다 들어서 나를 깨닫게 하고, 진리로 이끌어 주시며, 내 원을 성취시켜 주시는 것입니다.

여러분이 관세음보살을 부른다는 뜻은 남편의 소리든, 부인의 소리든, 자식의 소리든, 원수의 소리든, 친한 이의 소리든, 누구의 소리든 다 듣겠다는 것입니다. 내가 이 순간에 관세음보살을 념念한다는 것은 타인의 소리를 다 듣겠다는 것입니다. 내가 다 들어 주면 관세음보살은 내 생각과 내 말을 조금도 틀리지 않게 다 들어 줍니다.

우리가 남편의 말, 부인의 말, 자식의 말은 듣지 않고 귀를 막고 있으면서 관세음보살을 천만 번 불러도 관세음보살은 절대로 감응하지 않습니다. 신앙은 일방 통행이 없습니다. 완전한 쌍방 통행입니다. 내가 들어 줄 수 있을 때 부처님도 들어 주십니다. 내가 상대방이 나를 원망하는 소리를 다 들어 줄 수 있을 때 부처님도 내 원망의 소리를 다 들어 줍니다. 상대가 사랑하는 소리를 다 들어 줄 수 있을 때 내 모든 사랑의 소리를 다 들어 주시는 분입니다.

여러분이 마음 속에서 얼마나 귀를 닫고 관세음보살을 부르고 있는지 한 번 생각해 보세요. 내가 관세음보살을 부르면 내가 만나는 모든 사람이 관세음보살입니다. 내가 지장보살을 부르면 내 앞에 있는 모든 사람이 지장보살로 변하는 것입니다. 이것이 관세음보살을 부르는 이유이고 지장보살을 부르는 이유입니다.

칭명염불[13]입니다. 말을 하면서 내가 듣는 것입니다. 염불은 나한테 하는 것입니다. 법문도 나한테 하는 것입니다. 원망도 나한테 하는 것입니다. 이것이 진리입니다. 남한테 하는 것은 다 거짓이고, 허위이며 분노입니다.

인생 공부 중에 최고의 공부는 사람 대하는 공부입니다. 학벌 좋은 분들이 많습니다만 학교 공부는 공부가 아닙니다. 그것은 진짜 공부가

---

13 칭명염불(稱名念佛)
염불수행의 4가지 방법 중 하나이다. 4종 염불이란 칭명(稱名), 관상(觀像), 실상(實相), 관상(觀想)염불이다. 칭명염불은 부처의 명호를 부르는 염불로서 일념으로 해서 부르는 명호와 내가 하나가 되도록하는 수행법이다.

아니에요. 진짜 공부를 위한 도구일 뿐입니다. 그것은 가짜입니다. 속지 마세요.

내가 박사 학위를 가지고 있으면 사람을 대하는 것에 박사여야 하는 겁니다. 그런데 학교 근처도 안 간 사람이 사람을 대하는 것을 잘하는 사람이 있고, 많이 배운 사람이 사람을 업신여기는 경우가 종종 있습니다. 이것은 거꾸로 배운 것입니다. 이 사람은 공부가 무엇인지를 모르는 겁니다. 삶의 진실이 무엇인지 모르고 삶의 목적이 무엇인지 모르는 겁니다.

내가 많이 배웠든, 많이 가졌든, 이 모든 것은 내 앞에 있는 사람을 위해서 쓰라는 것입니다. 건강도 지식도 재물도 내 앞에 있는 사람에게 쓰는 사람이 최고입니다. 이 사람이 최고의 인생을 사는 사람입니다 그 이상의 인생은 없습니다. 물질을 많이 가진 사람이 성공했다고 보는 것은 하나의 관점입니다. 총체적 관점에서 보면 많이 가진들, 배운들 남을 위해서 쓰여지지 않는다면 무슨 소용이 있나요?

관세음보살님은 어떤 모습으로 나타나시겠습니까? 관세음보살님은 거룩하게 관을 쓰고 흰 옷을 입고 연꽃을 들고 나타나지 않습니다. 어떤 관세음보살님은 나를 상당히 피곤하게 하고 화나게 합니다. 내가 관세음보살을 부를 때 정말 고통스러워서 어찌할 수 없는 그런 관세음보살이 나에게 나타나기도 합니다. 그럴 때는 축복입니다.

《금강경》[14]에 보면 "내가 이 말씀을 한 구절이라도 수지독송하며 수행하는 동안 누가 나를 업신여기거나 능멸할 때, 내가 기꺼이 그것을 기쁜 마음으로 감사히 여기면 모든 삼악도의 업이 소멸되고 바로 극락왕생한다"고 나옵니다.

관세음보살은 항상 물질의 소원, 자식의 문제를 풀어 주는 그런 관세음보살이 아닙니다. 그것은 다음에 이루어줍니다. 먼저 내 마음을 꺾습니다. 내 마음에서 사랑하는 마음과 불쌍히 여기는 마음이 다 일어날 때까지 내 마음을 완전히 조복받기 위해서 내 앞에 내가 숨통 끊어질 일과 내 분노가 하늘을 찌르게 하는 사람이 반드시 나타나는데 그 사람이 바로 관세음보살입니다. 그것을 딱 참고 내가 인욕행을 하면 그 다음에는 내가 원하는 대로 일이 이루어집니다.

원하는 것을 얻고 싶습니까? 관세음보살을 부르세요. 내가 정말 큰 것을 원하면 내 앞에 태산같은 장애가 오는데 그 장애는 내가 받는 복의 크기를 말합니다. 내가 이루고자하는 크기를 말합니다. 스님이 세계 포교하겠다고 하면 내 앞에는 엄청난 장애가 옵니다. 그렇지만 내 믿음 앞에는 그 장애는 티끌과 같은 것입니다.

폭풍우 속에서도 관세음보살을 일념으로 부르게 되면 코 골고 잠을 잘 수 있는 것입니다. 이 모든 것은 나를 완성시키고 온전하게 할 뿐입

---

14 《금강경》〈능정업장분 能淨業障分16〉에 "금강경을 수지독송하는 사람이 다른 사람의 업신여김을 당한다면, 이 사람은 전세 죄업으로 마땅히 악도에 떨어질 것이지만 금세에 남에게 업신여김을 받음으로써 곧 전세의 죄업이 소멸되어 마땅히 아뇩다라삼먁삼보리를 얻게 되느니라"

니다. 관세음보살은 절대로 나를 괴롭히지 않습니다. 관세음보살은 내 앞에 도둑이나 사기꾼을 나타나게 하지 않습니다. 다만 내 마음을 조복받기 위해서 할 수 없이 그런 상황을 만들어 놓습니다.

우리가 백 생을 수행한다면 구십구 생은 인욕입니다. 그 인욕은 기쁨의 인욕이요, 환희의 인욕입니다. 인욕의 중심에는 항상 기쁨이 있고, 즐거움이 있고, 충만과 환희가 있습니다. 인욕의 근본 씨앗은 기쁨과 환희입니다. 내가 참는 것이 즐거움이어야 합니다. 누군가 나를 힘들게 하고 역겹게 할 때, 그것을 즐길 수 있으면 시방세계의 모든 관세음보살이 나와 함께 하고, 내 역사役使를 돕고, 내 모든 일을 돕습니다.

오늘부터 관세음보살을 불러 보세요. 관세음보살을 염하다보면 자비심을 갖는 것이 근본인데 꼭 화날 일이 생기고 열받는 일이 생기는데 그 이유는 그릇을 만들기 위해서입니다. 그릇을 엎어 놓고 기도를 하니 아무것도 담기지가 않는 것입니다.

우리가 지금까지 만났던 모든 사람이 나 관세음보살이었습니다. 상처 준 사람이 있습니까? 여러분 인생을 다 망가뜨린 사람이 있습니까? 죽어서도 복수하고 싶은 사람이 있습니까? 바로 그 사람이 관세음보살인 것을 알았을 때 여러분의 팔자와 운명은 완전히 바뀝니다. 여러분의 운명은 이제는 영원한 열반으로 가는 것입니다.

우리는 관세음보살을 부르면서도 내 앞에 있는 사람이 관세음보살인 줄을 모릅니다. 누구나 자신의 마음 속을 돌덩어리처럼 누르고 있는 것이 있습니다. 어떤 사람은 돈이고, 어떤 사람은 남편, 어떤 사람은 시부모입니다. 언제까지 그 사람들이 나를 누르고 있을까요? 내가 내 마음속에서 받치고 있는 것을 빼 버리면 그 돌이 저절로 튕겨서 나갑니다. 흔적도 없이 사라집니다. 흔적없이 사라지는 것이 도입니다.

여러분이 관세음보살을 부를 때 누군가 내 마음을 억누르고 있는 것이 있습니까? 삶이 나를 힘들게 하는 것이 있습니까? 언제까지 힘들게 합니까? 내가 관세음을 불러서 대자 대비심으로 충만할 때까지 세상의 고통은 나를 끝까지 누릅니다. 그것이 관세음보살의 자비입니다.

나를 누르고 있는 것을 치워 주는 것이 자비가 아니고 내 마음의 밑바닥이 확 열려서 밑으로 그것이 빠지는 것이 관세음보살의 자비입니다.

우리는 반대로 나를 누르고 있는 것을 위로 밀어 내려고 합니다. 밀어내지지 않습니다. 마음이 대자 대비심으로 삭고 삭아서 막힌 하수구가 뚫어지듯 밑으로 쏟아져 내려야 합니다. 밑으로 빠지면 내가 계단이 되어 다시 올라갈 수 있는데, 위로 밀어 내면 그것이 다시 나를 누르게 됩니다.

원수가 되고 원한이 되고 원결이 되어서 다시 누른다는 말입니다. 풀어지는 것 같지만 내가 복수를 하고 나면 다시 그 사람이 누르려고 옵니다. 용서를 하고 나면 밑으로 빠져서 내가 올라가기 때문에 그 사람이 굽히게 됩니다. 이런 섭리와 원리를 보여 주는 것이 관세음보살입니다.

관세음보살님은 시방세계 어디에나 다 계시고 우리 몸 세포 하나하나에 다 계십니다. 어디를 찾아가실 겁니까? 누구를 찾아가실 겁니까? 여러분 앞에 보이는 사람이 모두 관세음보살입니다. 누가 욕을 하든, 칭찬을 하든, 그 소리가 다 관세음보살의 소리입니다.

관세음보살은 내가 하는 말, 내가 하는 생각을 다 듣고 다 알고 계십니다. 내 말이 축원이고, 내 생각이 축원이며, 내 걷는 것이 축원이고, 먹는 것이 축원입니다. 코로 냄새 맡는 것이 축원이고, 몸으로 느끼는 것이 축원입니다.

여기서 축원이 안 되면 어디 가서 축원한단 말입니까? 여기서 못 깨달으면 어디 가서 깨닫습니까? 그동안 관세음보살님을 불렀는데도 안 된 사람은 거꾸로 불렀습니다. 오늘부터는 바로 부르세요. 내 힘든 환경이 관세음보살입니다. 그러니 밀쳐 내지 마세요. 받아들이세요. 받아들이면 모든 것이 좋게 변합니다. 내가 힘든 사람을 받아들이세요. 나를 역겹게 하는 사람을 받아들이세요. 받아들이면 그때 여러분에게 복이 생깁니다.

우리는 내 고통, 내 뜻 다 받아달라고 관세음보살님 한테 기도합니다. 내 소원 다 이루어 달라고 기도합니다. 그러면 우리도 관세음보살님처럼 다 받아들여야 합니다. 조건 따지지 말고 맞딱뜨린 고통과 고난을 무조건 받아들이면 그것이 다 덕이 되고 무량한 공덕이 되어서 내가 이루고자 하는 모든 것을 이루는 씨앗이 됩니다.

결국은 우리가 한 번 참으면 백만 공덕이 생기고 두 번 참으면 천만 공덕이 생기는 것입니다. 세 번 참으면 백천만 공덕이 생기는 것이 자비입니다. 나는 부처님한테 자비를 구하면서 내가 가까이 있는 사람에게 얼마나 자비로운가 스스로를 반추反芻해 보세요. 내가 얼마나 화를 잘 내는지 보세요. 툭하면 화내고 툭하면 신경질 내고 말을 함부로 하는 내 모습을 보십시오.

〈관세음보살보문품〉을 읽는데 왜 이루어지지 않습니까? 우리의 마음에서 수용이 되지 않기 때문입니다. 인욕이 안되는 것입니다. 마음에서 덕이 쌓아지지 않는 것입니다. 인욕을 쌓을 때 덕이 쌓입니다. 내 모든 것을 기쁨으로 참고 받아들일 때 만 공덕이 생깁니다.

나를 분노하게 하는 사람은 내가 진정한 자비심을 내게 하기 위해서 분노하게 하는 것입니다. 아들이 돈을 갖다 버리는 것이 아니고 아들이 내 대신 돈 쓰느라고 욕보는 것입니다. 남편이 술 먹고 골병드는 것은 내 안에 온전한 자비심이 일어나도록 그렇게 수십 년 동안 술을 먹고 몸을 망가뜨리며 인생을 사는 것입니다. 술 먹고 전봇대를 들이박는 내 남편이 관세음보살입니다. 그 남편 마음이 평화롭고 그 사람 마음이 기쁘고 편안해져야 내 뜻이 이루어지는 것입니다.

"자비심, 자비심" 하지만 우리에겐 너무나 자비심이 없습니다. 부부간에도 끝없이 다툼을 하고 결국 헤어집니다. 사람들은 결혼을 할 때 상대의 사상과 이념과 가치관을 보고 결혼을 하는 것이 아니고, 상대의 학벌, 재물, 인물 등 조건을 보고, 내가 챙길 것이 무엇인가를 따져서 결혼을 하니까 시작부터가 잘못되어 살아도 골병이요 안 살아도 골병입니다. 이러한 문제의 근본 이유는 이기심입니다. 상대에게 기꺼이 주겠다는 마음이 없습니다.

내가 일념으로 관세음보살의 깊고 심오한 진리의 말씀을 외우면 내 뜻이 크고 깊어져서 원만 성취됩니다. 내가 일념으로 관세음보살을 부르면 이 몸이 광명의 횃불로 변합니다. 또 일념으로 관세음보살을 부르면 이 몸이 오안육통이 열려서 자유자재로 중생을 교화할 수 있는 신통력이 생기게 됩니다. 내가 일념으로 관세음보살을 부르면 내 이 몸 이대로 부처가 됩니다.

관세음을 부른다는 것은 내가 모든 사람을 자비심으로 받아들이겠다는 것입니다. 지장보살을 부른다는 것은 내가 지장보살의 원을 가지고 모든 사람을 제도하겠다는 것입니다. 일념으로 관세음보살을 염한다면 누구도 그 사람을 해치지 못합니다.

관세음보살을 일념으로 부르는 사람은 부처님과 똑같은 복을 받습니다. 부처님 복은 절대로 줄어들지 않는 무루복입니다. 여러분의 복은 유루복有漏福입니다. 석달 열흘만 놀면 다 깡통 찹니다. 무루복無漏福은 일체 중생에게 내 복을 다 주는 복이기에 이 복은 영원히 없어지지 않는 것입니다.

이렇게 일념으로 관세음보살을 부르면 귀신의 업도 다 소멸되고 천하의 어떤 업장도 다 소멸됩니다. 망망대해에서 선박이 고장나고, 파손 되었더라도 저절로 바람이 불어서 내가 갈 곳으로 배를 밀어서 인도하는 것이 관세음보살입니다.

마음속에서 관세음보살을 그리지 마세요. 그것은 망상이고 망념입니다. 여러분 앞에 나타난 사람이 관세음보살입니다. 우리 가족 하나하나가 관세음보살입니다. 관세음보살을 다른 데서 찾는 바람에 잘못되는 것입니다.

며느리 때문에 괴로운 시어머니는 며느리가 관세음보살인 줄 알면 고부간에 그렇게 갈등하겠습니까? 남편 때문에 괴로운 아내는 남편이 관세음보살인 줄 알면 남편으로 인해 그렇게 괴로워하겠습니까? 국민이 관세음보살이라고 생각하면 위정자가 감히 삿된 생각을 하겠습니까? 그럴 수 없는 겁니다. 여러분이 바르게 기도하지 않기 때문에 기도가 안 이루어지는 것입니다.

이제는 독경하고 염불했는데 안 이루어졌다는 말 하지 마세요. 지금 내 앞에 있는 사람한테 잘못한 것입니다. 원수한테, 부모한테, 자식한테, 친척한테 잘못한 것입니다.

직장 생활하면서 재미없고 다니기 싫은 사람은 능력이 없는 사람입니다. 직장에 봉급 받기 위해서 다니니까 다니기가 싫은 것입니다. 단지 생계를 위해서 마지못해 직장에 다니니까 싫은 것입니다. 이런 사람은 평생 노예입니다. 다 같이 봉급을 받아도 주인으로서 받는 사람과 노예로서 받는 사람은 다릅니다.

내가 관세음보살로서 주변 동료나 상사를 섬겨서 그 경험으로 더 높은 가치를 창출해 나가야 합니다. 노예는 영원한 노예입니다. 처음부터 주인 정신을 가지고 일해야 자아가 실현되는 것입니다.

관세음보살은 철저하게 주인으로 살아가는 것입니다. 내가 관세음보살로 살아버리면 관세음보살이 항상 나와 함께 합니다. 일상의 모든 삶에서 함께하고 계십니다. 찾아다니면 죽습니다. 관세음보살을 부르면서 내 앞에 있는 사람을 념하세요.

관세음보살을 부른다는 것은 소통 사회를 만드는 것입니다. 왜 단절되었습니까? 상대방의 말을 듣지 않기 때문에 단절된 것입니다. 관세음보살님은 나의 어떤 소리도 다 들어 줍니다. 왜냐하면 오로지 불쌍히 여기고 사랑하기 때문입니다. 관세음보살을 부른다는 것은 누구와도 마음을 열고 누구와도 소통하겠다는 뜻입니다.

속상하고 화나서 관세음보살을 부르기도 합니다. 관세음보살을 부르면서 아상을 없애고 나 밑으로 빼서 거름으로 삼고 계단으로 삼아서 나를 화나게 하고 분노하게 하는 그 남편, 그 자식, 그 원수 같은 사람을 다시 안아서 받아들이는 것이 관세음보살입니다. 그것이 소통입니다.

마음의 아픔과 괴로움을 반복하지 마세요. 내 앞에 꼭 필요한 사람만 나타나서 내게 꼭 필요한 말만 합니다. 욕이든 칭찬이든 천지가 무너지는 말도 꼭 필요한 말이고 그 사람이 관세음보살입니다. 미국에서 일본에서라도 와서 내게 그 말을 꼭 합니다. 내가 그 말을 꼭 들어야 할 일이 있기 때문입니다.

　지금 너무 힘들고 괴롭습니까? '감사합니다. 관세음보살님!' 하고 힘들고 괴로운 상황을 마음으로 소화시킬 수 있어야만 합니다. 우리 마음의 소화기관이 관세음보살님입니다. 어떤 것도 다 마음으로 듣고 소화할 수 있어야 합니다. 마음에서 세상의 모든 소리를 듣고 삭히지 못하면 우리는 마음에 병이 걸려서 죽습니다.

　마음은 닦는 것이 아니고 쓰는 것입니다. 좋게 쓰면 됩니다. 우리가 좋은 음식 먹고 말 험하게 하면 다 잘못 사는 것입니다. 세상의 모든 소리를 다 쓸어 담아서 마음의 소화기관에서 소화시키세요. 관세음보살님은 다 소화를 시킵니다. 어떤 말도 다 소화를 시키면 관세음보살의 대자대비와 가피가 우리의 육체와 자녀에게 충만하게 됩니다.

　관세음보살은 여러분을 항상 지켜 주고 이루어 주며 함께 하십니다. 여러분 가정과 함께 하고 국가와 세계와 사바세계와 함께하십니다. 오늘 이 순간부터 여러분 앞에 계신 분께 잘하시면 됩니다. 그러면 관세음보살은 모든 것을 이루게 하는 역사役使를 합니다. 여러분이 지금 가까이 있는 인연인 부모, 형제, 동료, 이웃한테 잘못하기 때문에 모든 일이 깨어지고 이루어지지 않는 것입니다. 지금 여기 가까이 있는 인연을 잘 섬기는 것이 진짜 공부요, 박사 학위입니다.

23강
가정은 수행공동체,
성불공동체이다

제 이십칠. 묘장엄왕본사품妙莊嚴王本師品

그때 부처님께서 묘장엄왕을 인도하고자 하며 또한 중생을 불쌍히 생각하시어 이 《법화경》을 설하시었느니라. 이때 정장과 정안 두 아들이 그의 어머니 계신 곳에 가서 열 손가락을 모아 합장하고 여쭈었느니라.

"원하옵나니 어머님이시여, 운뇌음수왕화지 부처님 계신 곳에 가옵소서. 저희들이 모시고 가서 친히 뵙고 공양하고 예배하겠나이다. 왜냐하면 이 부처님께서 모든 하늘과 사람들에게 법화경을 설하고 계시오니 반드시 받아지녀야 하나이다."

이때 어머니가 아들들에게 말하였느니라.

"너희 아버지는 외도를 믿어 바라문의 법에 깊이 빠져 있으니 너희들은 아버지께 말씀드려서 부처님 계신 곳에 함께 가도록 하여라."

그래서 정장과 정안 두 아들이 아버지인 묘장엄왕을 교화하는 내용입니다.

가정은 성불 공동체라는 주제로 말씀드리겠습니다. 묘장엄왕은 외도外道였는데 정장과 정안이 그 집에 아들로 태어나서 어머니께 《법화경》을 들으러 가자고 청합니다. 그러자 그 어머니는 "너희 아버지는 외도라 가지 않을 것이니 신통을 통해서 너희 아버지를 모시고 가도록 해라."고 합니다.

그래서 두 아들이 신통을 부려서 꽃비가 내리게 하고 풍악을 울리며 신통 조화를 부려서 그 아버지의 마음을 청정하게 하여 믿고 이해하게 한 것입니다. 묘장엄왕이 깜짝 놀라서 바로 부처님께 귀의해서 법문을 듣고 다같이 성불하는 인연이 되었던 것입니다. 묘장엄왕의 두 아들은 나중에 약왕보살과 약상보살이 되었지요.

묘장엄왕의 두 아들은 불사를 하여 신통한 변화로 아버지의 삿된 마음을 돌이켜 부처님의 법에 편안히 머무르게 하고 세존을 만나 뵙게 하였으니 이 두 아들은 묘장엄왕의 선지식이었던 것입니다. 지난 세상의 선근을 일으켜 아버지를 이롭게 하려고 아들로 태어났던 것입니다. 모든 사람은 이렇게 질문해야 합니다. 저 자식이, 저 남편이, 저 부인이 어떻게 내 인연으로 왔는지를 잘 생각하시면서 법문을 들으셔야 합니다.

묘장엄왕이 과거 백천만 억 나유타 동안 선근공덕을 심었기 때문에 정장과 정안 같은 아들이 자식의 인연으로 왔노라고 부처님께서는 답변하셨습니다. 정법을 닦고 만중생을 교화하는 보살이 내 자식으로 오려면 내가 수많은 공덕을 쌓아야 내 자식이 보살로서 부처로서 인행忍行을 닦아서 중생을 교화하고 나를 성불하게 하는 것입니다.

현재 우리는 정장과 정안 같은 큰 공덕을 갖춘 자식이 아닙니다. 부족함이 있고 악행이 있고 덕이 없는 인연이 참 많은데, 가족은 공덕을 지으라고 만난 인연입니다. 가족 공동체는 오로지 덕을 쌓으라고 만난 인연입니다. 자식, 부부, 부모에게 무슨 덕을 쌓아야 하는지 깨달으면 그것이 도입니다. 그 깨달음을 그대로 행하면 그것이 해탈이고 성불입니다.

현세에 인과적으로는 내가 덕이 없고 공덕이 부족한 까닭으로 덕 없는 자식, 덕 없는 남편, 덕 없는 부인이 나한테 오기도 합니다. 부모 자식은 피와 살로 맺어지는데 부모 자식으로 인연이 맺어지면 무조건 빚을 갚을 수 밖에 없기에 그런 인연으로 맺어지는 것입니다. 다른 인연은 피할 수가 있지만 부모 자식은 피힐 수가 없습니다. 그러니 반드시 공덕을 지으라는 뜻입니다. 피하지 말라고 부모 자식의 인연으로 맺어주는 것입니다. 피하면 모든 것이 이루어지지 않습니다.

자식이 덕이 없으면 내가 부지런히 덕을 쌓으라는 뜻이고, 부모가 부족하면 자식이 부모에게 덕을 쌓으라는 뜻입니다. 그런데 우리는 부모 자식이 자신의 욕심에 흡족하지 못하면 짜증내고 한탄을 하기에 더 밑으로 내려가는 것입니다. 그 뜻을 모르니까 점점 원망과 한탄으로 가는 것입니다.

내가 낳은 자식이 저능아이면 그 자식이 부처입니다. 그 자식을 보고 복덕을 쌓고 회향하라는 뜻입니다. 그런 자식을 낳은 것은 '이 자식을 통하여 내가 무한한 공덕을 쌓고 세상에 많은 덕을 쌓으라는 뜻이구나.' 하고 받아들이라고 그 자식이 그대로 법문하는 것입니다.

묘장엄왕에게는 두 아들이 신통을 부리는 것이 법문이었습니다. 어떤 남편은 술만 먹으면 아내에게 잔소리하고 행패를 부리는 것이 법문입니다. 술 법문, 욕 법문, 잔소리 법문을 수십 년 동안 죽는 날까지 하다가 가는 겁니다. 깨달으라고 그러는 것입니다.

'내가 술 먹고 욕하는 것이 당신 복이요.'라고 말하는 겁니다. 그러니까 지혜로 덕을 쌓으라는 뜻입니다. '건강하세요. 행복하세요. 괴로워서 술 먹지 말고 작은 일부터 공덕을 쌓아서 뜻을 이루세요.' 하고 항상 기도하고 엎드리라는 뜻입니다. 그런데 저주하고, 원망을 합니다. '나가 죽어라. 살지 말자.' 이런 식으로 입으로나 뜻으로 바르게 행하지 않으니까 그 때부터는 모든 삶이 다 망가지는 것입니다.

대웅전으로 치면 집터는 조상이고, 부부는 기둥이며, 자식은 서까래입니다. 용마루는 명예이고, 재산입니다. 멋지게 올린 기와는 돈입니다. 집을 지을 때는 땅을 평평하게 고릅니다. 선대의 공덕이 없으면 부부가 기둥을 세울 수가 없습니다. 그러면 서까래가 못 올라가니 어떤 부도 명예도 이룰 수가 없겠지요.

많은 사람들이 터가 울퉁불퉁한 터에다 기둥을 세웠기 때문에 맨날 싸움을 합니다. 거기다가 자식을 낳았습니다. 서까래가 흔들흔들합니다. 그 위에 올린 기와가 다 깨지고 흐트러집니다. 지붕 위에 올라간 것은 재산, 명예, 화목, 행복입니다. 다시 말해 조상의 음덕陰德이 없으니 부부가 화목하지 못하고, 부부가 화목하지 못하니 자식이 바로 서지 못해서 어떤 노력도 애씀도 다 헛수고가 되는 것입니다.

나의 전생이 부모입니다. 나의 내세가 자식입니다. 자식이 잘못되어 교도소에 있거나 악의 길에 있다면 여러분이 지금 가진 것이 무슨 소용 있습니까? 여러분이 배운 것이 무슨 소용 있습니까? 모든 것이 의미가 없습니다. 모든 것을 바쳐서라도 이 자식이 바로 서야 여러분이 다음 생에 극락왕생하고 성불합니다.

극락세계가 어디입니까? 내 자식이 사회와 이웃과 인류에 필요한 자식이 되고 세상에 덕을 쌓는 자식이 되지 않으면 여러분은 아무리 열심히 살았다 하더라도 무조건 삼악도입니다. 자식을 바르게 기르는 것이 제일의 공덕이 되어야 하는데 이것이 잘못되면 천하의 공덕이 나 허사입니다.

내가 사는 것이 부족해도 자식을 믿음으로 덕으로 자식을 잘 길렀다면 여러분은 지금부터 아무것도 하지 않아도 극락왕생합니다. 자식이 꺾어지면 여러분 인생은 무조건 밑으로 가는 것이고 여러분 자식이 덕을 쌓으며 향상의 삶을 살면 여러분의 삶은 이제부터는 살아서부터 극락이 되는 것입니다.

자식이 잘못된 가정에는 아무리 가진 것이 많다고 해도 웃음도 기쁨도 있을 수가 없습니다. 겉으로는 웃을지 몰라도 속으로는 웁니다. 재산이 무슨 소용 있고, 내 이 명예가 무슨 소용 있냐고 혼자 천장을 보며 매일 한탄하다 가는 것이 부모의 마음입니다.

부모, 형제, 부부, 자식 등의 권속으로 만나는 것은 최고의 수행 공동체입니다. 남편한테 덕을 쌓지 못하면 아내의 어떤 행복도 성불은 없습니다. 아내한테 덕을 쌓지 못하면 남편의 어떤 일도 이루어지지 않습니다. 부부 인연으로 만난 것은 저 사람한테 내가 어떤 덕을 쌓을까 하는 것이 핵심 가치가 되어야 합니다. 그리고 부부는 공동의 선한 가치가 일치하지 않고 마음 끝이 맞지 않으면 아무리 궁합이 맞아도 영원히 불행합니다. 반면 아무리 궁합이 맞지 않아도 마음 끝만 맞으면 잘 삽니다.

내 한 마음 꺾고 내 마음을 부처님한테 바치는 자세라면 어떤 여자랑 살아도 잘 삽니다. 내가 얻으려고 하고 받으려고만 하니까 일생을 불행하게 살 수 밖에 없어요. 부부 간에는 어떤 경우에도 경멸하는 말이나 낮춘 말이나 눈을 부라리거나 삿대질을 하며 말해서는 안 됩니다. 가까운 사람한테 덕을 쌓지 못하면 나머지 덕은 다 제로가 되는 것입니다.

부모, 형제 등 가족한테는 잘하지 않고 남한테 잘하는 것은 전부 위선이요, 자기를 기만하는 것입니다. 내 가족한테 잘 하듯이 다른 사람에게 잘하면 그것이 바로 보살행입니다. 내 자식을 사랑하듯이 남의 자식을 사랑하면 그것이 보살도입니다.

가족 공동체가 무너지면 수행은 완전히 헛것이 됩니다. 가정에서 서로 신뢰하고 화합하지 않은 채 하는 수행은 모두 공덕이 허사가 됩니다. 가정은 최고의 성불 공동체입니다.

내 자식이 나가서 힘없는 아이들을 왜 괴롭힙니까? 가정에서 사랑을 배우지 못했기 때문에 그렇게 행동하는 것입니다. 가정에서 가르치지 않았기 때문에 그렇게 되는 겁니다. 자식한테 반드시 말로 훈육해야 합니다. 자식한테 무엇이 덕이 되는 일이고 무엇이 덕을 잃는 일인지 반드시 말을 해 주어야 합니다. 지혜와 자비로 진실을 가르치지 않았기 때문에 성장기의 아이들이 약육강식의 논리로 약자를 괴롭히고 왕따가 생기는 것입니다.

가정에서 아버지가 어머니를 무시하는 것을 보며 자란 아이들은 반드시 약육강식의 습성을 가지게 됩니다. 그 아이는 자기보다 약하다 싶으면 짓밟으려 하고 자기보다 강한 존재에게는 비굴해집니다. 비굴하지 않으면 살아남지 못하기 때문입니다.

모든 것의 기본이 되는 가정은 헌신 공동체요, 덕의 공동체입니다. 아내로부터 마음으로 사랑을 받지 못하는 남편은 밖에서 자기 능력을 10%도 발휘하지 못합니다. 날마다 부부 싸움을 하다가 지금부터 화목을 이룬다면 남편의 능력이 무한히 나오게 됩니다. 가족끼리 싸움을 하면 그 능력이 점점 없어지고 나중에는 완전히 없어집니다.

남자는 아내로부터 무한한 에너지를 받아야 합니다. 영적인 에너지, 지혜의 에너지를 전혀 받지 못하면 그 사람은 어떤 일에서도 실패합니다. 남자가 성공하려면 아내든 어머니이든 무조건 여인의 에너지를 받아야 합니다. 어떤 경우에도 가정불화는 용납되어서는 안 됩니다. 말을 할 때 항상 덕을 쌓는 말을 해야 합니다. 항상 존중하는 말을 써야 합니다. 그것이 보살도입니다.

뱃속에 있는 아이라 할지라도 '사랑합니다. 존경합니다.' '뜻을 세워서 세상에 덕을 쌓으세요.' 라고 늘 존경하고 존중해 주어야 합니다. 아무리 자식이어도 육체가 어린 것이지 영체靈體는 거룩한 부처님입니다. 우리는 내 앞에 계신 모든 형제, 자매, 부모님이 거룩한 보현보살, 문수보살, 관세음보살, 지장보살임을 명심해야 합니다.

묘장엄왕은 화덕보살이 되고, 정덕부인은 광주장엄보살이 되며, 두 아들은 약왕보살과 약상보살이 됩니다. 한 가정의 구성원이 다 미래의 보살 공동체가 이루어진 것입니다.

앞으로는 어떤 경우에도 남편이나 부인한테 덕을 보려하지 말고 덕을 쌓으세요. 어떤 경우도 자식한테 덕 보려고 하지 말고 덕을 쌓으세요. 어떤 경우도 부모님 유산을 받지 마세요. 만약 유산을 받으면 부모님 이름으로 거룩하게 회향하세요. 가진 것이 하나도 없더라도 마음이라도 보태서 부모님의 공덕을 쌓아 주세요. 그 유산을 받으면 영원히 부모님께 진 빚을 못 갚게 됩니다. 그러니 어머니 몫, 아버지 몫, 자식 몫으로 다 돌려 주어야 합니다. 돈을 벌면 매월 조금씩이라도 부모님 용돈을 보내 드리세요. 부모님한테 덕을 쌓아야 하는데 거꾸로 부모님한테 여러분이 바라면 망합니다.

누구에게든 돈을 받아서 그 사람 앞으로 덕을 쌓아 줄 수 있으면 받아도 됩니다. 부모는 먼저 자식한테 덕을 쌓아 주어야 합니다. 내가 자식을 낳았으면 먼저 덕을 쌓아주고 나중에 받는 것이 효도입니다. 그것은 안 받으면 다음 생에 받으면 되는 것입니다.

자식한테 공부시켜 주고 재산 물려 주는 것이 덕인 줄 아는데 그것은 덕 아닙니다. 돈으로는 믿음은 형성시킬 수 있으나 절대로 덕을 쌓을 수가 없습니다. 덕은 마음과 말과 행동을 통해 쌓아지는 것입니다. 아들이 돈을 달라고 하면 '너는 맨날 돈이냐.' 하고 핀잔하며 돈을 주면 돈을 주고도 덕이 없어집니다.

오천 원 달라고 하면 천 원 더 주세요. '나는 너를 믿는다. 사랑한다. 친구들과 함께 뭘 사 먹게 되면 네가 사 줘라.'라고 하면 감동해서 오천 원 쓰려다가 삼천 원만 쓰고 이천 원 가지고 옵니다. 말로 자식을 키워 주고, 존중해 주며, 사랑해 주고, 믿음을 주며, 지혜를 주는 것이 덕이지 돈 주는 것은 덕이 되지 않습니다.

덕을 쌓는 것은 자식의 마음을 심어 주고 아이 마음을 세워 주는 것입니다. 자식이 지존심至尊心을 갖게 하는 것입니다. 자존심이 아닙니다. 자존심은 배타적이고 이기적입니다. 지존심을 가진 사람은 어떤 경우도 비교하거나 낮추거나 높이거나 하지 않습니다. 어떤 경우도 여여하게 자기 꿈대로 자기 삶을 살아갑니다. 어떤 경우도 비굴하거나 교만하게 굴지 않고 삶에서 자유롭습니다.

여러분의 내생은 편안하십니까? 여러분의 전생의 업은 다 소멸되었습니까? 오늘 〈묘장엄왕본사품〉은 그걸 묻고 있는 것입니다. 묘장엄왕이 전생에 한량없는 공덕을 쌓았기 때문에 약상과 약왕이라는 위대한 보살을 아들로 낳아서 그 공덕으로 제도되어 성불받았습니다.

여러분 모두가 부처님으로 인해서 여러분 자식한테 덕을 쌓고 여러분 자신의 선근공덕을 심어서 삼생 아래 다 성불할 수 있는 그런 덕을 쌓기를 바랍니다. 내 손자 때나 내 증손자 때는 반드시 우리 집안에 대 스승이 나와서 국가와 민족에 한량없는 덕을 쌓는 그런 원을 세우시기 바랍니다.

여러분이 진짜 스승을 만나면 우담바라 꽃이 핀 것입니다. 저 망망대해 태평양 한 가운데 거북이가 백년 천년 만에 고개를 내미는데 그때 마침 나무토막이 지나가는데, 그 나무토막에 올라가는 것처럼 기적 중의 기적이 일어나는 것이 여러분이 스승을 만나는 일입니다.

여러분의 영혼의 영원한 스승은 금생에는 석가모니 부처님입니다. 다음 생에는 미륵 부처님입니다. 영으로 진리로 모든 부처님이 여러분의 스승입니다. 그것이 여러분 눈에 너무 멀리 보이고, 너무 크게 보여서 실감할 수 없다면 내 앞에 있는 사람이 내 스승입니다. 그 스승이 위대할 수도 있고 치졸할 수도 있습니다.

여러분이 진실로 부처님을 공경, 공양, 예불하고 찬탄한다면 내 앞에 나타난 사람이 진짜 스승입니다. 여러분이 집에서 매일 만나는 부인이

나 남편이나 자식이나 부모가 진짜 스승입니다. 그 사람이 스승으로 안 보이는 이유는 내 마음에 참된 믿음이 없어서입니다.

정말로 나를 움직이는 것이 부처임을 모르는 겁니다. 그것을 모르기 때문에 절에 와서 절을 하고 불전을 놓으면서도 절대로 믿음으로 살지 않습니다. 믿음으로 살지 않으니 내 앞에 있는 사람이 스승일 수가 없는 것입니다.

진정으로 뼈를 주고 살을 주는 그런 스승이 누구입니까? 내 앞에 있는 사람만이 나를 깨닫게 합니다. 멀리 있는 사람은 시방제불 부처님도 나를 깨닫게 못 합니다. 저는 여러분이 부처라고 이렇게 모셔다 놓았습니다.

어떤 여자한테는 힘들게 하는 남편을 부처로 갖다 놓았는데 그 여자 눈에는 그 남편이 절대로 부처로 보이지 않는 겁니다. 어떤 사람은 원수로 보입니다. 어떤 사람은 볼 때마다 괴롭습니다. 어떤 사람은 즐겁기도 합니다. 어떤 사람은 기쁘기도 하고 행복하기도 합니다.

어떤 모습이든 가정에 있는 모든 인연은 수행 공동체의 근본입니다. 여러분이 지하 단칸방에 살든 호화 맨션에 살든 사는 곳이 어디든 그곳이 바로 법당입니다. 그 법당에서 여러분이 수행이 안 되면 모든 것이 안됩니다. 가화만사성은 영원한 진리입니다. 내가 낳은 자식과도 마음이 통하지 않는데 누구랑 통하며 자식 낳고 사는 남편과 통하지 않는데 누구랑 통합니까?

앉아서 법문하는데 못 깨달으면 어떤 부처님을 보고 깨닫고 스님은 누구한테 설법을 해서 성불할 수 있겠습니까? 나는 신도를 통해서 성불할 수밖에 없고 여러분은 이 순간에 이 스님으로부터 듣고 깨달을 수밖에 없습니다.

집에 돌아가시면 남편을 보고 덕을 쌓고 성불해야 하고, 부인을 보고 덕을 쌓고 성불해야 합니다. 길이 없습니다. 외통수外通手[15]입니다. 그렇게 만들어 놓았습니다.

내 부모가 아무리 못났어도 그 부모를 통해서 깨닫고 성불하는 것입니다. 부모를 잘 섬기고 공경하면 천복을 받습니다. 잘난 부모를 섬기는 것은 작은 복만 받습니다. 못난 부모를 섬기는 것은 대복을 받습니다. 악행하는 자식을 진리로 사랑하면 그 복은 만대에 이릅니다. 부족한 남편, 부족한 아내를 사랑하고 공경하면 무량한 공덕을 짓게 됩니다.

가족끼리는 절대 허물을 보지 마세요. 가족의 부족함이 거룩하게 보일 때 그것이 바로 불안佛眼입니다. 내 앞에 있는 사람이 하는 행동과 말이 다 법문입니다. 법문을 다른 데서 들으려고 하지 마세요. 자식한테서 법문을 들으세요. 부모한테서 법문을 듣고, 남편과 아내한테서 법문을 들으세요. 시어머니가 불편한 소리 하는 것이 진짜 법문입니다.

---

15 어떠한 상황에서 오로지 하나의 선택밖에 할 수 없는 경우, 절대 피할 수 없는 상황을 이르는 말이다.

어디서 법문을 들으려고 합니까? 영취산 가서 법문을 들으실 겁니까? 여러분의 가정이 영취산입니다. 다른 데서는 복도 없고 덕도 없고 깨달음도 없습니다. 여러분! 온전한 가정 이루세요. 그것이 오늘 묘장엄왕본사품입니다.

여러분 아들은 약왕보살이고 약상보살입니다. 딸은 관세음보살이고 지장보살입니다. 부모님은 보현보살, 문수보살입니다. 어디서 지장보살을 찾을 겁니까? 어디서 관세음보살을 부를 겁니까? 내 눈 앞에 있는 사람이 바로 불보살님입니다.

24강
법화경을 믿고 지녀 보살행을
실천하는 것이 최고의 공덕이다

제 이십 팔. 보현보살권발품普賢菩薩勸發品

〈보현보살권발품〉은 보현보살이 모든 일체의 중생들에게 부처님 말씀을 읽고, 외고, 쓰기를 권하고, 발심하기를 권하는 내용입니다.

위없는 부처님의 진리를 증득해서 살아가고자 하는 사람은 어떻게 살고 어떻게 마음을 써 나가야 합니까? 하는 것이 《금강경》의 시작입니다. 여기서는 부처님 말씀대로 살아가라고 마지막으로 보현보살이 우리들에게 하시는 말씀입니다

여러분들은 법당에 부처님을 보러 오셨고, 부처님 말씀을 들으러 오셨는데 실제로는 여러분의 참 모습을 보러 오신 것입니다. 여러분 내면의 진실한 소리를 들으러 오신 것입니다. 저한테서 여러분 소리를 들으

러 오신 것이지 제 법문을 들으러 오신 것이 아닙니다.

제가 수십 년 전에 불교 고등학교에 다니던 시절에 부처님을 찾아서 전국을 헤매었던 적이 있었습니다. 그런데 그것이 부처님을 찾으러 다닌 것이 아니고 저 자신을 찾으러 다닌 것이었음을 깨달았습니다. 일생 동안 참 나를 찾는 것이 정법正法입니다.

세상 사람들은 멋진 남자, 멋진 여자를 찾고 있지만 세상에 멋진 남자, 멋진 여자는 따로 있지 않습니다. 모든 사람이 멋진 남자이고 멋진 여자입니다. 내가 멋지면 멋진 나한테 어울리는 멋진 남자를 만나고, 내가 별 볼 일 없는 여자이면 별 볼 일 없는 남자를 만나는 것입니다. 이 세상에는 누구도 탓할 필요가 없습니다. 내가 보는 대로가 정답입니다.

오랫동안 염불 하고 참선을 하는 것이 수행인 줄 아는 사람이 너무나 많습니다. 제가 신도님들께 백중기도 기간이니 하루에 30분 정도씩 신묘장구대다라니나 지장보살 정근을 하라고 했더니 신도님들이 상당히 힘들어 했습니다.

제가 하는 말의 뜻을 잘 못 알아듣는 것 같았습니다. 우리는 부처님 말씀을 잘 못 알아듣습니다. 부처님 말씀을 내 생각으로 알아듣기 때문에 평생 동안 도를 닦아도 자신을 잘 모릅니다.

여러분이 내 말을 잘 알아들으면 기도를 단 일 분만 해도 되고, 일 초만 해도 됩니다. 마음을 다하고 뜻을 다 한 기도라면 잠시만 해도 되는

데 그렇지 못하고 말씀대로 지키려고만 합니다. 그러한 것은 기도가 아니고, 수행도 아니며, 노동이고, 짐입니다. 부담스러운 짐이 되는 기도는 기도자한테 조금도 덕이 되지 않고, 깨달음도 해탈도 없습니다.

주변에서 이 악물고 죽어라 돈만 버는 사람을 보면 골병만 들 뿐 모아 놓은 돈을 제대로 써 보지도 못하고 그 돈은 결국 다 나가게 됩니다. 너무나 오기로 번 돈이라 베풀지도 못하고 좋게 쓰지도 못하는 겁니다.

아무리 힘든 일을 하더라도 그것이 기쁘고 즐거워야 합니다. 그래야 그것이 돈이 되고 축복이 됩니다. 억지로 이 악물고 돈을 모으면 돈 벌어서 살 만하면 병들어 죽습니다.

산 속에 들어가서 조용히 앉아서 하는 수행은 잠시는 될 수 있는데 길게는 안 됩니다. 찬란한 네온사인 속에서 살아가는 현대인들의 생활이 종교이고, 생활이 도이고 기도여야지 산 속에 들어가서 수행한다면 불교를 잘못 이해한 것이고 부처님 말씀을 잘못 알아들은 것입니다.

원효스님이 말씀하시는 토굴이 우리 마음의 적정심[16]寂靜心을 말하는 것이지 실제로 산 속에 있는 토굴을 말하는 것이 아닙니다. 천수경의 원적산圓寂山과 무위사無爲舍가 내 마음의 참된 공덕을 말하는 것이고, 내 마음이 진여일심으로 온전히 열려 있는 마음을 말하는 것이지, 어느 산, 어느 집을 말하는 것이 아닙니다. 착각하면 안 됩니다.

---

16 모든 번뇌를 남김없이 소멸하여 평온하게 된 열반 또는 해탈의 상태. 열반적정이라고도 한다.

오늘 〈보현보살권발품〉 법문을 통해 부처님 말씀에 대한 완전한 이해와 완전한 깨달음을 성취하시기 바랍니다. 내일은 없습니다. 오늘 깨닫고 오늘 끝내는 것입니다. 오늘 부자 되고 영원히 잘 사는 것이지, 오늘부터 열심히 해서 잘 사는 일은 없습니다. 내가 돈 벌어서 보시하는 일은 없습니다. 내가 현재 가지고 있는 것을 베풀면 부자가 되는 것이지 돈 벌어서 베풀어서 부자 되는 일은 없습니다.

현재 내가 용서함으로 인해서 내 마음에 평화와 해탈이 있는 것이지 내가 언제 시간을 내서 용서하는 것은 없는 겁니다. 《묘법연화경》 부처님 가르침은 여러분 삶에서 무엇이 완전한 해탈이고, 무엇이 수행이며, 어디서 수행하는가를 말씀하고 계십니다.

연꽃은 연못에서 핍니다. 연못은 강물처럼 흐르는 물이 아닙니다. 항상 고여 있습니다. 중생세계를 말합니다. 중생세계에서는 생각이 다 갇혀 있어서 내 생각이 네모이면 세모나 원형은 다 나의 적이고, 내 생각이 세모이면 네모나 팔각형은 나와 맞지 않는 사람으로 생각합니다.

우리가 연꽃을 피우려면 내 생각이 없이 세상을 보는 것이 세상을 바로 보는 것입니다. 가령 어떤 사람이 싸움을 하고 있을 때, 그 사람을 나쁜 사람이라고 보는 것이 아니고, 저 사람이 왜 싸우는가를 깊이 이해하고 깨달아서 그 사람을 진정으로 싸움에서 벗어나게 하는 것이 연꽃의 삶입니다. 그것이 해탈의 삶입니다.

우리는 싸우는 사람을 보면 그 사람은 나쁜 사람이라고 생각합니다.

그렇게 생각하는 것은 내 생각을 투사投射했기 때문에 덕을 쌓는 것이 아니고 일체의 덕을 다 잃게 됩니다. 항상 자기 생각을 버리고, 온전히 마음을 열어 놓고 세상을 보고 느끼는 것이 연꽃의 삶입니다.

　연꽃이 피는 연못은 결코 맑고 청정한 물이 아닌 흙탕물입니다. 이 말은 나와 내 주변에 있는 모든 사람들은 내 뜻을 따르지 않고 내 뜻에 거슬리고 나를 힘들게 한다는 뜻입니다. 그 힘든 주변 환경이 연꽃이 피는 연못이지요.

　우리는 항상 자기의 뜻에 맞는 사람을 찾고 함께하려 합니다. 하지만 이 세상에 내 뜻에 꼭 맞는 사람은 한 사람도 없습니다. 아무리 사랑하는 부부, 자식, 부모도 항상 나와 뜻이 같을 수는 없습니다. 모든 인연과 모든 일은 거슬리고 불편할 수밖에 없는 것이 사바세계 중생의 삶입니다. 그래서 고해라고 합니다. 그런데 그 고해가 바로 극락입니다.

　일상의 삶에서 항상 내 뜻대로 되지 않는 것이 나를 고통스럽고 근심스럽게 합니다. 그것이 연못입니다. 지금까지 제가 법문할 때 여러분 앞에 있는 사람이 부처라고 말씀 드렸습니다. 그 사람은 나를 힘들게 하고, 고통스럽게 하며, 나를 망하게 하는 사람입니다. 살인자, 도둑, 사기꾼일 수도 있습니다. 그 사람은 악인이지만 나를 깨닫게 하는 부처입니다.

　《법화경》〈상불경보살품〉에 나오는 상불경보살도 사람들을 보면 당신은 미래에 부처가 된다고 말했습니다. 그 부처는 상불경보살을 힘들게 하고, 법문을 하면 돌을 던지고, 비난과 비방을 합니다. 하지만 그 사람이 상불경보살을 성불하게 합니다. 당신이 부처이기 때문에 나를 성불시킨다는 뜻입니다.

여러분의 말씀이 내가 되고 내 자체가 말씀이 되고 부처님 진리가 되었을 때 그것이 깨달음인데, '깨달음이란 것이 이런 것이다.' 하는 것은 인식한 것이지 깨달음이 아닙니다. 그건 내 삶과 멀리 떨어져 있고 영원히 같이 가지 않습니다.

이렇게 삶은 자식 때문에, 돈 때문에, 부모 때문에, 일 때문에 고통이 끝이 없는 가운데 그 고통을 통해 내가 성불하게 되는 것입니다. 한 가지 중요한 것은 여러분 자신이 무한한 존재라는 것을 완전히 믿고, 이해하고, 깨닫지 않으면 여러분은 이 흙탕물 가득한 연못 속에서 다 썩어서 흔적도 없이 사라집니다.

내 주변이 아무리 암담하고, 내 뜻을 아무도 받들어 주지 않으며, 보기만 해도 괴로운 사람들이 가족 구성원과 친척 중에 많다고 하더라도 '나는 부처님의 무한한 공덕과 지혜와 사비를 다 갖추었다.'라는 것을 본인이 완전히 믿고 이해하고 깨달아 버리면 그 다음부터는 나에게 걸리는 일체의 인연들이 다 나를 완전한 깨달음으로 이끌어가는 거룩한 부처로 변화가 됩니다. 그때부터는 이 시궁창이 청정수로 바뀝니다. 나를 괴롭게 하던 모든 일과 사람들이 다 나에게 위대한 불보살로 변화가 되는 겁니다.

부처님께서 보현보살에게 말씀하시기를 어떤 사람이 네 가지 법을 성취하면 여래가 열반한 뒤《묘법연화경》을 만날 수 있다고 하였습니다.

첫째는, 부처님을 호념하는 것입니다. 우리의 영원한 생명력이 부처입니다. 내 안에 위대한 인격자이고, 전지전능한 대웅大雄이 계십니다. 모든 중생을 진리로 이끄는 영웅, 모든 중생을 열반과 해탈로 이끄는 대영웅이 내 안에 계십니다. 그 분이 사는 곳이 내 몸입니다.

이 영웅의 생명력을 항상 보호하고 지키는 것이 우리 수행의 첫 번째입니다. 내 안의 부처님을 끝까지 지키면 이 세상이 다 썩었더라도 다 구원할 수 있습니다. 세상이 아무리 나를 괴롭히더라도 그 괴롭히는 사람을 다 영원한 부처로 만들 수 있습니다.

우리 모두의 마음에는 절대 지존의 왕이 있습니다. 저능아든 정신병자든 다 있는데, 그것을 깨닫지 못하고 인식하지 못하는 겁니다. 그렇다고 하더라도 그 사람을 멸시하거나 손가락질 해서는 안 됩니다. 그 사람도 나의 성불을 돕는 위대한 보살이 되는 것입니다.

사바세계는 연못입니다. 우리는 연꽃 씨앗입니다. 연못 바닥에 뿌리를 박고 그 곳에서 꽃을 피워야 합니다. 현실에 뿌리를 박고 내가 장사를 하든, 직장을 다니든, 사업을 하든, 무엇을 하든 우리가 지금 하는 일 자체가 수행입니다. 여기서 깨닫는 것이지 따로 염불하고 수행해서 깨닫는 것이 아닙니다.

지금 내가 서 있는 현실에다 뿌리를 내려야 합니다. 살고 있는 집, 날마다 출근해서 일하는 직장, 우리가 지금 함께 하는 사람한테 뿌리가 내려져야 하는 겁니다. 그곳은 흙탕물입니다. 더러는 내가 잘해 주었는데도 나를 원수로 여기는 사람도 있습니다. 헐뜯고, 비방하고, 방해하는 사람들이 너무 많습니다. 이것이 흙탕물입니다.

누가 무어라 하든 어찌하든 꼭 지켜야 하는 것 하나는 내 마음입니다. 나의 영원한 법의 생명력, 이것을 잊어 버리면 우리는 바로 흔적도 없이 썩어 버리는 것입니다. 그리 되면 연꽃을 피울 수 없게 되는 것입니다.

연꽃은 진흙탕을 뚫고 물 위로 올라와서 아름다운 꽃을 피웁니다. 나를 한 맺히게 하는 자식을 통해서, 나를 속상하게 하는 부모를 통해서 꽃을 피우는 것입니다. 나를 괴롭게 하는 사람을 다 용서하고 사랑함으로써 향기로운 연꽃이 거룩하게 피는 것입니다. 우리가 내 안의 절대 생명력을 믿을 수 없다면 우리는 흔적도 없이 인생의 무대 위에서 사라질 수밖에 없는 것입니다.

한 평생을 살았어도 자신의 생명력을 다하지 못 하는 중생이 대부분입니다. 중생들은 다만 먹고 사는 데 급급합니다. 축생처럼 자신의 진정한 생명력을 알지 못하기에 윤회할 수 밖에 없습니다. 여러분이 헌신하고 희생하며 열심히 살아도 자신이 부처님의 생명력으로써 헌신 봉사하지 않기에 그 헌신과 봉사가 항상 덕이 없고 물거품이 되고 마는 것입니다.

둘째는, 모든 덕의 근본을 심는 것입니다. 사람이나 동물이나 사물을 대할 때 항상 덕을 쌓아야 합니다. 차를 탈 때는 차한테 덕을 쌓는 것이고, 운전하는 사람한테 덕을 쌓는 것이고, 차를 탄 사람한테 덕을 쌓는 것입니다. 말을 할 때는 항상 부드럽게 하고 친절하게 하는 겁니다. 상냥하고, 겸손하게 말하는 겁니다. 항상 덕을 쌓아야 합니다. 셋째는, 성불이 결정된 사람들의 모임에 들어야하고, 넷째는, 모든 중생을 구원하려는 마음을 일으켜야 합니다. 이 네가지 법을 성취하면 여래가 열반한 뒤에 반드시 이 법화경을 만날수 있다고 하셨습니다.

여러분이 자신의 영원한 생명력을 믿을 수 없으면 어떤 기도도 안 됩니다. 오래 기도하고 골병 들어가면서 하지 마라는 뜻은 내 생명력에 맡기고 기도를 하면 오 분만 하든, 십 초만 하든 다 이루어지는데, 기도를 해서 뭔가를 끝까지 이루어 내려고 합니다. 이것은 욕심입니다. 이런 기도는 아무리 열심히 기도해도 결과가 나오지 않습니다. 설사 결과가 나왔다 하더라도 사라지고 없어집니다.

우리에게는 실다운 부처님의 성품과 종자가 다 있습니다. 이 씨앗을 싹 틔워서 꽃을 피우라는 것이 《묘법연화경》입니다. 이 씨앗이 무엇입니까? 땅이 아무리 좋아도 썩은 씨앗이나 볶은 씨앗은 싹이 트지 않습니다. 그 안에 생명력이 살아 있는 씨앗만 싹이 납니다.

우리는 모두 볶아졌거나 삶아진 씨앗으로 싹을 틔우겠다며 살아가고 있습니다. 조금만 힘들면 절망하고 조금만 고통스러우면 화내고 포기해 버립니다. 다 볶은 씨앗이고 썩은 씨앗입니다. 부처님의 위대한 생명력은 어떤 조건도 영향을 미치지 못하는 것입니다. 이것을 지키는 것이 부처님을 호념하는 것입니다.

석가모니 부처님은 당신을 지키라고 말하지 않습니다. 아미타 부처님을 호념護念하고 석가모니 부처님을 호념하라는 뜻이 아닙니다. 우리가 부처님이나 지장보살, 관세음보살을 일심으로 호념한다는 것은 나의 생명력, '참나'의 부처님을 지키는 것을 말하는 것입니다. 이것을 지켰을 때, 내 참마음을 지켰을 때, 일체 모든 것은 완성되는 것입니다.

한 송이 연꽃을 피우기 위해서 우리는 나를 비난하는 사람의 말도 사랑으로 다 받아먹어야 합니다. 나를 슬프게 하고, 괴롭게 하는 남편의 모든 행동을 자비심으로 다 받아먹어야 합니다. 나를 괴롭게 하는 부인의 모든 행동을 오로지 자애심으로 다 받아들여야 연꽃이 핍니다.

연꽃이 핀다는 것은 여러분의 뜻을 이루는 것을 의미합니다. 영원한 세상의 승리자로 사는 것입니다. 여러분이 꿈을 이루는 것입니다. 내 자식이 부모의 가슴에 못을 박아도 내가 그 아픔을 진정한 자비심으로 다 삼켜낼 때, 내가 진리의 영원한 생명력의 위장을 가지고 어떤 고통도 다 이겨낼 때 위대한 연꽃이 우담발화가 되는 것입니다.

연꽃의 크기와 그 꽃의 향기와 아름다움은 피어나는 과정에서 얼마나 썩은 물을 많이 빨아 당겼냐에 달려 있습니다. 얼마만큼 더러운 시궁창에 얼마나 깊게 뿌리를 박고 있느냐에 비례해서 연꽃은 크고 아름답게 피게 되는 것입니다.

많은 사람들은 부처님을 믿으면서도 괴로운 일을 당하면 피하려고 합니다. 못난 자식, 못난 남편, 못난 아내를 받아들이지 못하고 자비심으로 대하지 않습니다. 그러면 우리는 연꽃을 피우지 못하고 그 싹은 썩어 버리게 되는 것입니다.

가족, 친척 등 누군가가 나를 아주 고통스럽게 한다면 그 사람은 나를 완성시키고 나의 연꽃을 피게 하기 위함입니다. 그 사람은 악행을 하여 스스로는 지옥을 가면서 나를 괴롭게 하고 힘들게 합니다.

나의 완성된 생명력을 온전히 드러내게 하기 위해서 친정어머니는 모진 목숨을 끝까지 이어갑니다. 내가 친정어머니의 똥오줌을 끝까지 기쁘게 받아낼 때까지 벽에 똥칠을 하는 겁니다.

시어머니가 벽에 똥칠을 해도 역겹지 않고 그것이 어떤 냄새보다 향기롭다고 느껴질 때까지 시어머니는 돌아가시지 않습니다. 나의 연꽃을 피우기 위해서 다른 집 시어머니는 일이 년 만에 돌아가실 병환도 내 시어머니는 십 년이 지나도 안 돌아가시는 것입니다.

이렇게 우리의 연꽃이 완성될 때 까지 우리 주변에서 구정물은 계속 일어납니다. 내가 연꽃을 딱 피우는 순간 모든 구정물은 내 밑에 있습니다. 그 물은 이제 황금 물결로 변합니다. 이제는 더 이상 흙탕물이 아닙니다. 우리가 분별심[17]分別心 없이 현실을 있는 그대로 받아들여서 부처님의 생명력에 대한 감사한 생각으로 살아갈 때 비로소, 그 흙탕물이 황금물로 변하는 것입니다. 그것이 바로 아미타 세계입니다.

---

17 분별심 : 모든 만나는 것마다 이것과 저것으로 나누고 판단하고 이원적으로 나누어 비교 분석하는 마음 작용을 말한다. 좋다 나쁘다, 길다 짧다, 많다 적다, 괴롭다 즐겁다 등으로 나누고 어느 한 쪽에 욕망을 내고 집착하여 있는 그대로의 진리를 보지 못하는 것을 말한다.

부처님의 참 생명, 법화의 세계에서 보았을 때는 기독교, 불교, 이슬람교 등으로 종교를 분별하는 것이 다 부질없는 얘기요, 어리석음일 뿐입니다. 마치 허공에다 금 그어 놓고 기독교 허공, 불교 허공, 이슬람 허공이라고 분별하는 것과 같이 바보 같은 짓입니다. 이렇듯 진리를 종교라는 이름으로 나누어 분쟁하는 것은 어리석은 분별심입니다.

이 세상에는 아무 능력도 없이 살아가는 사람도 있습니다. 그 사람도이 세상에 필요한 사람입니다. 나한데 필요한 사람입니다. 도와주지는 못 할망정 욕은 하지 마세요. 아무리 저능아도 나에게 꼭 필요한 사람입니다. 나의 연꽃을 피우게 하기 위해서 그 사람은 그런 모습을 하고 있는 것입니다.

나의 참 생명의 연꽃을 피우기 위해서 내 자식이 잘못된 길을 가기도하고, 남편이 술 먹고 횡설수설하기도 합니다. 또 남편이 자기 삶을 완성하기 위해서는 아내가 고통스러워하고, 조울증이나 우울증으로 괴로워하기도 하는 것입니다.

지금 무엇이 여러분의 생명력을 꽃피게 합니까? 이것을 가진 자는 천하를 가진 자요, 이것을 가진 자는 천하를 만들 수 있다고 하십니다.

'일체 유심조'는 우리가 생명력의 마음을 쓰는 것입니다. 우리가 가진탐냄, 성냄, 시기, 질투, 교만 이것은 다 썩은 마음입니다. 죽은 마음, 어두운 마음에서 나온 것입니다. 어둠에서 나온 것은 어둠이고, 밝음에서나온 것은 밝음입니다.

이 세계가 연못입니다. 대한민국이, 이 지구가 연못입니다. 연꽃은 어떤 사람이 피웁니까? 세상을 크게 사랑하는 자가 피웁니다. 부처님 가르침의 핵심은 끝없는 자비심으로 세상을 사랑하는 것입니다.

우리는 사랑할 수 없습니다. 사랑은 최고의 인격입니다. 최고의 도입니다. 우리는 내 뜻에 맞지 않으면 다 찌릅니다. 뜻에 맞는 것은 사랑이 아닙니다. 그것은 욕심이고 탐욕일 뿐입니다.

법화의 삶은 궁극적으로 아름다운 연꽃을 피워서 모든 사람이 그 연꽃을 보고 기뻐하고, 즐거워하고, 충만하라고 한 송이 연꽃을 피우는 것입니다. 천지의 덕을 입고, 영원한 생명인 부처님의 덕화德化를 입고, 일체중생을 위해서 피는 것이 연꽃입니다.

우리는 이 세상에 그저 온 것이 아닙니다. 우리 모두는 최후에 반드시 아름다운 연꽃을 다 피우고 가야 합니다. 그러기 위해서는 내가 부처라는 것을 끝까지 믿어야 합니다. 나를 힘들게 하고, 고통스럽게 하는 사람은 나를 부처로 만드는 데 위대한 수고를 하는 사람입니다. 그 사람은 나를 저주하고 스스로는 지옥을 가면서 나를 부처로 만드는 것입니다. 그 사람한테 무릎을 꿇고 삼배를 올리고 감사해야 합니다.

절대적인 세상엔 고통은 없습니다. 생로병사도 없습니다. 우리의 참마음은 상락아정 그 자체입니다. 영원하고 항상하고 진실한 나이며 깨끗한 것이 진정한 우리 참마음인데 이 현실의 세상은 어느 한 곳 편히 쉴 수 없는 진흙탕 속입니다.

그렇다고 해도 내 한 생각만 썩지 않고 끝까지 부처님을 믿고 정진한다면 나를 힘들게 했던 모든 일들이 다 감사한 일, 고마운 일이 됩니다. 내가 죽을 병이 걸린 것도 감사한 일입니다. 나를 완성시키니까요. 파산한 사람들이 많은데 그 파산은 그 사람을 완전히 살리는 길입니다. 이왕에 파산이 되었으면 기쁘게 받아들이고 내가 무엇이 잘못인지 깨달아서 다시 성공하면 됩니다. 파산이 나를 완성시키는 겁니다.

　이 세상의 모든 흙탕물은 나를 불편하게 하는 인적, 물적 환경입니다. 그것은 나를 완전한 인격으로 만드는 핵심적인 인연들입니다. 그 인연들은 내게 법화의 꽃을 피우는 결정적인 계기가 되어 주기 때문에 나의 소중한 부처님인 것입니다.

　결국은 나의 수행이, 내가 이렇게 참고 정진하는 이런 삶이 최후에는 연꽃을 피워서 다른 사람을 행복하게 하는데 목표가 있습니다. 다른 사람을 기쁘게 하고 성공하게 하는 것이 도입니다. 다른 사람을 아프지 않게 하고, 출세시키고, 내 앞에 가게 하는 것이 도요, 다른 사람이 나보다 더 질 실게 하는 것이 도입니다.

　아들 연꽃, 딸 연꽃, 아내 연꽃, 남편 연꽃, 시어머니 연꽃, 법화의 연꽃이 집집마다 활짝 피어나야 합니다. 그러기 위해선 우리가 온전히 부처님의 생명력을 믿어야 합니다. 내 마음에서 분노가 일어날 때마다, 짜증이 일어날 때마다, 이것은 마구니 마귀요, 어둠에서 왔고, 이것은 본래 나의 생명의 씨앗이 아니고 착각이므로 무너뜨려야 합니다.

나의 본래 생명력 그대로 항상 세상을 절대 긍정하고 절대 감사하면서 영원히 이 한 송이 꽃이 완성될 때 까지 살아가는 것이 불교 수행의 핵심이요, 그 자체가 바로 연꽃입니다.

우리 모두는 연꽃입니다. 그것을 끝까지 세상 사람들이 보고 깨달을 수 있도록 부처님 말씀을 끝까지 믿고 읽고 외우고 전하는 것이 이 시대 불자의 사명입니다. 살면서 겪는 어떤 어려움도 고통도 기쁘게 받아들이세요. 감사하게 생각하세요. 그러면 꽃이 활짝 필 날이 오고 그것이 나의 복전이 되는 날이 조만간 옵니다. 그러니 부처님 믿고 조금도 위축되지 마시고 늘 담대하게 나아 가시기 바랍니다.